Das Erste Chinesische Lesebuch für Anfänger

Marina Chan

Das Erste Chinesische Lesebuch für Anfänger

Stufen A1 A2

Zweisprachig mit Chinesisch-deutscher Übersetzung

Audiodateien inklusive

Das Erste Chinesische Lesebuch für Anfänger
von Marina Chan

Audiodateien www.audiolego.com/Buch/Chinesisch-Band1
Homepage www.lppbooks.com

Umschlaggestaltung: Audiolego Design
Umschlagfoto: Canstockphoto

4. Ausgabe

Wikipedia
Pinyin (as of Apr. 04, 2019, 12:15 GMT)
https://www.wikiwand.com/de/Pinyin

Druck: KN Digital Printforce GmbH, Ferdinand-Jühlke-Straße 7, 99095 Erfurt

Inhaltsverzeichnis

Pinyin

Hanyu Pinyin Fang'an ist die offizielle chinesische Romanisierung des Hochchinesischen in der Volksrepublik China. Diese von Zhou Youguang entwickelte phonetische Umschrift auf der Basis des lateinischen Alphabets wurde vom Staatsrat am 6. Februar 1956 offiziell beschlossen und Ende 1957 genehmigt.

Schreibung der Silben

Da die chinesischen Zeichen fast immer genau eine Silbe beschreiben, ist auch die Pinyin-Umschrift silbenbasiert. Die chinesische Silbe besteht aus einem Anlaut und einem Auslaut. Die Silbe *ba* besteht aus dem Anlaut *b* und dem Auslaut *a*. Die meisten Auslaute können auch ohne Anlaut gesprochen werden. Da sich das chinesische und das deutsche Lautsystem in einigen Punkten erheblich unterscheiden, sind die Ausspracheinweise nur Näherungen. In der zweiten Spalte steht jeweils die Aussprache nach dem Internationalen Phonetischen Alphabet (IPA).

Anlaute

Pinyin	IPA	Beschreibung
b	[b̥]	stimmloses b
p	[pʰ]	wie im Deutschen, behaucht
m	[m]	wie im Deutschen
f	[f]	wie im Deutschen
d	[d̥]	stimmloses d
t	[tʰ]	wie im Deutschen, behaucht
n	[n]	wie im Deutschen
l	[l]	wie im Deutschen
g	[g̊]	stimmloses g
k	[kʰ]	wie im Deutschen, behaucht
h	[χ]	wie in la**ch**en oder spanisches j
x	[ɕ]	wie ch in ich und ß in weiß gleichzeitig
j	[d̥ɕ]	wie **d** plus Pinyin *x*; ähnlich wie in Mä**dch**en, aber viel weicher
q	[tɕʰ]	wie **t** plus Pinyin *x*; ähnlich wie in Mä**dch**en, aber stark behaucht

s	[s]	wie in wei**ß** (stimmloses s)
c	[tsʰ]	wie **t** plus *s*: ähnlich wie deutsches tz
z	[d̥z̥]	ähnlich wie deutsches d und stimmhaftes s zusammen
w	[w]	wie in Englisch well
y	[j, ɥ]	wie **j** in **j**a; vor einem *u* wird es mit gerundeten Lippen ausgesprochen
sh	[ʂ]	ähnlich wie deutsches sch, aber retroflex (mit zurückgebogener Zungenspitze)
zh	[d̥ʐ̥]	wie **d** plus Pinyin *sh*; ähnlich wie in **Dsch**ungel, aber stimmlos sowie retroflex
ch	[tʂʰ]	wie **t** plus Pinyin *sh*; ähnlich wie deutsches tsch
r	[ɻ]	ähnlich wie französisches j (bon**j**our), aber retroflex

Auslaute

Jeder Auslaut besteht aus bis zu drei Komponenten:

- Gleitlaut: – , i, u, ü
- Zentrallaut: – , a, e/o
- Endlaut: – , i, u, n, ng

Es sind nicht alle Kombinationen realisiert, und es gibt gewisse Lautverschiebungen sowie die Silbe *er*, die nicht in dieses Schema passt.

		Endlaut							
		∅			[i̯]		[u̯]		Interjektion
Gleitlaut	Ø	**-i** [ɻ̩], [ɹ̩]	**e** [ɤ]	**a** [a]	**ei** [ei̯]	**ai** [ai̯]	**ou** [ou̯]	**ao** [au̯]	**o** [ɔ] **ê** [ɛ]
	[u]	**u** [u]	**uo** [u̯o]	**ua** [u̯a]	**uei** [u̯ei̯]	**uai** [u̯ai̯]			
	[i]	**i** [i]	**ie** [i̯e]	**ia** [i̯a]		**iai** [i̯ai̯]	**iou** [i̯ou̯]	**iao** [i̯au̯]	**io** [i̯ɔ]
	[y]	**ü** [y]	**üe** [y̆e]						

		Endlaut						
		[n]		[ŋ]			[ɹ]	Interjektion
	∅	**en** [ən]	**an** [an]	**ong** [ʊŋ]	**eng** [əŋ]	**ang** [aŋ]	**er** [ɚ]	**o** [ɔ] **ê** [ɛ]
Gleitlaut	[u]	**uen** [u̯ən]	**uan** [u̯an]		**ueng** [u̯əŋ]	**uang** [u̯aŋ]		
	[i]	**in** [in]	**ian** [i̯ɛn]	**iong** [i̯ʊŋ]	**ing** [iŋ]	**iang** [i̯aŋ]		**io** [i̯ɔ]
	[y]	**ün** [yn]	**üan** [y̆ɛn]					

Die Auslaute werden je nach Anlaut teilweise unterschiedlich geschrieben:

- Nach *j, q, x* und *y* entfallen die Punkte über dem *ü*. Ein geschriebenes *u* nach diesen Anlauten wird also als *ü* gesprochen;
- Die Auslaute *uei, uen* und *iou* werden nach Anlaut als *ui, un* und *iu* geschrieben;
- Bei Silben ohne Anlaut werden *i, u, ü* am Anfang durch *y, w, yu* ersetzt. Die Silben *i, in, ing* und *u* werden als *yi, yin, ying* und *wu* geschrieben;
- Nach *z, c, s, zh, ch, sh* und *r* bezeichnet *i* „gepresste" Vokale im Rachen („es bleibt einem im Halse stecken").

Pinyin	**IPA**	**Beschreibung**
		Einfache Vokale
a	[a]	wie in w**a**r
e	[ɤ] [ə]	Zungenstellung wie bei o in rot, aber ohne Rundung der Lippen. Wird in einigen unbetonten Silben als Schwagesprochen.
-i, yi	[i]	wie in n**ie**, außer nach *zh, ch, sh, r, z, c* und *s*
-i	[ɻ̍]	nach *zh, ch, sh* und *r:* Kein Vokal, die Zunge verbleibt in der Stellung des Konsonanten. Klingt wie si**r** mit amerikanischer Aussprache.
-i	[ɹ̩]	nach *z, c* und *s:* Zungenstellung wie bei u in Buch, aber mit gespreizten Lippen
-u, wu	[u]	wie in B**u**ch, nach *j, q* und *x* wie *ü*
-ü, yu	[y]	wie in **ü**ber
er	[ɚ]	wie h**ur**t in amerikanischer Aussprache

Diphthonge und Triphthonge		
ai	[ai̯]	wie in M**ai**
ao	[au̯]	ähnlich wie in Fr**au**, das u wird ganz schwach artikuliert und tendiert zu o
ou	[ou̯]	offenes o wie in doch, gefolgt von unsilbischem u
ei	[ei̯]	wie in englisch d**ay**
-ia, ya	[i̯a]	wie in Samb**ia**
yai	[i̯ai̯]	wie in **jei**n
-iao, yao	[i̯au̯]	wie in m**iau**, das u tendiert zu o
-iu, you	[i̯ou̯]	wie in **Yo**ga mit Andeutung eines u
-ie, ye	[i̯e]	wie in englisch **ye**s
-ua, wa	[u̯a]	wie in G**ua**rana
-uai, wai	[u̯ai̯]	wie in englisch **wi**fe
-uo, -o, wo	[u̯o]	wie in englisch **wa**ter
-ui, wei	[u̯ei̯]	wie englisch **way**
-üe, -ue, yue	[y̆e]	wie bei *ie, ye,* aber mit ü wie in über statt mit i beginnend
Auslaute auf -n		
an	[an]	wie in w**ann**
-ian, yan	[i̯ɛn]	wie in Amb**ien**te
-uan, wan	[u̯an]	wie in Ass**uan**, nach *j, q* und *x* siehe *uan, yuan*
-uan, yuan	[y̆ɛn]	nach *j, q* und *x:* Aussprache wie in K**ühen**; wie *ian, yan,* aber mit ü wie in über statt mit i beginnend
en	[ən]	wie in mach**en**
-in, yin	[in]	wie in b**in**, aber mit geschlossenem i wie in nie
-un, wen	[u̯ən]	wie in Individ**uen**, nach *j, q* und *x* siehe *un, yun*
-un, yun	[yn]	nach *j, q* und *x:* **ün** (wie in französisch **un**e)

Auslaute auf -ng		
ang	[aŋ]	wie in **Ang**st
-iang, yang	[i̯aŋ]	wie in italienisch b**ian**ca
-uang, wang	[u̯aŋ]	wie bei *ang* dem ein unsilbisches u vorausgeht
-ong	[ʊŋ]	wie in H**ung**er
-iong, yong	[i̯ʊŋ]	wie **jung**
-eng	[əŋ]	offenes o wie in doch, aber ohne Lippenrundung, gefolgt von ng
weng	[u̯əŋ]	wie bei *eng* dem ein unsilbisches u vorausgeht
-ing, ying	[iŋ]	wie in D**ing**, aber mit geschlossenem i wie in nie
Interjektion		
o	[ɔ]	alleinstehend wie in d**o**ch, nach *b, p, m* und *f* eher wie bei *uo*
yo	[i̯ɔ]	wie in **Jo**ch

Silbentrennungszeichen

Wenn in mehrsilbigen Wörtern eine Silbe mit einem *a*, *e* oder *o* beginnt, muss sie immer von der vorangehenden Silbe durch einen Apostroph getrennt werden. Beispiele sind die Städtenamen *Xi'an* (西安, *Xī'ān*) und *Chang'an* (長安 / 长安, *Cháng'ān*) oder die Wörter *tian'e* (天鵝 / 天鹅, *tiān'é* ‚Schwan') und *hai'ou* (海鷗 / 海鸥, *hǎi'ōu* ‚Möwe'). Ohne Silbentrennungszeichen würden diese Städte als *Xian* (eine Silbe) und *Changan* gelesen. Vor den anderen Vokalen (i, u, ü) ist eine solche Regel nicht erforderlich, weil sie am Silbenanfang als y, w, yu geschrieben werden – das y und das w kennzeichnen also bereits die Silbengrenze. Um den Lesefluss zu verbessern wird der Apostroph auch dort gesetzt, wo keine Verwechslungsgefahr besteht (*tiane* kann nicht *tia-ne* gelesen werden, weil es die Silbe *tia* im Hochchinesischen nicht gibt; ebenso wenig kann *haiou* als eine Silbe gesprochen werden).

Bezeichnung der Töne

ā á ǎ à ·a

Das Hochchinesische ist eine Konturtonsprache, d. h. jede Silbe wird mit einem bestimmten Tonhöhenverlauf, dem sogenannten Ton gesprochen. In betonten Silben werden vier Töne unterschieden; ein weiterer findet sich nur in unbetonten Silben, die den sogenannten „leichten Ton" (輕聲 / 轻声, *qīngshēng*) aufweisen, der manchmal auch als „fünfter" oder „neutraler Ton" bezeichnet wird. Der erste Ton wird gleichbleibend hoch gesprochen, beim zweiten Ton steigt die Stimme von einer mittleren Tonhöhe an – ähnlich wie am Ende deutscher Fragesätze. Beim dritten Ton fällt die Stimme zuerst leicht innerhalb des niedrigen

Frequenzbandes ab, um dann anzusteigen, und beim vierten fällt die Stimme abrupt von einem hohen Niveau ab. Die Tonhöhe unbetonter Silben im leichten Ton ist demgegenüber für die Bedeutung des Gesagten nicht entscheidend.

Im Pinyin werden die Töne betonter Silben durch diakritische Zeichen kenntlich gemacht, das sind kleine Markierungen über den Vokalen (ā á ǎ à), bei den sehr seltenen vokallosen Silben über den silbischen Nasalen (ḿ ň). Der 1. Ton wird durch ein Makron (ā), der 2. Ton durch einen Akut (á), der 3. Ton durch ein Hatschek (ǎ, Achtung, kein Breve – unten spitz, nicht rund) und der 4. Ton durch einen Gravis (à) dargestellt. Der leichte Ton darf seit der Rechtschreibreform von 2012 in Wörterbüchern durch einen Mittelpunkt vor der Silbe (·ma) bezeichnet werden. Um darauf hinzuweisen, dass eine Silbe entweder in einem der vier Töne betonter Silben oder im leichten Ton gesprochen wird, darf nach der Norm GB/T 16159-2012 eine Kombination der zwei Tonzeichen benutzt werden (zhī·dào). Früher wurde der leichte Ton gelegentlich auch durch einen Punkt (ȧ) oder Ring (å) auf dem Vokal (selten: dem silbischen Nasal) dargestellt.

Steht keine Tastatur oder kein Zeichensatz mit den üblichen Tonmarkierungen zur Verfügung, wird der Ton stattdessen oft durch eine Zahl nach der Silbe bezeichnet, z. B. bedeutet **hao3** die Silbe *hao* im **3.** Ton (*hǎo*). Der leichte Ton wird dabei entweder durch eine *5* oder seltener durch eine *0* bezeichnet. Dieses System findet auch bei manchen Pinyin-basierten Eingabemethoden Verwendung, in denen zusätzlich der Buchstabe *ü* durch Betätigen der Taste für das im Pinyin unbenutzte *v* eingegeben wird.

Anfänger Stufe 1A

So steuern Sie die Geschwindigkeit der Audiodateien

Das Buch ist mit den Audiodateien ausgestattet. Die Adresse der Homepage des Buches, wo Audiodateien zum Anhören und Herunterladen verfügbar sind, ist am Anfang des Buches auf der bibliographischen Beschreibung vor dem Copyright-Hinweis aufgeführt.

Wir empfehlen Ihnen, den kostenlosen VLC-Mediaplayer zu verwenden, die Software, die zur Steuerung der Wiedergabegeschwindigkeit aller Audioformate verwendet werden kann. Die Steuerung der Geschwindigkeit ist auch einfach und erfordert nur wenige Klicks oder Tastatureingaben.

Android: Nach der Installation vom VLC Media Player klicken Sie auf die Audiodatei am Anfang eines Kapitels oder auf der Homepage des Buches, wenn Sie ein Papierbuch lesen. Wählen Sie "Open with VLC". Wenn Sie Schwierigkeiten beim Öffnen von Audiodateien mit VLC haben, ändern Sie die Standard-App für den Musik-Player. Gehen Sie zu Einstellungen→Apps, wählen Sie VLC und klicken Sie auf "Open by default" oder "Set default".

Kindle Fire: Nach der Installation vom VLC Media Player klicken Sie auf eine Audiodatei am Anfang eines Kapitels oder auf der Homepage des Buches, wenn Sie ein Papierbuch lesen. Wählen Sie "Complete action using →VLC".

iOS: Nach der Installation vom VLC Media Player kopieren Sie den Link zu der Audiodatei am Anfang eines Kapitels oder auf der Homepage des Buches, wenn Sie ein Papierbuch lesen, und fügen Sie ihn in den Download-Bereich des VLC Media Players ein. Nachdem der Download abgeschlossen ist, gehen Sie zu "Alle Dateien" und starten Sie die Audiodatei.

Windows: Starten Sie den VLC Media Player und klicken Sie auf die Audiodatei am Anfang eines Kapitels oder auf der Homepage des Buches, wenn Sie ein Papierbuch lesen. Gehen Sie nun in die Wiedergabe (Playback) und navigieren Sie die Geschwindigkeit.

MacOS: Starten Sie den VLC Media Player und klicken Sie auf die Audiodatei am Anfang eines Kapitels oder auf der Homepage des Buches, wenn Sie ein Papierbuch lesen. Nun, navigieren Sie zum Playback und öffnen die Optionen von Geschwindigkeit. Navigieren Sie die Geschwindigkeit.

第一章

Kapitel 1

迈克有一只狗

Mike hat einen Hund

 A

单词

Vokabeln

1. 一 yī - eins
2. 也 yě - auch
3. 书 shū - das Buch
4. 他 tā - er
5. 他的 tā de - sein, seine; 他的 床 tā de chuáng - sein Bett
6. 他们 tā men - sie
7. 公园 gōng yuán - der Park
8. 和 hé / 与 yǔ - und
9. 四 sì - vier
10. 大 dà - groß
11. 好 hǎo - gut / 漂亮 piào liàng - schön
12. 字 zì - das Wort, die Vokabel
13. 学生 xué sheng - der Student, Schüler
14. 小 xiǎo - klein
15. 床 chuáng - das Bett
16. 店 diàn - der Laden
17. 很多 hěn duō - viel
18. 我 wǒ - ich
19. 我的 wǒ - mein, meine, mein

20. 房间 fáng jiān - das Zimmer

21. 新的 xīn de - neu

22. 星级 xīng jí - der Stern

23. 有 yǒu - haben; 他 有 一 本书 tā yǒu yī běn shū - Er hat ein Buch.

24. 文本 wén běn - der Text

25. 桌 zhuō - der Tisch

26. 梦 mèng - der Traum

27. 狗 gǒu - der Hund

28. 猫 māo - die Katze

29. 眼睛 yǎn - das Auge

30. 窗口 chuāng kǒu - das Fenster

31. 笔 bǐ - der Stift

32. 笔记本 bǐ jì běn - das Notizbuch

33. 绿 lǜ - grün

34. 自行车 zì xíng chē - das Fahrrad

35. 蓝 lán - blau

36. 街 jiē - die Straße

37. 这 zhè - dieser, diese, dieses; 这 本 书 zhè běn shū - dieses Buch

38. 这些 zhè xiē，那些 nà xiē - diese, jene (pl.)

39. 那个 nà ge - jener, jene, jenes

40. 酒店 jiǔ diàn - das Hotel

41. 黑 hēi - schwarz

42. 鼻子 bí zi - die Nase

B

迈克有一只狗

Mike hat einen Hund

1. 这 个 学生 有 一 本 书。 2. 他 也 有 一 支 笔。1. zhè ge xuésheng yǒu yī běn shū。 2. tā yě yǒu yī zhī bǐ。

1.Dieser Student hat ein Buch.2.Er hat auch einen Stift.

3. 上海 有 许多 街道 和 公园。 4. 这 条 街 有 新的 酒店 和 商店。5. 这 间 酒店 是 四 星级。
3. shàng hǎi yǒu xǔduō jiēdào hé gōngyuán。 4. zhè tiáo jiē yǒu xīn de jiǔdiàn hé shāngdiàn。5. zhè jiān jiǔdiàn shì sì xīngjí。

3.Shanghai hat viele Straßen und Parks. 4.Diese Straße hat neue Hotels und Läden.
5.Dieses Hotel hat vier Sterne.

6. 这 间酒店 拥有 很 多 漂亮 的 大 房间。7. 那 间 房间 里 有 许多 窗户。8. 这些 房间 没有 很 多 窗户。6. zhè jian jiǔdiàn yōngyǒu hěn duō piàoliang de dà fángjiān。7. nà jiān fángjiān lǐ yǒu xǔduō chuāng hù。
8. zhèxiē fángjiān méiyǒu hěn duō chuāng hù。
9. 这些 房间 有 四 张 床。10. 那些 房间 有 一 张 床。11. 那 间 房间 里 没有 很 多 桌子。12. 这 些

6.Dieses Hotel hat viele schöne, große Zimmer.
7.Jenes Zimmer hat viele Fenster. 8.Diese Zimmer haben nicht viele Fenster.
9.Diese Zimmer haben vier Betten. 10.Jene Zimmer haben ein Bett. 11.Jenes

房间 里 有 很 多大 的 桌子。9. zhèxiē fángjiān yǒu sì zhāng chuáng。10. nàxiē fángjiān yǒu yī zhāng chuáng。11. nà jiān fángjiān lǐ méiyǒu hěn duō zhuōzi。12. zhè xiē fángjiān lǐ yǒu hěn duōdà de zhuōzi。

Zimmer hat nicht viele Tische. 12.Und diese Zimmer haben viele große Tische.

13. 这 条 街上 没有 酒店。14. 那 家 大 商店 里 有 很 多 窗户。13. zhè tiáo jiēshang méiyǒu jiǔdiàn。14. nà jiā dà shāngdiàn lǐ yǒu hěn duō chuāng hù。

13.In dieser Straße sind keine Hotels.14.Jener große Laden hat viele Fenster.

15. 这些 学生 有 笔记本。 16. 他们 也 有 笔。
15. zhèxiē xuésheng yǒu bǐjìběn。 16. tāmen yě yǒu bǐ。
17. 迈 克 有 一 本 小小 的 黑色 笔记本。 18. 希 若 西 有 四 本 新 的 绿色 笔记本。17. mài kè yǒu yī běn xiǎoxiǎo de hēisè bǐjìběn。 18. xī ruò xī yǒu sì běn xīn de lǜsè bǐjìběn。

15.Diese Studenten haben Notizbücher. 16.Sie haben auch Stifte. 17.Mike hat ein kleines schwarzes Notizbuch. 18.Hirori hat vier neue grüne Notizbücher.

19. 这位 学生 有 一 辆 自行车。20. 他 有 一 辆 新 的 蓝色 自行车。 21. 大卫 也 有 一 辆 自行车。22. 他 有 一 辆很 好 的 黑色 自行车。
19. zhèwèi xuésheng yǒu yī liàng zìxíngchē。20. tā yǒu yī liàng xīn de lánsè zìxíngchē。 21. dà wèi yě yǒu yī liàng zì xíngchē。 22. tā yǒu yī liàng hěn hǎo de hēisè zìxíngchē。

19.Dieser Student hat ein Fahrrad. 20.Er hat ein neues blaues Fahrrad. 21.Ming hat auch ein Fahrrad. 22.Er hat ein schönes schwarzes Fahrrad.

23. 希 若 西 有 一 个 大 的 梦想。 24. 我 也 有 一 个 梦想。23. xī ruò xī yǒu yī gè dà de mèngxiǎng。
24. wǒ yě yǒu yī gè mèngxiǎng。
25. 我 没有 狗。 26. 我 有 一 只 猫。 27. 我 的 猫 有 一双 可爱 的 绿 眼睛。 28. 迈 克 没有 猫。29. 他 有 一 只 狗。 30. 他 的 狗 有 一 个 小小 的 黑 鼻子。 25. wǒ méiyǒu gǒu。 26. wǒ yǒu yī zhī māo。 27. wǒ de māo yǒu yīshuāng kě'ài de lǜsè yǎnjing。 28. mài kè méiyǒu māo。 29. tā yǒu yī zhī gǒu。 30. tā de gǒu yǒu yī gè xiǎoxiǎo de hēi bízi。

23.Hirori hat einen großen Traum. 24.Ich habe auch einen Traum. 25.Ich habe keinen Hund. 26.Ich habe eine Katze. 27.Meine Katze hat ein Paar süße grüne Augen. 28.Mike hat keine Katze. 29.Er hat einen Hund. 30.Sein Hund hat eine kleine schwarze Nase.

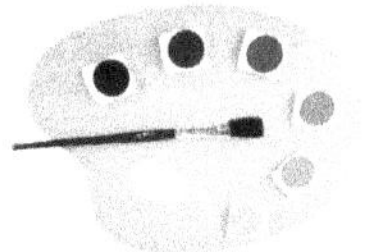

第二章
Kapitel 2

他们住在上海（中国）
Sie wohnen in Shanghai (China)

A

单词
Vokabeln

1. 三明治 sān míng zhì - das Sandwich
2. 两个 liǎng gè; 二 èr - zwei
3. 中国 zhōng guó - China
4. 中国人 zhōng guó rén - Chinese; 日本 rì běn - Japan; 日本人 rì běn rén - Japaner
5. 从 cóng - aus; 从 美 国 来 cóng měi guó lái - aus den USA kommen
6. 你 nǐ - du
7. 兄弟 xiōng dì; 弟弟 dì di; 哥哥 gē ge - der Bruder
8. 在 zài - in, an
9. 城市 chéng shì - die Stadt
10. 大 dà - groß
11. 她 tā - sie
12. 妹妹 mèi mei; 姐姐 jiě jie - die Schwester
13. 我们 wǒ men - wir
14. 母亲 mǔ qīn - die Mutter

15. 现在 xiàn zài - jetzt, zurzeit, gerade

16. 生活 shēng huó - leben

17. 购买 gòu mǎi - kaufen

18. 超级市场 chāo jí shì chǎng - der Supermarkt

19. 饿 è - hungrig; 我 饿 了 wǒ è le - Ich bin hungrig.

B

他们住在上海

1. 上海 是 一 个 大城市。 2. 上海 是 在 中国。
1. shàng hǎi shì yī gè dàchéngshì。 2. shàng hǎi shì zài zhōngguó。

3. 这位 是 迈 克。 4. 迈 克 是 个 学生。 5. 他 现在 在 上海。 6. 迈 克 是 从 美国 来 的。7. 他 是 美国人。 8. 迈 克 有 母亲 、 父亲 、一个兄弟 和 一个姐妹。 9. 他们 住 在 美国。3. zhèwèi shì mài kè。 4. mài kè shì gè xuésheng。 5. tā xiànzài zài shànghǎi。 6. mài kè shì cóng měiguó lái de。7. tā shì měiguórén。 8. mài kè yǒu mǔqīn 、 fùqīn 、 yī ge xiōng dì hé yī ge jiěmèi。 9. tāmen zhù zài měiguó。

10. 这位 是 希 若 西。 11. 希 若 西 也 是 个 学生。 12. 他 是 从 日 本来 的。 13. 他 是 日本人。 14. 希 若 西 有 一 位 母亲， 父亲 和 两 个 姐妹。15. 他们 住 在 日本。 10. zhèwèi shì xī ruò xī。 11. xī ruò xī yě shì gè xuésheng。 12. tā shì cóng rì běnlái de。 13. tā shì rìběn rén。 14. xī ruò xī yǒu yī wèi mǔqīn， fùqīn hé liǎng gè jiě mèi。15. tāmen zhù zài rìběn。

16. 迈 克 和 希 若 西 现在 在 一家 超级市场。 17. 他们 饿 了。 18. 他们 买了 三明治。16. mài kè hé xī ruò xī xiànzài zài yījiā chāojíshìchǎng。 17. tāmen è le。 18. tāmen mǎi le sānmíngzhì。

19. 这位 是 梅。 20. 梅 是 中国人。 21. 梅 也 住 在 上海。 22. 她 不是 个 学生。19. zhèwèi shì méi。 20. méi shì zhōngguó rén。 21. méi yě zhù zài shàng hǎi。 22. tā bùshì gè xuésheng。

Sie wohnen in Shanghai

1.Shanghai ist eine große Stadt. 2.Shanghai ist in China.

3.Das ist Mike. 4.Mike ist Student.5.Er ist zurzeit in Shanghai. 6.Mike kommt aus den USA. 7.Er ist Amerikaner. 8.Mike hat eine Mutter, einen Vater, einen Bruder und eine Schwester. 9.Sie leben in den USA.

10.Das ist Hirori. 11.Hirori ist auch Student. 12.Er kommt aus Japan. 13.Er ist Japaner. 14.Hirori hat eine Mutter, einen Vater und zwei Schwestern. 15.Sie leben in Japan.

16.Mike und Hirori sind gerade im Supermarkt. 17.Sie haben Hunger. 18.Sie kauften Sandwiches.

19.Das ist Mei. 20.Mei ist Chinesin. 21.Mei wohnt auch in Shanghai. 22.Sie ist kein Student.

23. 我 是 学生。 24. 我 来自 美国。 25. 我 现在 在 上海。 26. 我不 饿。23. wǒ shì xuésheng。 24. wǒ láizì měiguó。 25. wǒ xiànzài zài shàng hǎi。 26. wǒ bù è。

23.Ich bin Student. 24.Ich komme aus den USA. 25.Ich bin zurzeit in Shanghai. 26.Ich habe keinen Hunger.

27. 你 是 个 学生。 28. 你 是 美国人。 29. 你 现在 不在 美国。 30. 你在 中国。27. nǐ shì gè xuésheng。 28. nǐ shì měiguórén。 29. nǐ xiànzài bùzài měiguó。 30. nǐ zài zhōngguó。

27.Du bist Student. 28.Du bist Amerikaner.29.Du bist zurzeit nicht in den USA.30.Du bist in China.

31. 我们 是 学生。 32. 我们 现在 在 中国。 31. wǒmen shì xuésheng。 32. wǒmen xiànzài zài zhōngguó。

31.Wir sind Studenten. 32.Wir sind zurzeit in China.

33. 这 是 一 辆 自行车。34. 这 辆 自行车 是 蓝色 的。 35. 这 辆 自行车 不是 新 的。33. zhè shì yī liàng zìxíngchē。34. zhè liàng zìxíngchē shì lánsè de。 35. zhè liàng zìxíngchē bùshì xīn de。

33.Dies ist ein Fahrrad. 34.Dieses Fahrrad ist blau. 35.Dieses Fahrrad ist nicht neu.

36. 这 是 一 只 狗。 37. 这 只 狗 是 黑色 的。 38. 这 只 狗 不大。36. zhè shì yī zhī gǒu。 37. zhè zhī gǒu shì hēisè de。 38. zhè zhī gǒu bùdà。

36.Dies ist ein Hund. 37.Dieser Hund ist schwarz. 38.Dieser Hund ist nicht groß.

39. 这些 是 商店。 40. 商店 不大。 41. 它们 很 小。 42. 那 家 商店 有 很 多 窗户。 43. 那些 商店 并 没有 很 多 窗户。39. zhèxiē shì shāngdiàn。 40. shāngdiàn bùdà。 41. tāmen hěn xiǎo。 42. nà jiā shāngdiàn yǒu hěn duō chuāng hù。 43. nàxiē shāngdiàn bìng méiyǒu hěn duō chuāng hù。

39.Dies sind Läden. 40.Die Läden sind nicht groß. 41.Sie sind klein. 42.Jener Laden hat viele Fenster. 43.Jene Läden haben nicht viele Fenster.

44. 那 只 猫 是 在 房间 里。45. 那些 猫 不在 房间 里。 44. nà zhī māo shì zài fángjiān lǐ。45. nàxiē māo bùzài fángjiān lǐ。

44. Jene Katze ist im Zimmer. 45. Jene Katzen sind nicht im Zimmer.

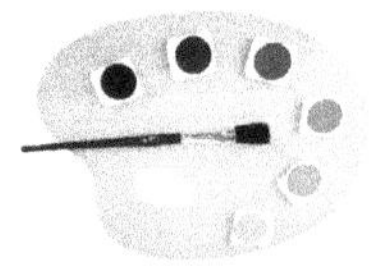

第三章
Kapitel 3

他们是中国人吗?
Sind sie Chinesen?

A

单词
Vokabeln

1. 地图 dì tú - die Karte
2. 动物 dòng wù - das Tier
3. 房子 fáng zi - das Haus
4. 光碟 guāng dié - die CD; 光碟 播 放 机 guāng dié bō fàng jī - der CD Spieler
5. 咖啡馆 kā fēi guǎn - das Café
6. 没有 méi yǒu - kein
7. 不 bù - nein
8. 哪里 nǎ lǐ - wo
9. 男人 nán rén; 男子 nán zǐ - der Mann
10. 男生 nán shēng; 男孩 nán hái - der Junge
11. 你 nǐ - du
12. 女人 nǚ ren；女子 nǚ zǐ - die Frau
13. 全部 quán bù; 所有 suǒ yǒu - alle
14. 如何 rú hé - wie
15. 是的 shì de - ja
16. 它 tā - es
17. 她的书本 tā de shū běn - ihr Buch
18. 我们 wǒ men - unser
19. 西班牙人 xī bān yá rén - Spanier
20. 在 zài - am, beim

B

他们是中国人吗？

1

- 我 是 一 个 男孩。 我 在 房间 里。
- 你 是 中国人 吗？
- 不， 我 不是。 我 是 美国人。
- 你 是 学生 吗？
- 是的， 我 是。 我 是 一 个 学生。

- wǒ shì yī gè nánhái。 wǒ zài fángjiān lǐ。
- nǐ shì zhōngguó rén ma？
- bù， wǒ bùshì。 wǒ shì měiguó rén。
- nǐ shì xuésheng ma？
- shìde， wǒ shì。 wǒ shì yī gè xuésheng。

2

- 这 是 一 个 女人。 这个 女人 也 在 房间 里。
- 她 是 美国人 吗？
- 不， 她 不是。 她 是 中国人。
- 她 是 学生 吗？
- 不， 她 不是 学生。
- 这 是 一 个 男人。 他坐 在 桌子 那里。
- 他 是 中国人 吗？
- 是的， 他 是 中国人。

- zhè shì yī gè nǚrén。 zhège nǚrén yě zài fángjiān lǐ。
- tā shì měiguó rén ma？
- bù， tā bùshì。 tā shì zhōngguó rén。
- tā shì xuésheng ma？
- bù， tā bùshì。 tā bùshì xuésheng。
- zhè shì yī gè nánrén。 tā zài zhuōzi nàli。
- tā shì zhōngguó rén ma？
- shìde， tā shì。 tā shì zhōngguó rén。

3

- 这些 是 学生。 他们 在 公园 里。
- 他们 全部 都 是 中国人 吗？
- 不， 他们 不是。 他们 是 从中 国， 美国 和 日 本来 的。

- zhèxiē shì xuésheng。 tāmen zài gōngyuán lǐ。

Sind sie Chinesen?

1

- Ich bin ein Junge. Ich bin im Zimmer.
- Bist du Chinese?
- Nein, bin ich nicht. Ich bin Amerikaner.
- Bist du Student?
- Ja, ich bin ein Student.

2

- Das ist eine Frau. Diese Frau ist auch im Zimmer.
- Ist sie Amerikanerin?
- Nein, ist sie nicht. Sie ist Chinesin.
- Ist sie Studentin?
- Nein, sie ist nicht Studentin.
- Das ist ein Mann. Er sitzt am Tisch.
- Ist er Chinese?
- Ja, er ist Chinese.

3

- Das sind Studenten. Sie sind im Park.
- Sind sie alle Chinesen?
- Nein, sie sind nicht alle Chinesen. Sie kommen aus China, den USA und Japan.

- tāmen quánbù dōu shì zhōngguó rén ma?
- bù， tāmen bùshì。 tāmen shì cóng zhōngguó， měiguó hé rì běn lái de。

4

- 这 是 一 张 桌子。 它 很 大。
- 它 是 新 的 吗?
- 是的， 它 是 新 的。
- zhè shì yī zhāng zhuōzi。 tā hěn dà。
- tā shì xīn de ma?
- shìde， tā shì xīn de。

- Das ist ein Tisch. Er ist sehr groß.
- Ist er neu?
- Ja, er ist neu.

5

- 这 是 一 只 猫。 它 在 房间 里。
- 它 是 黑色 的 吗?
- 是的， 它 又 黑 又漂亮。
- zhè shì yī zhǐ māo。 tā zài fángjiān lǐ。
- tā shì hēisè de ma?
- shìde， tā yòu hēi yòu piàoliàng。

- Das ist eine Katze. Sie ist im Zimmer.
- Ist sie schwarz?
- Ja, das ist sie. Sie ist schwarz und schön.

6

- 这些 是 自行车。 它们 在 房子 里。
- 它们 是 黑 的 吗?
- 是的， 它们 是 黑色 的。
- zhèxiē shì zìxíngchē。 tāmen zài fángzi lǐ。
- tāmen shì hēi de ma?
- shìde， tāmen shì hēisè de。

- Das sind Fahrräder. Sie sind im Haus.
- Sind sie schwarz?
- Ja, sie sind schwarz.

7

- 你 有 一 本 笔记本 吗?
- 有，我有。
- 你 有 几 本 笔记本 呢?
- 我 有 两 本 笔记本。
- nǐ yǒu yī běn bǐjìběn ma?
- yǒu， wǒ yǒu。
- nǐ yǒu jǐ běn bǐjìběn ne?
- wǒ yǒu liǎng běn bǐjìběn。

- Hast du ein Notizbuch?
- Ja.
- Wie viele Notizbücher hast du?
- Ich habe zwei Notizbücher.

8

- 他 有 一 支 笔 吗?
- 有，他有。
- 他 有 几 支 笔 呢?
- 他 有 一 支 笔。
- tā yǒu yī zhī bǐ ma?

- Hat er einen Stift?
- Ja.
- Wie viele Stifte hat er?
- Er hat einen Stift.

- yǒu， tā yǒu。
- tā yǒu jǐ zhī bǐ ne？
- tā yǒu yī zhī bǐ。

9

- 她 有 一 台 自行车 吗？
- 有，她有。
- 她 的 自行车 是 蓝色 的 吗？
- 不，她 的 自行车 不是 蓝色 的。 它 是 绿色 的。
- tā yǒu yī tái zìxíngchē ma？
- yǒu， tā yǒu。
- tā de zìxíngchē shì lánsè de ma？
- bù， tā de zìxíngchē bùshì lánsè de。 tā shì lǜsè de。

9

- Hat sie ein Fahrrad?
- Ja.
- Ist ihr Fahrrad blau?
- Nein, es ist nicht blau. Es ist grün.

10

- 你 有 一 本 中文 书 吗？
- 没有，我 没有 中文 书。 我 没有 书。
- nǐ yǒu yī běn zhōngwén shū ma？
- méiyǒu， wǒ méiyǒu zhōngwén shū。 wǒ méiyǒu shū。

10

- Hast du ein chinesisches Buch?
- Nein, ich habe kein chinesisches Buch. Ich habe keine Bücher.

11

- 她 有 一 只 猫 吗？
- 没有，她 没有 猫。 她 没有 宠物。
- tā yǒu yī zhǐ māo ma？
- méiyǒu， tā méiyǒu māo。 tā méiyǒu chǒngwù。

11

- Hat sie eine Katze?
- Nein, sie hat keine Katze. Sie hat kein Haustier.

12

- 你们 有 光碟 播放机 吗？
- 没有，我们 没有 光碟 播放机。
- nǐmen yǒu guāngdié bōfàngjī ma？
- méiyǒu， wǒmen méiyǒu guāngdié bōfàngjī。

12

- Habt ihr einen CD-Spieler?
- Nein, wir haben keinen CD-Spieler.

13

- 我们 的 地图 在 哪里？
- 我们 的 地图 在 房间 里。
- 它 在 桌 上 吗？
- 是的， 它 在。
- wǒmen de dìtú zài nǎlǐ？
- wǒmen de dìtú zài fángjiān lǐ。
- tā zài zhuō shàng ma？
- shìde， tā zài。

13

- Wo ist unsere Karte?
- Unsere Karte ist im Zimmer.
- Liegt sie auf dem Tisch?
- Ja, sie liegt auf dem Tisch.

14

- 那些 男孩 在 哪里？
- 他们 在 咖啡馆 里。
- 自行车 在 哪里？
- 它们 在 咖啡馆 里。
- 希 若 西 在 哪里？
- 他 也 在 咖啡馆 里。
- nàxiē nánhái zài nălǐ？
- tāmen zài kāfēiguăn lǐ。
- zìxíngchē zài nălǐ？
- tāmen zài kāfēiguăn lǐ。
- xī ruò xī zài nălǐ？
- tā yě zài kāfēiguăn lǐ。

14

- Wo sind die Jungs?
- Sie sind im Café.
- Wo sind die Fahrräder?
- Sie stehen vor dem Café.
- Wo ist Hirori?
- Er ist auch im Café.

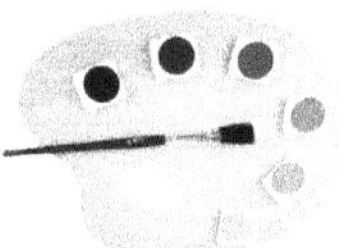

第四章
Kapitel 4

可以请你帮忙吗？

Können Sie mir bitte helfen?

A

单词
Vokabeln

1. 帮忙 bāng máng - die Hilfe; helfen
2. 但是 dàn shì - aber
3. 地址 dì zhǐ; 住址 zhù zhǐ - die Adresse
4. 读 dú; 看 kàn - lesen
5. 放 fàng - (hin)legen
6. 感谢 gǎn xiè - danken; 感谢你 gǎn xiè nǐ - danke dir; 谢谢 xièxie - danke
7. 可以 kě yǐ; 可能 kě néng - dürfen, können
8. 一定 yī dìng - bestimmt; 不可以 bù kě yǐ - nicht dürfen
9. 可以 kě yǐ; 能 néng; 会 huì - kann; 我能读。wǒ néng dú - Ich kann lesen.
10. 拿 ná - nehmen
11. 请 qǐng - bitte
12. 说 shuō - sprechen
13. 玩 wán - spielen
14. 为 wèi - für
15. 写 xiě - schreiben

16. 学习 xué xí - lernen

17. 一定要 yī dìng yào - müssen; 我一定要去 wǒ yī dìng yào qù - Ich muss hingehen.

18. 银行 yín háng - die Bank; 我去银行 wǒ qù yín háng - Ich gehe zu Bank.

19. 坐 zuò - setzen

B

可以请你帮忙吗？

1

- 可以 请 你 帮忙 吗？
- 是的， 可以。
- 我 不会 写 中文 地址。 你 可以 帮 我 写 吗？
- 是的， 我 可以。
- 谢谢 你。

- kěyǐ qǐng nǐ bāngmáng ma？
- shìde，kěyǐ。
- wǒ bùhuì xiě zhōngwén dìzhǐ。 nǐ kěyǐ bāng wǒ xiě ma？
- shìde， wǒ kěyǐ。
- xièxie nǐ。

2

- 你 会 打 网球 吗？
- 我不会。 但是 我 可以 学。 你 能 帮 我 学习 吗？
- 可以， 我 可以 帮忙 你 学习 打 网球。
- 谢谢 你。

- nǐ huì dǎ wǎngqiú ma？
- wǒ bùhuì。 dànshì wǒ kěyǐ xuéxí。 nǐ néng bāng wǒ xuéxí ma？
- kěyǐ， wǒ kěyǐ bāngmáng nǐ xuéxí dǎ wǎngqiú。
- xièxie nǐ。

3

- 你 会 说 中文 吗？
- 我 会 说 和 读 中文， 但是 我 不会 写。
- 你 会 说 英语 吗？
- 我 会 说， 读 和 写 英语。
- 梅 也 会 说 英语 吗？
- 不， 她 不会。 她 是 中国人。
- 他们 会 说 中文 吗？

Können Sie mir bitte helfen?

1

- Können Sie mir bitte helfen?
- Ja, das kann ich.
- Ich kann die Adresse nicht auf Englisch schreiben. Können Sie sie für mich schreiben?
- Ja, das kann ich.
- Danke.

2

- Kannst du Tennis spielen?
- Nein. Aber ich kann es lernen. Kannst du mir dabei helfen?
- Ja, ich kann dir helfen, Tennis spielen zu lernen.
- Danke.

3

- Sprichst du Chinesisch?
- Ich kann Chinesisch sprechen und lesen, aber nicht schreiben.
- Sprichst du Englisch?
- Ich kann Englisch sprechen, lesen und schreiben.
- Kann Mei auch Englisch?
- Nein, kann sie nicht. Sie ist

- 会， 他们 会 一点。 他们 是 学生， 而且 他们 有 学习 中文。
- 这个 男孩 不会 说 中文。
- nǐ huì shuō zhōngwén ma?
- wǒ huì shuō hé dú zhōngwén， dànshì wǒ bùhuì xiě。
- nǐ huì shuō yīngyǔ ma?
- wǒ huì shuō， dú hé xiě yīngyǔ。
- méi yě huì shuō yīngyǔ ma?
- bù， tā bùhuì。 tā shì zhōngguó rén。
- tāmen huì shuō zhōngwén ma?
- huì， tāmen huì yīdiǎn。 tāmen shì xuésheng， érqiě tāmen yǒu xuéxí zhōngwén。
- zhège nánhái bùhuì shuō zhōngwén。

Chinesin.
- Sprechen sie Chinesisch?
- Ja, ein bisschen. Sie sind Studenten und lernen Chinesisch.
- Dieser Junge spricht kein Chinesich.

4

- 他们 在 哪里?
- 他们 现在 在 打 网球。
- 我们 也 可以 打 吗?
- 可以， 我们 可以。
- tāmen zài nǎlǐ?
- tāmen xiànzài zài dǎ wǎngqiú。
- wǒmen yě kěyǐ dǎ ma?
- kěyǐ， wǒmen kěyǐ。

- Wo sind sie?
- Sie spielen gerade Tennis.
- Können wir auch spielen?
- Ja, das können wir.

5

- 迈 克 在 哪里?
- 他 可能 在 咖啡馆。
- mài kè zài nǎlǐ?
- tā kěnéng zài kāfēiguǎn。

- Wo ist Mike?
- Er ist vielleicht im Café.

6

- 请 坐 在 这 桌。
- 谢谢 你。 我 可以 把 我 的 书 放 在 这个 桌上吗?
- 是的， 你 可以。
- 希 若 西 可以 坐 在 他 的 桌子 吗?
- 是的， 他 可以。
- qǐng zuò zài zhè zhuō。
- xièxie nǐ。 wǒ kěyǐ bǎ wǒ de shū fàng zài zhège zhuōshàng ma?
- shìde， nǐ kěyǐ。
- xī ruò xī kěyǐ zuò zài tā de zhuōzi ma?

- Setzen Sie sich an diesen Tisch, bitte.
- Danke. Kann ich meine Bücher auf diesen Tisch legen?
- Ja.
- Darf Hirori sich an seinen Tisch setzen?
- Ja, das darf er.7
- Darf ich mich auf ihr Bett setzen?
- Nein, das darfst du nicht.

- shìde， tā kěyǐ。
- 我 可以 坐 在 她 的 床 上 吗?
- 不， 你不可以。
- wǒ kěyǐ zuò zài tā de chuáng shàng ma?
- bù，nǐbùkěyǐ。

7

- 梅 可以 拿 他 的 光碟 播放机 吗?
- 不可以, 她 不可以 拿 他 的 光碟 播放机。
- méi kěyǐ ná tā de guāngdié bōfàngjī ma?
- bùkěyǐ, tā bùkěyǐ ná tā de guāngdié bōfàngjī。

- Darf Mei seinen CD-Spieler nehmen?
- Nein, sie darf seinen CD-Spieler nicht nehmen.

8

- 他们 可以 拿 她 的 地图 吗?
- 不，他们 不可以。
- tāmen kěyǐ ná tā de dìtú ma?
- bù，tāmen bùkěyǐ。

- Dürfen sie ihre Karte nehmen?
- Nein, das dürfen sie nicht.

9

- 你 不可以 坐 在 他 的 床 上。
- 她 不可以 拿 他 的 光碟 播放机。
- 他们不可以 拿 那些 笔记本。
- nǐ bùkěyǐ zuò zài tā de chuáng shàng。
- tā bùkěyǐ ná tā de guāngdié bōfàngjī。
- tāmen bùkěyǐ ná nàxiē bǐjìběn。

- Du darfst dich nicht auf ihr Bett setzen.
- Sie darf seinen CD-Spieler nicht nehmen.
- Sie dürfen diese Notizbücher nicht nehmen.

10

- 我 一定要 去 银行。
- 你 一定要 现在 去 吗?
- 是的， 我 一定要。
- wǒ yīdìngyào qù yínháng。
- nǐ yīdìngyào xiànzài qù ma?
- shìde， wǒ yīdìngyào。

- Ich muss zur Bank gehen.
- Musst du jetzt gehen?
- Ja.

11

- 你 一定要 学习 英语 吗?
- 我 不一定 要 学习 英语。 我 一定要 学习 中文。
- nǐ yīdìngyào xuéxí Yīngyǔ ma?
- wǒ bùyīdìng yào xuéxí Yīngyǔ。 wǒ yīdìngyào xuéxí Zhōngwén。

- Musst du Deutsch lernen?
- Ich muss nicht Deutsch lernen. Ich muss Englisch lernen.

12

- 她 一定要 去 银行 吗?
- 不, 她 不一定 要 去 银行。
- tā yīdìngyào qù yínháng ma?

- Muss sie zur Bank gehen?
- Nein, sie muss nicht zur Bank gehen.

- bù, tā bùyīdìng yào qù yínháng。

13

- 我 可以 拿 这 辆 自行车 吗?
- 不，你不可以 拿 这 辆 自行车。
- 我们可以 把 这些 笔记本 放 在 她 的 床 上 吗?
- 不, 你们 不可以 把 笔记本 放 在 她 的 床 上。
- wǒ kěyǐ ná zhè liàng zìxíngchē ma?
- bù, nǐ bùkěyǐ ná zhè liàng zìxíngchē。
- wǒmen kěyǐ bǎ zhèxiē bǐjìběn fàng zài tā de chuáng shàng ma?
- bù, nǐmen bùkěyǐ bǎ bǐjìběn fàng zài tā de chuáng shàng。

13

- Darf ich dieses Fahrrad nehmen?
- Nein, du darfst dieses Fahrrad nicht nehmen.
- Dürfen wir diese Notizbücher auf ihr Bett legen?
- Nein, ihr dürft die Notizbücher nicht auf ihr Bett legen.

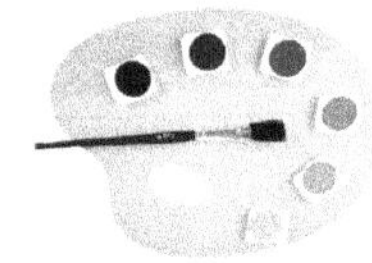

第五章
Kapitel 5

迈克现在住在中国
Mike wohnt jetzt in China

A

单词
Vokabeln

1. 八 bā - acht
2. 报纸 bào zhǐ - die Zeitung
3. 茶 chá - der Tee
4. 吃 chī - essen
5. 广场 guǎng chǎng - der Platz
6. 好 hǎo - gut
7. 喝 hē - trinken
8. 家具 jiā jù - die Möbel
9. 六 liù - sechs
10. 那里 nà li - dort, dorthin
11. 农场 nóng chǎng - der Bauernhof
12. 女孩 nǚ hái; 女生 nǚ shēng - das Mädchen
13. 七 qī - sieben
14. 人们 rén men - die Menschen
15. 三 sān - drei
16. 听 tīng - hören; 我 听 音乐。wǒ tīng yīn yuè - Ich höre Musik.
17. 五 wǔ - fünf
18. 喜欢 xǐ huān; 喜爱 xǐ ài - mögen, lieben

19. 想要 xiǎng yào - wollen

20. 需要 xū yào - brauchen

21. 一些 yī xiē - etwas, ein wenig

22. 椅子 yǐ zi - Stuhl

23. 音乐 yīn yuè - Musik

24. 早餐 zǎo cān - Frühstück; 吃 早餐 chī zǎo cān - frühstücken

B

迈克现在住在中国

1

梅 的 中文 读 得很 好。 我 也 读 中文。 学生们 去 公园。 她 也 去 公园。

méi de zhōngwén dú de hěnhǎo。 wǒ yě dú zhōngwén。 xuésheng men qù gōngyuán。 tā yě qù gōngyuán。

2

我们 住 在 上海。 希 若 西 现在 也 住 在 上海。 他 的 父母 住 在 日本。 迈 克 现在 住 在 上海。 他 的 父母 住 在 美国。

wǒmen zhù zài shàng hǎi。 xī ruò xī xiànzài yě zhù zài shàng hǎi。 tā de fùmǔ zhù zài rìběn。 mài kè xiànzài zhù zài shàng hǎi。 tā de fùmǔ zhù zài měiguó。

3

学生 们 在 打 网球。 希 若 西 打的 好。 迈 克 打的 不好。

xuésheng men zài dǎ wǎngqiú。 xī ruò xī dǎ de hǎo。 mài kè dǎ de bùhǎo。

4

我们 喝 茶。 梅 喝 绿茶。明 喝 红茶。 我 也 喝 红茶。

wǒmen hē chá。 méi hē lǜchá。míng hē hóngchá。 wǒ yě hē hóngchá。

5

我 听 音乐。 莎拉 也 听 音乐。 她 喜欢 听 好听的音乐。

wǒ tīng yīnyuè。 shālā yě tīng yīnyuè。 tā xǐhuan tīng hǎo tīng de yīnyuè。

6

我 需要 六 本 笔记本。 明 需要 七 本 笔记本。

Mike wohnt jetzt in China

1

Mei liest gut Englisch. Ich lese auch Englisch. Die Studenten gehen in den Park. Sie geht auch in den Park.

2

Wir wohnen in Shanghai. Hirori wohnt jetzt auch in Shanghai. Sein Vater und seine Mutter leben in Japan. Mike wohnt jetzt in Shanghai. Sein Vater und seine Mutter leben in America.

3

Die Studenten spielen Tennis. Hirori spielt gut. Mike spielt nicht gut.

4

Wir trinken Tee. Mei trinkt grünen Tee. Lee trinkt schwarzen Tee. Ich trinke auch schwarzen Tee.

5

Ich höre Musik. Sarah hört auch Musik. Sie hört gerne gute Musik.

6

Ich brauche sechs Notizbücher. Lee braucht sieben Notizbücher.

梅 需要 八 本 笔记本。
wǒ xūyào liù běn bǐjìběn。 míng xūyào qī běn bǐjìběn。 méi xūyào bā běn bǐjìběn。

Mei braucht acht Notizbücher.

7

李 想要 喝 些 饮料。 我 也 想 喝。 希 若 西 想要 吃东西。
lǐ xiǎngyào hē xiē yǐnliào。 wǒ yě xiǎng hē。 xī ruò xī xiǎngyào chī dōngxi。

Lee will etwas trinken. Ich will auch etwas trinken. Hirori will etwas essen.

8

桌子 上 有 一 份 报纸。 希 若 西 拿 去 读。 他 喜欢 读 报纸。
zhuōzi shàng yǒu yī fèn bàozhǐ。 xī ruò xī ná qù dú。 tā xǐhuan dú bàozhǐ。

Dort liegt eine Zeitung auf dem Tisch. Hirori nimmt sie und liest. Er liest gerne Zeitung.

9

房间 里 有一些 家具。 那里 有 六张 桌子 和 六把椅子。
fángjiān lǐ yǒuyīxiē jiājù。 nàli yǒu liù zhāng zhuōzi hé liù bǎ yǐzi。

Im Zimmer gibt es Möbel. Es gibt dort sechs Tische und sechs Stühle.

10

房间 里 有 三 个 女生。 她们 在 吃 早餐。
fángjiān lǐ yǒu sān gè nǚshēng。 tāmen zài chī zǎocān。

Es sind drei Mädchen im Zimmer. Sie frühstücken.

11

莎拉 吃 面包 和 喝 茶。 她 喜欢 绿茶。
shālā chī miànbāo hé hē chá。 tā xǐhuan lǜchá。

Sarah isst Brot und trinkt Tee. Sie mag grünen Tee.

12

桌 上 有一些 书本。 它们 不是 新 的。 它们 是 旧 的。
zhuō shàng yǒuyīxiē shūběn。 tāmen bùshì xīn de。 tāmen shì jiù de。

Auf dem Tisch liegen ein paar Bücher. Sie sind nicht neu. Sie sind alt.

13

– 这 条 街上 有 银行 吗?
– 有， 这 条 街上 有 五 间 银行。 这些 银行 并不 大。
- zhè tiáo jiēshang yǒu yínháng ma?
- yǒu， zhè tiáo jiēshang yǒu wǔ jiān yínháng。 zhèxiē yínháng bìngbù dà。

- Ist in dieser Straße eine Bank?
- Ja. Es gibt fünf Banken in dieser Straße. Sie sind nicht groß.

14

– 广场 上 有人 吗?
– 有， 广场 上 有一些 人。

- Sind Menschen auf dem Platz?
- Ja, auf dem Platz sind ein paar Menschen.

- guǎngchǎng shàng yǒurén ma?
- yǒu，guǎngchǎng shàng yǒu yīxiē rén。

15

- 咖啡厅 前面有 自行车 吗?
- 有， 咖啡厅 有 四 辆 自行车。 它们 并不 新。
- kāfēitīng qiánmiàn yǒu zìxíngchē ma?
- yǒu， kāfēitīng yǒu sì liàng zìxíngchē。 tāmen bìngbù xīn。

15

- Stehen Fahrräder vor dem Café?
- Ja, es stehen vier Fahrräder vor dem Café. Sie sind nicht neu.

16

- 这 条 街上 有 酒店 吗?
- 没有，这 条 街上 没有 酒店。
- zhè tiáo jiēshang yǒu jiǔdiàn ma?
- méiyǒu， zhè tiáo jiēshang méiyǒu jiǔdiàn。

16

- Gibt es in dieser Straße ein Hotel?
- Nein, es gibt keine Hotels in dieser Straße.

17

- 那 条 街上 有 大 商店 吗?
- 没有， 那 条 街上 没有 大 商店。
- nà tiáo jiēshang yǒu dà shāngdiàn ma?
- méiyǒu， nà tiáo jiēshang méiyǒu dà shāngdiàn。

17

- Gibt es in dieser Straße große Läden?
- Nein, es gibt keine großen Läden in dieser Straße.

18

- 中国 有 农场 吗?
- 有， 中国 有 许多 农场。
- zhōngguó yǒu nóngchǎng ma?
- yǒu， zhōngguó yǒu xǔduō nóngchǎng。

18

- Gibt es in China Bauernhöfe?
- Ja, es gibt viele Bauernhöfe in China.

19

- 那 间 房间 有 没有 家具?
- 有， 那里 有 四 张 桌子 和 一些 椅子。
- nà jiān fángjiān yǒu méiyǒu jiājù?
- yǒu， nàli yǒu sì zhāng zhuōzi hé yīxiē yǐzi。

19

- Sind Möbel in diesem Zimmer?
- Ja, es sind dort vier Tische und einige Stühle.

第六章
Kapitel 6

迈克有很多朋友
Mike hat viele Freunde

A

单词
Vokabeln

1. 也 yě - auch
2. 介 绍 所 jiè shào suǒ - die Agentur
3. 咖啡 kā fēi - der Kaffee
4. 底下 dǐxià / 下面 xià miàn - unten / unter
5. 很 hěn 多 duō - viel, viele
6. 有 很 多 工 作 yǒu hěn duō gōng zuò - viel zu tun haben
7. 朋友 péng yǒu - der Freund
8. 来 lái - kommen
9. 去 qù - gehen
10. 清洁 qīng jié; 干净 gān jìng - sauber
11. 炊具 chuī jù - der Herd
12. 爸爸 bà ba - der Vater
13. 电脑 diàn nǎo - der Computer
14. 知道 zhī dào - kennen, wissen
15. 职业 zhí yè; 工作 gōng zuò - die Arbeit; 职业 介绍所 zhíyè jiè shào suǒ - die Arbeitsvermittlung
16. 自由 zì yóu - frei; 自由 时间 zì yóu shí jiān - die Freizeit, freie Zeit
17. 车 chē - das Auto
18. 进入 jìn rù - rein kommen
19. 明的书 míng de shū - Mings Buch
20. 门 mén - die Tür

B

迈克有很多朋友

Mike hat viele Freunde

1

迈 克 有 很 多 朋友。 迈 克 的 朋友 来到 咖啡厅。 他们 想 喝 咖啡。 迈 克 的 朋友 喝 了 很 多 咖啡。

mài kè yǒu hěn duō péng yǒu。 mài kè de péng yǒu láidào kāfēitīng。 tāmen xiǎng hē kāfēi。 mài kè de péng yǒu hē le hěn duō kāfēi。

Mike hat viele Freunde. Mikes Freunde gehen ins Café. Sie trinken gerne Kaffee. Mikes Freunde trinken viel Kaffee.

2

希 若 西 的 爸爸 有 一 辆 车。 他 爸爸 的 车 是 干净的， 但是 旧 了。 希 若 西 的 爸爸 时常 开车。 他 有 一 个 好 工作， 而且 他 现在很 忙。

xī ruò xī de bàba yǒu yī liàng chē。 tā bàba de chē shì gānjìng de， dànshì jiù le。 xī ruò xī de bàba shícháng kāichē。 tā yǒu yī gè hǎo gōngzuò， érqiě tā xiànzài hěn máng。

Hiroris Vater hat ein Auto. Das Auto seines Vaters ist sauber, aber alt. Hiroris Vater fährt viel Auto. Er hat eine gute Arbeit und im Moment viel zu tun.

3

李有 很 多 光碟。李的 光碟 在 床 上。李的 光碟 播放机 也 在 床 上。

lǐ yǒu hěn duō guāngdié。 lǐ de guāngdié zài chuáng shàng。 lǐ de guāngdié bōfàngjī yě zài chuáng shàng。

Lee hat viele CDs. Lees CDs liegen auf seinem Bett. Lees CD-Spieler ist auch auf seinem Bett.

4

迈 克 读 中文 报纸。 迈 克 房间 里 的 桌子 上 有 很 多 的 报纸。

mài kè dú zhōngwén bàozhǐ。 mài kè fángjiān lǐ de zhuōzi shàng yǒu hěn duō de bàozhǐ。

Mike liest chinesiche Zeitungen. Auf dem Tisch in Mikes Zimmer liegen viele Zeitungen.

5

李 有 一 只 猫 和 一 只 狗。 李 的 猫 在 房间 里 的 床 底下。 李 的 狗 也 在 房间 里。

lǐ yǒu yī zhǐ māo hé yī zhǐ gǒu。 lǐ de māo zài fángjiān lǐ de chuáng dǐxia。 lǐ de gǒu yě zài fángjiān lǐ。

Lee hat eine Katze und einen Hund. Lees Katze ist im Zimmer unter dem Bett. Lees Hund ist auch im Zimmer.

6

这 辆 车 上 有 一 个 男人。 这个 男人 有 一 张 地图。 他 的 地图 很 大。 这个 男人 时常 开车。

zhè liàng chē shàng yǒu yī gè nánrén。 zhège nánrén yǒu yī zhāng dìtú。 tā de dìtú hěn dà。 zhège nánrén shícháng

In dem Auto ist ein Mann. Der Mann hat eine Karte. Die Karte des Mannes ist groß. Dieser Mann fährt viel Auto.

kāichē。

7

我 是 学生。 我 有 很 多 的 自由 时间。 我 去 职业 介绍 所。 我 需要 一 份 好 工作。

wǒ shì xuésheng。 wǒ yǒu hěn duō de zìyóu shíjiān。wǒ qù zhíyè jièshào suǒ。 wǒ xūyào yī fèn hǎo gōngzuò。

7

Ich bin Student. Ich habe viel Freizeit. Ich gehe zu einer Arbeitsvermittlung. Ich brauche einen guten Job.

8

希 若 西和 迈 克 有一些 自由 时间。 他们 也 去 职业 介绍 所。 希 若 西 有 一 台 电脑。 介绍 所 可能 会 给 他 一 份 好 工作。

xī ruò xī hé mài kè yǒuyīxiē zìyóu shíjiān。 tāmen yě qù zhíyè jièshào suǒ。 xī ruò xī yǒu yī tái diànnǎo。 jièshào suǒ kěnéng huì gěi tá yī fèn hǎo gōngzuò。

8

Hirori und Mike haben ein bisschen freie Zeit. Sie gehen auch zu der Arbeitsvermittlung. Hirori hat einen Computer. Die Agentur wird ihm vielleicht eine gute Arbeit geben.

9

梅 有 一 个 新 的炉子。 梅 的 炉子很好 而且 干净。 她 为 她 的 孩子们 做 早餐。 明 和 李 是 梅 的 孩子。 梅 的 孩子 喝 了 很 多 茶。 母亲 喝 了 一点 咖啡。 李 的 母亲 可以 说 很 少 的 英语 单词。 她 很 少 讲 英语。 梅 有 一 份 工作。 她 有一些 自由 时间。

méi yǒu yī gè xīn de lúzi。 méi de lúzi hěn hǎo ér qiě gānjìng。 tā wéi tā de háizimen zuò zǎocān。míng hé lǐ shì méi de háizi。 méi de háizi hē le hěn duō chá。 mǔqīn hē le yīdiǎn kāfēi。 lǐ de mǔqīn kěyǐ shuō hěn shǎo de Yīngyǔ dāncí。 tā hěn shǎo jiǎng Yīngyǔ。 méi yǒu yī fèn gōngzuò。 tā yǒuyīxiē zìyóu shíjiān。

9

Mei hat einen neuen Herd. Meis Herd ist gut und sauber. Mei macht Frühstück für ihre Kinder. Ming und Lee sind Meis Kinder. Meis Kinder trinken viel Tee. Die Mutter trinkt ein bisschen Kaffee. Lees Mutter kann nur ein paar Wörter auf Deutsch. Sie spricht sehr wenig Deutsch. Mei hat Arbeit. Sie hat wenig Freizeit.

10

迈 克 会 说 一点 中文。 迈 克 知道 很 少 的 中文 单词。 我 知道 很 多 中文 单词。 我 会 讲 一点 中文。 这个 女人 知道 很 多 中文 单词。 她 的 中文 讲 得 好。

mài kè huì shuō yīdiǎn zhōngwén。 mài kè zhīdào hěn shǎo de zhōngwén dāncí。 wǒ zhīdào hěn duō zhōngwén dāncí。 wǒ huì jiǎng yīdiǎn zhōngwén。 zhège nǚrén zhīdào hěn duō zhōngwén dāncí。 tā de zhōngwén jiǎng de hǎo。

10

Mike spricht wenig Englisch. Er kennt nur sehr wenige englische Wörter. Ich kenne viele englische Wörter. Ich spreche ein bisschen Englisch. Diese Frau kennt viele englische Wörter. Sie spricht gut Englisch.

11

志 彭 在 一 间 职业 介绍 所 工作。 这 间 职业 介绍 所 在 上海。 志 彭 有 一 辆 车。 志 彭 的

11

Zhipeng arbeitet in einer Arbeitsvermittlung. Diese Arbeitsvermittlung ist in

车 在 街上。 志 彭 有 很 多 工作。 他 必须 到 介绍 所去。 他 开车 去 那里。 志 彭 进入 介绍 所。 那里 有 很 多 学生。 他们 需要 工作。 志 彭 的 工作 就是 帮助 学生。
zhì péng zài yī jiān zhíyè jièshào suǒ gōngzuò。 zhè jiān zhíyè jièshào suǒ zài shàng hǎi。 zhì péng yǒu yī liàng chē。 zhì péng de chē zài jiēshang。 zhì péng yǒu hěn duō gōngzuò。 tā bìxū dào jièshào suǒ qù。 tā kāichē qù nàli。 zhì péng jìnrù jièshào suǒ。 nàli yǒu hěn duō xuésheng。 tāmen xūyào gōngzuò。 zhì péng de gōngzuò jiùshì bāngzhù xuésheng。

Shanghai. Zhipeng hat ein Auto. Zhipengs Auto steht an der Straße. Zhipeng hat viel Arbeit. Er muss in die Agentur gehen. Er fährt mit dem Auto dorthin. Zhipeng kommt in die Agentur. Dort sind viele Studenten. Sie brauchen Arbeit. Zhipengs Arbeit ist es den Studenten zu helfen.

12

酒店 那里 有 一 辆 车。 这 辆 车 的 车门不干净。 许多 学生 住 在 这 家 酒店。 酒店 的 房间 很 少 但是 干净。 这 是 迈 克 的 房间。 房间 的 窗口 又 大 又 干净。
jiǔdiàn nàli yǒu yī liàng chē。 zhè liàng chē de chēmén bù gānjìng。 xǔduō xuésheng zhù zài zhè jiā jiǔdiàn。 jiǔdiàn de fángjiān hěn shǎo dànshì gānjìng。 zhè shì mài kè de fángjiān。 fángjiān de chuāngkǒu yòu dà yòu gānjìng。

12

Vor dem Hotel steht ein Auto. Die Türen des Autos sind nicht sauber. In diesem Hotel wohnen viele Studenten. Die Zimmer des Hotels sind klein, aber sauber. Das ist Mikes Zimmer. Das Fenster des Zimmers ist groß und sauber.

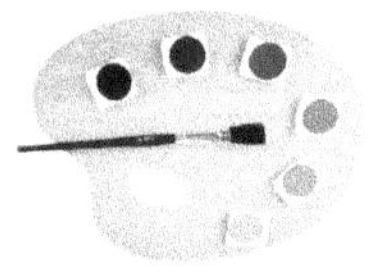

第七章
Kapitel 7

明买自行车
Ming kauft ein Fahrrad

A

单词
Vokabeln

1. 一个接一个 yī ge jiē yī ge - einer nach dem anderen
2. 上午 shàng wǔ, 早上 zǎo shàng, 早晨 zǎo chén - der Morgen
3. 与 yǔ - mit
4. 中心 zhōng xīn - das Zentrum; 市中心 shì zhōng xīn - das Stadtzentrum
5. 今天 jīn tiān - heute
6. 做 zuò - machen
7. 咖啡机 kā fēi jī - die Kaffeemaschine
8. 煮 zhǔ - kochen
9. 公司 gōng sī - die Firma
10. 办公室 bàn gōng shì - das Büro
11. 厨房 chú fáng - die Küche
12. 家 jiā - das Zuhause; 回家 huí jiā - nach Hause gehen
13. 工人 gōng rén - der Arbeiter
14. 巴士 bā shì - der Bus; 坐巴士去 zuò bāshì qù - mit dem Bus fahren
15. 时间 shí jiān - die Zeit
16. 星期六 xīng qī liù - der Samstag

17. 洗 xǐ - waschen; 洗衣机 xǐ yī jī - die Waschmaschine
18. 浴室 yù shì - das Bad, das Badezimmer; 洗澡 xǐ zǎo, 冲凉 chōng liáng - duschen; 盥洗台 guàn xi tái - der Badezimmertisch
19. 然后 rán hòu - dann
20. 之后 zhī hòu - nachher
21. 脸 liǎn - das Gesicht
22. 小吃 xiǎo chī / 零食 língshí - der Imbiss
23. 运动 yùn dòng - der Sport; 体育商店 tǐyù shāngdiàn - das Sportgeschäft; 运动自行车 yùndòng zì xíng chē - das Sportfahrrad
24. 队列 duìliè - die Schlange
25. 骑自行车去 qí zì xíng chē qù - mit dem Fahrrad fahren

B

明买自行车

这 是 星期六 早上。 明 去 浴室。 浴室 不大。 那里 有 一 个 浴盆， 一 台 洗衣机 和 一 个 盥洗台。 明 洗 了 脸。 然后， 他 去 了 厨房。 厨房 的 桌子 上 有 一 套 茶具。 明 吃 他 的 早餐。 明 的 早餐 不多。 然后， 他 用 咖啡机 煮 了 一些 咖啡 来 喝。 今天 他 想 去 一 间 体育 商店。 明 去 到 街上。 他 搭 七 号 巴士。 明 需要 一点 时间 搭 巴士 到 商店。

zhè shì xīngqīliù zǎoshàng。 míng qù yùshì。 yùshì bùdà。 nàli yǒu yī gè yùpén， yī tái xǐyījī hé yī gè guànxǐtái。 míng xǐ le liǎn。 ránhòu， tā qù le chúfáng。 chúfáng de zhuōzi shàng yǒu yī tào chájù。míng chī tā de zǎocān。 míng de zǎocān bù duō。 ránhòu， tā yòng kāfēijī zhǔ le yīxiē kāfēi lái hē。 jīntiān tā xiǎng qù yī jiān tǐyù shāngdiàn。 míng qù dào jiēshang。 tā dā qī hào bāshì。 míng xūyào yīdiǎn shíjiān dā bāshì dào shāngdiàn。

明 走进 体育 商店。 他 想 买 一 辆 新 的 运动 自行车。 那里 有 很 多 运动 自行车， 有 黑色， 蓝色 和 绿色 的。 明 喜欢 蓝色 的 自行车。 他 要 买 一 辆 蓝色 的。 店 里 要 排 队。 明 用 了 很 久 时间 才 买 到 自行车。 然后， 他 去 街上 骑 自行车。 他 骑 去 市中心。 然后， 他 从 市中心 骑 去 城市 公园。 骑 新 的 自行车 真 好！

míng zǒujìn tǐyù shāngdiàn。 tā xiǎng mǎi yī liàng xīn de

Ming kauft ein Fahrrad

Es ist Samstagmorgen. Ming geht ins Bad. Das Badezimmer ist nicht groß. Dort gibt es eine Badewanne, eine Waschmaschine und einen Badezimmertisch. Ming wäscht sich das Gesicht. Dann geht er in die Küche. Auf dem Küchentisch steht ein Teekessel. Ming frühstückt. Mings Frühstück ist nicht groß. Dann macht er Kaffee mit der Kaffeemaschine und trinkt ihn. Er will heute in ein Sportgeschäft. Ming geht auf die Straße. Er nimmt den Bus 7. Ming braucht nicht lange, um mit dem Bus zum Laden zu fahren.Ming geht in das Sportgeschäft. Er will sich ein neues Sportfahrrad kaufen. Es gibt viele Sportfahrräder. Sie sind schwarz, blau und grün. Ming mag blaue Fahrräder. Er will ein blaues kaufen. Im

yùndòng zìxíngchē。 nàli yǒu hěn duō yùndòng zìxíngchē，yǒu hēisè， lánsè hé lǜsè de。 míng xǐhuan lánsè de zìxíngchē。 tā yào mǎi yī liàng lánsè de。 diàn lǐ yào pái duì。 míng yòng le hěn jiǔ shíjiān cái mǎi dào zìxíngchē。 ránhòu， tā qù jiēshang qí zìxíngchē。 tā qí qù shìzhōngxīn。 ránhòu， tā cóng shìzhōngxīn qí qù chéngshì gōngyuán。 qí xīn de zìxíngchē zhēn hǎo !

这 是 星期六 早上， 但是 志 彭 在 他 的 办公室 里。 今天 他 有 很 多 工作。志 彭 的 办公室 外 有 一排 队列。 有 许多 学生和 工人 在 排 队。 他们 需要 一 份 工作。 他们 一个接一个 进去 志 彭 的 办公室。 他们 与 志 彭 说话。 然后， 他 给 了 他们 公司 的 地址。

zhè shì xīngqīliù zǎoshang， dànshì zhì péng zài tā de bàngōngshì lǐ。 jīntiān tā yǒu hěn duō gōngzuò。 péng de bàngōngshì wài yǒu yīpái duìliè。yǒu xǔduō xuésheng hé gōngrén zài pái duì。 tāmen xūyào yī fèn gōngzuò。 tāmen yīgejiēyīge jìnqù zhì péng de bàngōngshì。 tāmen yǔ zhì péng shuōhuà。 ránhòu， tā gěi le tāmen gōngsī de dìzhǐ。

现在 是 下午 茶 时间。 志 彭 用 咖啡机 煮 了 一些 咖啡。 他 吃 了 小吃 还 喝 了 一些 咖啡。 现在 没有 人 去 他 的 办公室 了。 志 彭 可以 回家 了。 志 彭 去 到 街上。 今天 真 好！ 志 彭 回去 家里。 他 带 他 的 孩子们 去 城市 公园。 他们 在 那里 过了一 段 美好 的 时光。

xiànzài shì xiàwǔ chá shíjiān。 zhì péng yòng kāfēijī zhǔ le yīxiē kāfēi。 tā chī le xiǎo chī hái hē le yīxiē kāfēi。 xiànzài méiyǒu rén qù tā de bàngōngshì le。 zhì péng kěyǐ huíjiā le。 zhì péng qù dào jiēshang。 jīntiān zhēn hǎo ! zhì péng huíqu jiālǐ。 tā dài tā de háizimen qù chéngshì gōngyuán。 tāmen zài nàli gùo le yī duàn měihǎo de shíguāng。

Laden ist eine Schlange. Ming braucht lange, um das Fahrrad zu kaufen. Dann geht er auf die Straße und fährt mit dem Fahrrad. Er fährt ins Stadtzentrum. Dann fährt er vom Zentrum in den Stadtpark. Es ist so schön, mit einem neuen Sportfahrrad zu fahren!

Es ist Samstagmorgen, aber Zhipeng ist in seinem Büro. Er hat heute viel zu tun. Vor Zhipengs Büro ist eine Schlange. In der Schlange stehen viele Studenten und Arbeiter. Sie brauchen Arbeit. Sie gehen einer nach dem anderen in Zhipengs Büro. Sie sprechen mit Zhipeng. Dann gibt er ihnen Adressen von Firmen.

Jetzt ist Zeit für einen Imbiss. Zhipeng macht Kaffee mit der Kaffeemaschine. Er isst seinen Imbiss und trinkt Kaffee. Jetzt ist keine Schlange mehr vor seinem Büro. Zhipeng kann nach Hause gehen. Er geht auf die Straße. Es ist so ein schöner Tag! Zhipeng geht nach Hause. Er holt seine Kinder ab und geht in den Stadtpark. Dort haben sie eine schöne Zeit.

第八章
Kapitel 8

梅想购买一个新光盘
Mei will eine neue DVD kaufen

A

单词
Vokabeln

1. 杯 bēi - die Tasse
2. 比 bǐ - als; 志彭 比 梅 老 zhì péng bǐ méi lǎo - Zhipeng ist älter als Mei
3. 超过 chāo guò / 更多 gèng duō - mehr
4. 持续 chí xù，需要 xū yào - dauern
5. 大 dà, 更大 gèng dà / 比较大 bǐ jiào dà / 最大 zuì dà - groß / größer / am größten
6. 递交 dì jiāo - einreichen
7. 二十 èr shí - zwanzig
8. 光盘 guāng pán - die DVD
9. 盒子 hé zi - die Kiste
10. 介绍 jièshào - zeigen
11. 有意思的 yǒu yì si de - interessant
12. 离开 lí kāi - verlassen, weggehen
13. 录像带 lù xiàng dài - die Videokassette
14. 冒险 mào xiǎn - das Abenteuer

15. 那个 nà ge - dass; 我 知道, 那 个 这 本 书 很 有意思 wǒ zhīdào, nà ge zhè běn shū hěn yǒu yì si - Ich weiß, dass dieses Buch interessant ist.

16. 年轻 nián qīng - jung

17. 十五 shí wǔ - fünfzehn

18. 售货员 shòu huò yuán - der Verkäufer, die Verkäuferin

19. 问 wèn - fragen

20. 喜爱 xǐ ài / 喜欢 的 xǐ huan de - lieblings-; 喜 欢 的 电影 xǐ huan de diàn yǐng - der Lieblingsfilm

21. 小时 xiǎo shí - die Stunde

22. 电影 diàn yǐng - der Film

23. 影视 店 yǐng shì diàn - die Videothek

24. 友善 yǒu shàn - freundlich

25. 长 cháng - lang

B

梅想购买一片新光盘

明 和 李 是 梅 的 孩子。 李 是 最 小的 孩子。 她 五 岁。 明 比 李 大 十五 岁。 他 二十 岁 了。 李 比 明 年轻 许多。

míng hé lǐ shì méi de háizi。 míng shì zuì xiǎode háizi。 tā wǔ suì。 míng bǐ lǐ dà shíwǔ suì。 tā èrshí suì le。 lǐ bǐ míng niánqīng xǔduō。

李， 梅 和 明 在 厨房 里。 他们 在 喝 茶。 李 的 杯子 很 大。 梅 的 杯子 更 大。 明 的 杯子 是 最 大 的。

lǐ， méi hé míng zài chúfáng lǐ。 tāmen zài hē chá。 lǐ de bēi zi hěn dà。 méi de bēi zi gèng dà。 míng de bēi zi shì zuì dà de。

梅 有 很 多 精彩 电影 的 录像带 和 光盘。 她 想 购买 一 部 比较 新 的 电影。 她 去 一 间 音像店。 那里 有 许多 装有 录像带 和 光盘 的 盒子。 她 请 一 个 售货员 来 帮助 她。 售货员 交给 梅 一些 录像带。 梅 想 进一步一 了解 这些 电影， 但是 售货员 离开 了。

méi yǒu hěn duō jīngcǎi diànyǐng de lùxiàngdài hé guāngpán。 tā xiǎng gòumǎi yī bù bǐjiào xīn de diànyǐng。 tā qù yī jiān yīnxiàngdiàn。 nàli yǒu xǔduō zhuāngyǒu lùxiàngdài hé guāngpán de hézi。 tā qǐng yī gè shòuhuòyuán lái bāngzhù tā。 shòuhuòyuán jiāogěi méi yīxiē lùxiàngdài。 méi xiǎng jìn yī bù liǎojiě zhèxiē

Mei will eine neue DVD kaufen

Ming und Lee sind Meis Kinder. Lee ist die Jüngste. Sie ist fünf. Ming ist fünfzehn Jahre älter als Lee. Er ist zwanzig. Lee ist viel jünger als Ming.

Lee, Mei und Ming sind in der Küche. Sie trinken Tee. Lees Tasse ist sehr groß. Meis Tasse ist größer. Ming Tasse ist am größten.

Mei hat viele Videokassetten und DVDs mit interessanten Filmen. Sie will einen neueren Film kaufen. Sie geht in eine Videothek. Dort sind viele Kisten mit Videokassetten und DVDs. Sie bittet einen Verkäufer, ihr zu helfen. Der Verkäufer gibt Mei ein paar Filme. Mei will mehr über diese Filme wissen, aber der Verkäufer geht weg.

Es gibt eine andere Verkäuferin im Laden und sie ist freundlicher. Sie fragt Mei

diànyǐng， dànshì shòuhuòyuán líkāi le。
店 里 还有 一 个 售货员， 而且 她 比较 友善。 她 问 梅 关于 她 喜欢 的 电影。 梅 喜欢 浪漫 的 电影 和 冒险 片。“ 泰坦尼克尼 号 ” 是 她 喜欢 的 电影。 售货员 向 梅 介绍 了 最新 的 好莱坞 电影 “ 德国 朋友 ”。 它 是 关于 一 个 男人 和 一 个 年轻 女人 的 浪漫 冒险 电影。
diàn lǐ háiyǒu yī gè shòuhuòyuán， érqiě tā bǐjiào yǒushàn。 tā wèn méi guānyú tā xǐhuan de diànyǐng。 méi xǐhuan làngmàn de diànyǐng hé màoxiǎn piàn。“tài tǎn ní kè hào ” shì tā xǐhuan de diànyǐng。 shòuhuòyuán xiàng méi jièshào le zuìxīn de hǎoláiwù diànyǐng “ déguó péngyou ”。 tā shì guānyú yī gè nánrén hé yī gè niánqīng nǚrén de làngmàn màoxiǎn diànyǐng。
她 还 向 梅 介绍 了一 部 电影“ 企业 ”。 售货员 说 那 部 电影 是 最 精彩 的 电影 之一。 而且 它 也 是 其中 一 部 最 长 的 电影。 它 超过 三 个 小时。 梅 喜欢 比较 长 的 电影。 她 说 “ 泰坦尼克尼 号 ” 是 她 拥有 的最 精彩 和 最 长 的 电影。 梅 购买 了 “ 企业 ” 的 电影 光盘。 她 感谢 售货员 后 就 走 了。
tā hái xiàng méi jièshào yīpiàn le bù diànyǐng “ qǐyè ”。 shòuhuòyuán shuō nà bù diànyǐng shì zuì jīngcǎi de diànyǐng zhīyī。 érqiě tā yě shì qízhōng yī bù zuì cháng de diànyǐng。 tā chāoguò sān gè xiǎoshí。 méi xǐhuan bǐjiào cháng de diànyǐng。 tā shuō “tài tǎn ní kè hào ” shì tā yōngyǒu zuì de jīngcǎi hé zuì cháng de diànyǐng。 méi gòumǎi le “ qǐyè ”de diànyǐng guāngpán。 tā gǎnxiè shòuhuòyuán hòu jiù zǒu le。

nach ihren Lieblingsfilmen. Mei mag romantische Filme und Abenteuerfilme. Der Film ‚Titanic' ist ihr Lieblingsfilm. Die Verkäuferin zeigt Mei eine DVD mit dem neusten Hollywoodfilm 'Der deutsche Freund'. Er handelt von den romantischen Abenteuern eines Mannes und einer jungen Frau.
Sie zeigt Mei auch eine DVD mit dem Film ‚Die Firma'. Die Verkäuferin sagt, dass der Film ‚Die Firma' einer der interessantesten Filme ist. Und auch einer der längsten. Er dauert mehr als drei Stunden. Mei mag längere Filme. Sie sagt, dass ‚Titanic' der interessanteste und der längste Film ist, den sie hat. Mei kauft die DVD mit dem Film 'Die Firma'. Sie bedankt sich bei der Verkäuferin und geht.

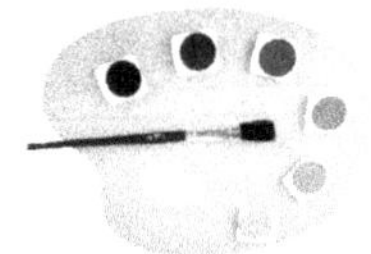

第九章
Kapitel 9

希若西听美国歌
Hirori hört amerikanische Musik

A

单词
Vokabeln

1. 包 bāo / 书包 shūbāo / 袋子 dài zi - die Tasche
2. 惭愧 cán kuì - sich schämen;他 很 惭愧 tā hěn cán kuì - er schämt sich sehr
3. 唱 chàng - singen
4. 打电话 dǎ diàn huà - anrufen, telefonieren; 呼叫 hū jiào - rufen; 呼叫中心 hū jiào zhōng xīn - das Callcenter
5. 电话 diàn huà - das Telefon; 打电话 dǎ diàn huà - telefonieren
6. 分钟 fēn zhōng - die Minute
7. 歌手 gē shǒu - der Sänger
8. 关与 guān yǔ - über
9. 很 hěn / 非常 fēi cháng - sehr
10. 家庭 jiā tíng - die Familie
11. 简单 jiǎn dān / 容易 róng yì - einfach

12. 开始 kāi shǐ - anfangen
13. 帽子 mào zi - der Hut
14. 每一个 měi yī gè - jeder, jede, jedes
15. 面包 miàn bāo - das Brot
16. 名字 míng zì - der Name; 取名 qǔ míng / 命名 mìng míng - nennen
17. 牛油 niú yóu - die Butter
18. 跑 pǎo / 跑步 pǎobù - rennen, joggen, laufen
19. 失灵 shī líng - außer Betrieb
20. 天 tiān / 日子 rìzi - der Tag
21. 跳 tiào - springen; 跳 tiào - der Sprung
22. 附近 fù jìn / 邻近 lín jìn / 旁边 pang biān - in der Nähe
23. 头 tóu - Kopf
24. 向...去 xiàng qù - zu... gehen
25. 喜欢 xǐ huan / 喜爱 xǐ'ài - gefallen; 我喜欢 wǒ xǐ huan / 喜爱 xǐ'ài - Mir gefällt...
26. 宿舍 sù shè - das Studentenwohnheim
27. 因为 yīn wèi - weil
28. 之前 zhī qián - vorher

B

希若西听美国歌

卡 若 尔 是 一 名学生。 她 二十 岁。 卡 若 尔 是 从 美国 来 的。 她 住 在 学生 宿舍。 她 是 一 个 很 好 的 女生。 卡 若 尔 穿 了 一 条 蓝色 的 裙子。 她 的 头上 有 一 顶 帽子。
kǎ ruò ěr shì yī míng xuésheng。 tā èrshí suì。 kǎ ruò ěr shì cóng měiguó lái de。 tā zhù zài xuésheng sùshè。 tā shì yī gè hěn hǎo de nǚshēng。 kǎ ruò ěr chuān le yī tíao lánsè de qúnzi。 tā de tóushàng yǒu yī dǐng màozi。
今天， 卡 若 尔 想要 打电话 给 她 的 家人。 她 去 呼叫中心， 因为 她 的 电话 失灵 了。 呼叫中心 是 在 咖啡厅 对面。 卡 若 尔 打 给 她 的 家人。 她 和 她 的 父母 说话。 这 通电话 占 了 她 大约 五 分钟。 然后， 她 打 给 她 的 朋友， 安 琪 拉。 这 通电话 占 了 她 大约 三 分钟。
jīntiān， kǎ ruò ěr xiǎngyào dǎdiànhuà gěi tā de jiārén。 tā qù hūjiàozhōngxīn， yīnwèi tā de diànhuà shīlíng le。 hūjiàozhōngxīn shì zài kāfēitīng duìmiàn。 kǎ ruò ěr dǎ gěi tā de jiārén。 tā hé tā de fùmǔ shuōhuà。 zhè tōngdiànhuà zhàn le tā dàyuē wǔ fēnzhōng。 ránhòu， tā dǎ gěi tā de péngyou， ān qí lā。 zhè tōngdiànhuà zhàn le tā dàyuē sān

Hirori hört amerikanische Musik

Carol ist Studentin. Sie ist zwanzig. Carol kommt aus den USA. Sie wohnt im Studentenwohnheim. Sie ist ein sehr nettes Mädchen. Carol hat einen blauen Rock an. Auf dem Kopf hat sie einen Hut.
Carol will heute ihre Familie anrufen. Sie geht ins Callcenter, weil ihr Telefon außer Betrieb ist. Das Callcenter ist vor dem Café. Carol ruft ihre Familie an. Sie spricht mit ihrer Mutter und ihrem Vater. Der Anruf dauert etwa fünf Minuten. Dann ruft sie ihre Freundin Angela an. Dieser Anruf dauert etwa drei Minuten.

Mike mag Sport. Er geht jeden Morgen im Park in der

fēnzhōng。

迈 克 喜欢 运动。 他 每天 早晨 都 在 宿舍 附近 的 公园 里 跑步。 他 今天 也 有 跑步。 他 的跳 远 也 很 好。 他 跳 的 很 远。 希 若 西和 明 与 迈 克 一起 跑步 和 跳远。明跳 的 比较 远。 希 若 西 跳 的 最远。 他 跳 得 最好。 然后， 迈 克 和 希 若 西 跑 回 宿舍， 而明跑 回家。

mài kè xǐhuan yùndòng。 tā měitiān zǎochén dōu zài sùshè fùjìn de gōngyuán lǐ pǎobù。 tā jīntiān yě yǒu pǎobù。 tā de tiào yě hěn hǎo。 tā tiào de hěn yuǎn。 xī ruò xī hé ming yǔ mài kè yīqǐ pǎobù hé tiào。ming tiào de bǐjiào yuǎn。 xī ruò xī tiào de zuìyuǎn。 tā tiào dé zuìhǎo。 rán hòu， mài kè hé xī ruò xī pǎo huí sùshè， ér ming pǎo huíjiā。

迈 克 在 他 的 房间 里 吃 早餐。 他 吃 面包 和 牛油。 他 用 咖啡机 煮 了 一些 咖啡。 然后， 他 把 牛油 涂 在 面包 上 吃。

mài kè zài tā de fángjiān lǐ chī zǎocān。 tā chī miànbāo hé niúyóu。 tā yòng kāfēijī zhǔ le yīxiē kāfēi。 ránhòu， tā bǎ niúyóu tú zài miànbāo shàng chī。

迈 克 住 在 上海 的 宿舍 里。 他 的 房间 是 在 希 若 西 的 房间 附近。 迈 克 的 房间 不大。 它 很 干净， 因为 迈 克 每天 都 有 清理 它。 在 他 的 房间 里 有 一 张 桌子， 一 张 床， 一些 椅子 和 一些 家具。 迈 克 的 书 和 笔记本 是 在 桌子 上。 他 的 书包 是 在 桌子 下面。 椅子 是 在 桌子 那里。 迈 克 拿 了 一些 光盘 在 他 的 手里， 接着 去 希 若 西 那里， 因为 希 若 西 想 听 美国 歌。

mài kè zhù zài shàng hǎi de sùshè lǐ。 tā de fángjiān shì zài xī ruò xī de fángjiān fùjìn。 mài kè de fángjiān bùdà。 tā hěn gānjìng， yīnwèi mài kè měitiān dōu yǒu qīnglǐ tā。 zài tā de fángjiān lǐ yǒu yī zhāng zhuōzi， yī zhāng chuáng， yīxiē yǐzi hé yīxiē jiājù。 mài kè de shū hé bǐjìběn shì zài zhuōzi shàng。 tā de shūbāo shì zài zhuōzi xiàmian。 yǐzi shì zài zhuōzi nàli。 mài kè ná le yīxiē guāngpán zài tā de shǒulǐ， jiēzhe qù xī ruò xī nàli， yīnwèi xī ruò xī xiǎng tīng Měiguó gē。

希 若 西 在 他 的 房间 里 的 桌子 那里。 他 的

Nähe des Studentenwohnheims joggen. Heute läuft er auch. Er springt auch gern weit. Er springt sehr weit. Hirori und Lee laufen und weitspringen gemeinsam mit Mike. Lee springt weiter. Hirori springt am weitesten. Er springt am besten. Dann laufen Mike und Hirori zum Studentenwohnheim und Lee nach Hause.Mike frühstückt in seinem Zimmer. Er isst Brot und Butter. Er macht Kaffee mit der Kaffeemaschine. Dann bestreicht er das Brot mit Butter und isst.Mike wohnt im Studentenwohnheim in Shanghai. Sein Zimmer ist in der Nähe von Hiroris Zimmer. Mikes Zimmer ist nicht groß. Es ist sehr sauber, weil Mike es jeden Tag sauber macht. In seinem Zimmer stehen ein Tisch, ein Bett, ein paar Stühle und ein paar andere Möbel. Mikes Bücher und Notizbücher liegen auf dem Tisch. Seine Tasche ist unter dem Tisch. Die Stühle stehen am Tisch. Mike nimmt ein paar CDs in die Hand und geht zu Hirori, weil Hirori amerikanische Musik hören will.Hirori sitzt in seinem Zimmer am Tisch. Seine Katze ist unter dem Tisch. Vor der Katze liegt etwas Brot. Die Katze isst das Brot. Mike gibt Hirori die CDs. Auf den CDs ist die beste amerikanische Musik.

猫 在 桌子 下面。 猫 前面 有一些 面包。 猫 在 吃 面包。 迈 克 把 光盘 交给 希 若 西。 光盘 里 有 最好 听 的 美国 歌。 希 若 西 也 想 知道 美国 歌手 的 名字。 迈 克 说 了 他 最 喜欢 的 歌手 的 名字。 他 说 了 艾 薇 儿， 麦当娜， 迈 克 安东尼 和 珍 妮 弗 洛佩兹。 这些 名字 对 希 若 西 来说 是 陌生 的。

xī ruò xī zài tā de fángjiān lǐ de zhuōzi nàli。 tā de māo zài zhuōzi xiàmian。 māo qiánmiàn yǒuyīxiē miànbāo。 māo zài chī miànbāo。 mài kè bǎ guāngpán jiāogěi xī ruò xī。 guāngpán lǐ yǒu zuì hǎo tīng de Měiguó gē。 xī ruò xī yě xiǎng zhīdào měiguó gēshǒu de míngzi。 mài kè shuō le tā zuì xǐhuan de gēshǒu de míngzi。 tā shuō le aì wēi r， màidāngnà， mài kè āndōngní hé zhēn nī fú luòpèizī。 zhèxiē míngzi duì xī ruò xī láishuō shì mòshēng de。

他 听 着 光盘， 然后 开始 唱 美国 歌！ 他 非常 喜欢 这些 歌。 希 若 西 请 迈 克 把 歌词 写 下来。 迈 克 帮 希 若 西 写下 最好 听 的 美国 歌 的 歌词。 希 若 西 说 他 想 学习 一些 歌曲 的 单词， 所以 请 迈 克 帮忙。 迈 克 帮助 希 若 西 学习 美国 单词。 这 占 了 很 多 时间， 因为 迈 克 不会 说 很 好 的 中文。 迈 克 感到 惭愧。 他 连 一些 简单 的 词语 都 不会 说！ 接着， 迈 克 就 去 他 的 房间 学习 中文。

tā tīng zhe guāngpán， ránhòu kāishǐ chàng měiguó gē！ tā fēicháng xǐhuan zhèxiē gē。 xī ruò xī qǐng mài kè bǎ gēcí xiě xiàlai。 mài kè bāng xī ruò xī xiěxià zuìhǎo tīng de měiguó gē de gēcí。 xī ruò xī shuō tā xiǎng xuéxí yīxiē gēqǔ de dāncí， suǒyǐ qǐng mài kè bāngmáng。 mài kè bāngzhù xī ruò xī xuéxí měiguó dāncí。 zhè zhàn le hěn duō shíjiān， yīnwèi mài kè bùhuì shuō hěn hǎo de zhōngwén。 mài kè gǎndào cánkuì。 tā lián yīxiē jiǎndān de cíyǔ dōu bùhuì shuō！ jiēzhe， mài kè jiù qù tā de fángjiān xuéxí zhōngwén。

Hirori will auch die Namen der amerikanischen Sänger wissen. Mike nennt seine Lieblingssänger. Er nennt Avril, Madonna, Marc Anthony und Jennifer Lopez. Diese Namen sind Hirori neu.

Er hört die CDs an und beginnt dann, die amerikanischen Lieder zu singen! Ihm gefallen die Lieder sehr. Hirori bittet Mike, den Text der Lieder aufzuschreiben. Mike schreibt die Texte der besten amerikanischen Lieder für Hirori auf. Hirori sagt, dass er die Vokabeln von ein paar Liedern lernen will, und bittet Mike um Hilfe. Mike hilft Hirori, die amerikanischen Vokabeln zu lernen. Dies dauert sehr lange, weil Mike nicht gut Chinesisch spricht. Mike schämt sich. Er kann nicht einmal ein paar einfache Sätze sagen! Dann geht Mike in sein Zimmer und lernt Chinesisch.

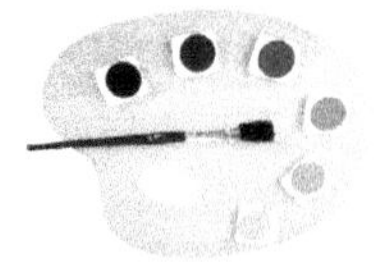

第十章
Kapitel 10

希若西买设计教科书
Hirori kauft Fachbücher über Design

A

单词
Vokabeln

1. 程序 chéng xù - das Programm
2. 而已 ér yǐ / 只 zhǐ - nur
3. 付 fù - zahlen
4. 好 hǎo - gut
5. 花费 huā fèi - Kosten
6. 教 科 书 jiāo kē shū; 课本 kè běn - das Fachbuch
7. 解释 jiě shì - erklären
8. 看 kàn - schauen, betrachten, sehen
9. 课程 kè chéng - der Kurs, die Lektion
10. 母语 mǔ yǔ - die Muttersprache
11. 你好 nǐ hǎo; (您好 nínhǎo) - hallo; (Höflichkeitsform)
12. 任何 rèn hé - irgendwelche
13. 设计 shè jì - das Design
14. 他 tā - er, ihn, ihm
15. 图画 tú huà; 画面 huà miàn - das Bild
16. 选择 xuǎn zé - wählen, aussuchen
17. 学习 xué xí - studieren, lernen
18. 大学 dà xué; 学院 xué yuàn - die Universität

19. 语言 yǔ yán - die Sprache

20. 再见 zài jiàn - tschüss

21. 真的 zhēn de - wirklich

22. 种类 zhǒng lèi; 类型 lèi xíng - die Art

希若西买设计教科书

希 若 西 是 日本人， 日语 是 他 的 母语。 他 在 上海 的 大学 学 设计。
xī ruò xī shì rìběnrén， rìyǔ shì tā de mǔyǔ。 tā zài shàng hǎi de dà xué xué shèjì。
今天 是 星期六， 希 若 西 有 很 多 空闲 时间。 他 想要 买 一些 设计的教科书。 他 去 附近 的 书店。 它们 也许 有一些 关于 设计 的 教科书。 他 来到 书店， 看 着 书架。 有 一 个 女人 来到 希 若 西 面前。 她 是 一 个 售货员。
“ 您好。 请问 我 可以 帮助 您 吗?” 售货员 问 他。
jīntiān shì xīngqīliù， xī ruò xī yǒu hěn duō kòngxián shíjiān。 tā xiǎngyào mǎi yīxiē shèjì de jiàokēshū。 tā qù fùjìn de shūdiàn。 tāmen yěxǔ yǒuyīxiē guānyú shèjì de jiàokēshū。 tā láidào shūdiàn， kàn zhe shūjià。 yǒu yī gè nǚrén láidào xī ruò xī miànqián。 tā shì yī gè shòuhuòyuán。
“ nínhǎo。 qǐngwèn wǒ kěyǐ bāngzhù nín ma?” shòuhuòyuán wèn tā。
“ 你好，” 希 若 西 说，“ 我 是 在 大学学习 设计 的。 我 需要 一些 教科书。 你 有 任何 设计 的 教科书 吗？” 希 若 西 问 她。
“ nǐhǎo，” xī ruò xī shuō，“ wǒ shì zài dà xué xuéxí shèjì de。 wǒ xūyào yīxiē jiàokēshū。 nǐ yǒu rènhé shèjì de jiàokēshū ma？” xī ruò xī wèn tā。
“ 哪 一 类型 的 设计 呢？ 我们 有一些 家具 设计， 汽车 设计， 运动 设计， 网络设计 的 教科书，” 她 向 他 解释。
“ nǎ yī lèixíng de shèjì ne？ wǒmen yǒuyīxiē jiājù shèjì， qìchē shèjì， yùndòng shèjì， wǎngluòshèjì de jiàokēshū，” tā xiàng tā jiěshì。
“ 你 可以 给 我 看 一些 关于 家具 设计 和 网络设计 的 教科书 吗？” 希 若 西 对 她 说。

Hirori kauft Fachbücher über Design

Hirori ist Japaner， seine Muttersprache ist Japanisch. Er studiert Design an der Universität in Shanghai.
Heute ist Samstag und Hirori hat viel Freizeit. Er will ein paar Fachbücher über Design kaufen. Er geht zum Buchladen in der Nähe. Der könnte Fachbücher über Design haben. Er kommt in den Buchladen und betrachtet das Buchregal. Eine Frau kommt zu Hirori. Sie ist eine Verkäuferin.
„Hallo, kann ich Ihnen helfen?”, fragt ihn die Verkäuferin.
„Hallo”, sagt Hirori. „Ich studiere Design an der Universität. Ich brauche ein paar Fachbücher. Haben Sie irgendwelche Fachbücher über Design?“, fragt Hirori.
„Welche Art von Design? Wir haben Fachbücher über Möbeldesign, Autodesign, Sportdesign oder Internetdesign”, erklärt sie ihm.
„Können Sie mir Fachbücher über

“ nǐ kěyǐ gěi wǒ kàn yīxiē guānyú jiājù shèjì hé wǎngluòshèjì de jiàokēshū ma？ ” xī ruò xī duì tā shuō。
“ 您 可以 选择 下一个 书架 上 的 书本。 看看 它们。 这 是 一 本意 大 利 家具 设计师， 帕 拉 提 诺 写 的 书。 这位 设计师 解释 了 意大利 的 家具 设计。 他 也 解释 了 欧洲 和美 国 的 家具 设计。 这里 有一些 很 好 的 图片，” 售货员 解释。
“ nín kěyǐ xuǎnzé xiàyīge shūjià shàng de shūběn。 kànkan tāmen。 zhè shì yī běn yì dà lì jiājù shèjìshī， pà lā tí nuò xiě de shū。 zhèwèi shèjìshī jiěshì le yìdàlì de jiājù shèjì。 tā yě jiěshì le ōuzhōu hé měi guó de jiājù shèjì。 zhèlǐ yǒuyīxiē hěn hǎo de túpiàn，” shòuhuòyuán jiěshì。
“ 我 也 看 到 一些 在 书 里 的 课程。 这 本 书 真 是 好。 它 多少 钱 呢？” 希 若 西 问 她。
“ wǒ yě kàn dào yīxiē zài shū lǐ de kèchéng。 zhè běn shū zhēn shì hǎo。 tā duōshao qián ne？ ” xī ruò xī wèn tā。
“ 52 元。 这 本 书 还 附 一片 光盘。 光盘 里 有 一 个 家具 设计 的 电脑 程序，” 售货员 对 他 说。
“ 我 真 的 很 喜欢 它，” 希 若 西 说。
“wǔshíèr yuán。 zhè běn shū hái fù yīpiàn guāngpán。 guāngpán lǐ yǒu yī gè jiājù shèjì de diànnǎo chéngxù，” shòuhuòyuán duì tā shuō。
“ wǒ zhēn de hěn xǐhuan tā，” xī ruò xī shuō。
“ 您 可以 在 那里 看 到 一些 网络设计 的 教科书，” 女人 向 他 解释，“ 这 本 书 是 关于 微软公司 的 电脑 程序 的。
“ nín kěyǐ zài nàli kàn dào yīxiē wǎngluòshèjì de jiàokēshū，” nǚrén xiàng tā jiěshì，“ zhè běn shū shì guānyú wēiruǎn gōngsī de diànnǎo chéngxù de。
还有 这些 书本 是 关于 电脑 程序的。 看看 这 本 红色 的 书。 它 是 关于Flash 的， 它 还 有一些 有趣 的 课程。 您 可以 自己 选择。”
“ 这 本 红色 的 书 多少 钱呢？” 希 若 西 问 她。
háiyǒu zhèxiē shūběn shì guānyú diànnǎo chéngxù de。 kànkan zhè běn hóngsè de shū。 tā shì guānyú Flash de， tā hái yǒu yīxiē yǒuqù de kèchéng。nín kě yǐ zì jǐ xuǎnzé。”
“ zhè běn hóngsè de shū duōshao qián ne？ ” xī ruò xī wèn tā。

Möbeldesign und Internetdesign zeigen?”, fragt Hirori sie.
„Sie können sich Bücher aus dem nächsten Buchregal aussuchen. Schauen Sie sie sich an. Dies ist ein Buch von dem italienischen Möbeldesigner Palatino. Dieser Designer erklärt das Design italienischer Möbel. Er erklärt auch europäisches und amerikanisches Möbeldesign. In dem Buch sind einige sehr gute Bilder”, erklärt die Verkäuferin.
„Ich sehe auch einige Aufgaben in dem Buch. Dieses Buch ist wirklich gut. Wie viel kostet es?”, fragt Hirori.
„Es kostet zweiundfünfzig Yuan. Und mit dem Buch kommt eine CD. Auf der CD ist ein Computerprogramm für Möbeldesign”, sagt die Verkäuferin zu ihm.
„Das gefällt mir wirklich”, sagt Hirori.
„Dort können Sie sich ein paar Fachbücher über Internetdesign anschauen”, erklärt ihm die Frau.
„Dieses Buch ist über das Computerprogramm Microsoft Office. Und diese Bücher sind über das Computerprogramm Flash. Schauen Sie sich dieses rote Buch an. Es ist über Flash und es enthält einige

“ 这 本 书， 附加 两 片 光盘， 只 卖 43 元，” 售货员 对 他 说。
“ zhè běn shū， fùjiā liǎng piàn guāngpán， zhǐ mài sìshísān yuán，” shòuhuòyuán duì tā shuō。
“ 我 想 买 这 本 帕 拉 提 诺 写 的 家具 设计 和 这 本 红色 关于 Flash的 书。 我 必须 付 多少 呢？” 希 若 西 问。
“ wǒ xiǎng mǎi zhè běn pà lā tí nuò xiě de jiājù shèjì hé zhè běn hóngsè guānyú Flash de shū。 wǒ bìxū fù duōshao ne？” xī ruò xī wèn。
“ 这 两 本 书 您 需 付 95 元，” 售货员 对 他 说。
希 若 西 付 了 钱。 然后， 他 拿 了 书本 和 光盘。
“ zhè liǎng běn shū nín xū fù jiǔshíwǔ yuán，” shòuhuòyuán duì tā shuō。
xī ruò xī fù le qián。 ránhòu， tā ná le shūběn hé guāngpán。
“ 再见，” 售货员 对 他 说。
“ 再见，” 希 若 西 对 她 说 完 就 走 了。
“ zàijiàn，” shòuhuòyuán duì tā shuō。
“ zàijiàn，” xī ruò xī duì tā shuō wán jiù zǒu le。

interessante Lektionen. Suchen Sie sich eins aus.”
„Wie viel kostet das rote Buch?”, fragt Hirori.
„Dieses Buch mit zwei CDs kostet nur dreiundvierzig Yuan”, sagt die Verkäuferin.
„Ich möchte das Buch von Palatino über Möbeldesign und das rote Buch über Flash kaufen. Wie viel muss ich dafür zahlen?”, fragt Hirori.
„Sie müssen fünfundneunzig Yuan für diese zwei Bücher zahlen”, sagt die Verkäuferin.Hirori zahlt. Dann nimmt er die Bücher und die CDs.
„Tschüss”, sagt die Verkäuferin zu ihm.
„Tschüss”, sagt Hirori und geht.

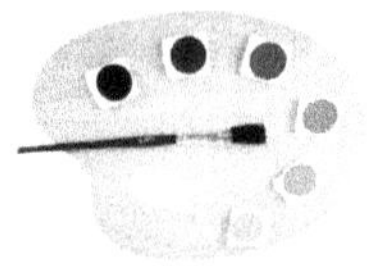

第十一章
Kapitel 11

迈克想赚到钱（第一部）
Mike will ein bisschen Geld verdienen (Teil 1)

A

单词
Vokabeln

1. 部分 bù fen - der Teil
2. 答案 dá àn - die Antwort; 回答 huí dá - antworten, erwidern
3. 待续 dài xù - Fortsetzung folgt
4. 点 diǎn - Uhr; 这 是 下午 两 点 zhè shì xiàwǔ liǎng diǎn - Es ist zwei Uhr nachmittags.
5. 多 一 个 duō yī gè - noch einen
6. 更好 gèng hǎo - besser
7. 号码 hào mǎ - die Nummer
8. 后 hòu - nach
9. 卡车 kǎ chē - der Lastwagen
10. 可以 kě yǐ; 很好 hěn hǎo - gut, alles klar
11. 快 kuài; 快速 kuài sù - schnell
12. 理解 lǐ jiě - verstehen
13. 力量 lì liang - die Kraft; 能量 néng liàng - die Energie
14. 列表 liè biǎo - die Liste
15. 难 nán - schwer
16. 普通 pǔ tōng - normal
17. 通常 tōng cháng - normalerweise
18. 人事部门 rén shì bù mén - die Personalabteilung

19. 天 tiān - der Tag
20. 每日 měi rì - täglich, jeden Tag
21. 最后 zuì hòu - das Ende; 完成 wán chéng - beenden
22. 箱子 xiāng zi - die Kiste
23. 小时 xiǎo shí - die Stunde
24. 每 小时 měi xiǎoshí - stündlich
25. 运输 yùn shū - der Transport
26. 赚 zhuàn - verdienen
27. 装入 zhuāng rù - beladen; 装载 人 zhuāng zài rén - der Verlader
28. 字条 zì tiáo, 纸条 zhǐ tiáo, 笔记 bǐ jì - die Notiz

 B

迈克想赚到钱（第一部分）

迈 克 每天 大学 课 后 都 有空 闲 的 时间。 他 想要 赚钱。 他 去 了 职业 介绍 所。
他们 给 他 一 家 运输 公司 的 地址。 运输 公司 “ 快速 ” 需要 一 位 装载 人。 这 项 工作 非常 艰难。
mài kè měitiān dàxué kè hòu dōu yǒu kòng xián de shíjiān。 tā xiǎngyào zhuànqián。 tā qù le zhíyè jièshào suǒ。
tāmen gěi tā yī jiā yùnshū gōngsī de dìzhǐ。 yùnshū gōngsī “ kuàisù ” xūyào yī wèi zhuāngzài rén。 zhè xiàng gōngzuò fēicháng jiān nán。
但 他们 每 小时 支付 11 元。 迈 克 想 接受 这 份 工作。 所以 他 去 了 运输 公司 的 办公室。
dàn tāmen měi xiǎoshí zhīfù 11 yuán。 mài kè xiǎng jiēshòu zhè fèn gōngzuò。 suǒyǐ tā qù le yùnshū gōngsī de bàngōngshì。
“ 你好。 我 有 一 张 职业 介绍 所 的 字条 要 给 你，” 迈 克 告诉 一 名 在 公司 人事部门 工作 的 女子。
“ nǐhǎo。 wǒ yǒu yī zhāng zhíyè jièshào suǒ de zìtiáo yào gěi nǐ，” mài kè gàosu yī míng zài gōngsī rénshìbùmén gōngzuò de nǚzǐ。
他 把 字条 给 了 她。
“ 你好，” 那个 女人 说， “ 我 的 名字 是 丁 超。 我 是 人事部门 的 负责人。 你 叫 什么 名字？”

Mike will ein bisschen Geld verdienen (Teil 1)

Mike hat jeden Tag nach der Universität freie Zeit. Er will ein bisschen Geld verdienen. Er geht in eine Arbeitsvermittlung. Sie geben ihm die Adresse einer Transportfirma. Die Transportfirma Rapid braucht einen Verlader. Diese Arbeit ist wirklich schwer. Aber sie bezahlen elf Dollar pro Stunde. Mike will den Job annehmen. Also geht er zum Büro der Transportfirma.
„Hallo. Ich habe eine Notiz für Sie von einer Arbeitsvermittlung“, sagt Mike zu einer Frau in der Personalabteilung der Firma. Er gibt ihr die Notiz.
„Hallo“, sagt die Frau. „Ich bin Chao Ding. Ich bin die Leiterin der Personalabteilung. Wie

tā bǎ zìtiáo gěi le tā。
“ nǐhǎo，” nàgè nǚrén shuō “ wǒ de míngzi shì dīng chāo。wǒ shì rénshìbùmén de fùzérén。nǐ jiào shénme míngzi？”
“ 我 的 名字 叫 迈 克 沙 利 文，” 迈 克 说。
“ 你 是 中国人 吗?” 丁 问。
“ 不是。 我 是 美国人,” 迈 克 回答。
“ 你 可以 说 和 读 中文 吗？” 丁 问。
“ wǒ de míngzi jiào mài kè shā lì wén，” mài kè shuō。
“ nǐ shì zhōngguórén ma?” dīng wèn。
“ bùshì。 wǒ shì měiguórén,” mài kè huídá。
“ nǐ kěyǐ shuō hé dú zhōngwén ma？” dīng wèn。
“ 我 可以,” 迈 克 说。
“ 迈 克, 你 几岁?” 丁 问。
“ 我 二十 岁 ”, 迈 克 回答。
“ 你 要 在 运输 公司 做 装载 人 吗?” 人事部门 的 负责人 问 他。
“ wǒ kěyǐ,” mài kè shuō。
“ mài kè, nǐ jǐsuì?” dīng wèn。
“ wǒ èrshí suì ”, mài kè huídá。
“ nǐ yào zài yùnshū gōngsī zuò zhuāngzài rén ma?” rénshìbùmén de fùzérén wèn tā。
迈 克 不好意思 说 他 不能 有 更 好 的 工作， 因为 他 不能 讲 好 中文。 所以 他 说: ‘ 我 想 每 小时 赚 11 元。”
mài kè bùhǎoyìsi shuō tā bùnéng yǒu gèng hǎo de gōngzuò，yīnwèi tā bùnéng jiǎng hǎo zhōngwén。 suǒyǐ tā shuō: ‘ wǒ xiǎng měi xiǎoshí zhuàn 11 yuán。”
“ 好”, 丁 说, “ 我们 的 运输 公司 通常 没有 很 多 装入 工作。 但 现在， 我们 真 的 很需要 多 一 位 装载 人。
“ hǎo ”, dīng shuō, “ wǒmen de yùnshū gōngsī tōngcháng méiyǒu hěn duō zhuāngrù gōngzuò。 dàn xiànzài， wǒmen zhēn de hěn xūyào duō yī wèi zhuāngzài rén。
你 能 快速 把 二十 公斤 的 箱 子 装入 吗?”
“ 是的, 我 能。 我 力气 很 大,” 迈 克 回答。
nǐ néng kuàisù bǎ èrshí gōngjīn de xiāng zi zhuāngrù ma?”
“ shìde, wǒ néng。 wǒ lìqì hěn dà,” mài kè huídá。
“ 我们 每天 需要 一 位 装载 人 工作 三 个 小时。 你 能 从 四 点钟 至 七 点钟 工作吗?” 丁 问。
“ wǒmen měitiān xūyào yī wèi zhuāngzài rén gōngzuò sān gè

heißen Sie?”
„Ich heiße Mike Sullivan”, sagt Mike.
„Sind Sie Chinese?”, fragt Ding.
„Nein, ich bin Amerikaner”, antwortet Mike.
„Können Sie gut Chinesisch sprechen und schreiben?”, fragt sie.
„Ja”, sagt er.
„Wie alt sind Sie?”, fragt sie.
„Ich bin zwanzig”, antwortet Mike.
„Wollen Sie in der Transportfirma als Verlader arbeiten?”, fragt ihn die Leiterin der Personalabteilung.Mike schämt sich, zu sagen, dass er keine bessere Arbeit haben kann, weil er nicht gut Chinesisch spricht. Deswegen sagt er: „Ich möchte elf Yuan pro Stunde verdienen.”.
„Na gut”, sagt Ding. „Normalerweise hat unsere Transportfirma nicht viel Verladearbeit. Aber gerade brauchen wir wirklich noch einen Verlader. Können Sie schnell Kisten mit zwanzig Kilogramm Ladung verladen?”
„Ja, das kann ich. Ich habe viel Kraft”, antwortet Mike.
„Wir brauchen einen Verlader für drei Stunden täglich. Können Sie von

xiǎoshí。 nǐ néng cóng sì diǎnzhōng zhì qī diǎnzhōng gōngzuò ma?" dīng wèn。

“ 我 能, 我 的 课程 在 一点 钟 结束 ” , 那 位 学生 回答 她。

“ 你 什么时候 可以 开始 工作? ” 人事部门 的 负责人 问 他。

“ wǒ néng, wǒ de kèchéng zài yīdiǎn zhōng jiéshù ", nà wèi xuésheng huídá tā。

“ nǐ shénmeshíhou kěyǐ kāishǐ gōngzuò? " rénshìbùmén de fùzérén wèn tā。

“ 我 现在 就 可以 开始, ” 迈 克 回答。

“ 好。 看看 这个 装入 列表。 有一些 公司 和 商店 的 名称 在 这 列表 中, ” 丁 解释 说。

“ wǒ xiànzài jiù kěyǐ kāishǐ," mài kè huídá。

“ hǎo。 kànkan zhège zhuāngrù lièbiǎo。 yǒuyīxiē gōngsī hé shāngdiàn de míngchēng zài zhè lièbiǎo zhōng," dīng jiěshì shuō。

“ 每 间 公司 和 商店 都 有一些 号码。 它们 是 箱子 的 号码。 而 这些 号码 都 是 你 必须 要 装入 的 卡车 的 号码。 卡车 每 小时 来回。

“ měi jiān gōngsī hé shāngdiàn dōu yǒuyīxiē hàomǎ。 tāmen shì xiāngzi de hàomǎ。 ér zhèxiē hàomǎ dōu shì nǐ bìxū yào zhuāngrù de kǎchē de hàomǎ。 kǎchē měi xiǎoshí láihuí。

因此, 你 需要 快速 地 工作。 可以 吗?”

“ 可以, ” 迈 克 回答, 但 不能 充分 的 理解 丁。

yīncǐ, nǐ xūyào kuàisù de gōngzuò。 kěyǐ ma?"

“ kěyǐ," mài kè huídá, dàn bùnéng chōngfèn de lǐjiě dīng。

“ 现在 拿 着 这个 装入 列表 并 转 到 装载 出入口 的 第 三 号, ” 人事部门 的 负责人 告诉 迈 克。

迈 克 拿 了 装入 列表 就 去 上班 了。

(待续)

“ xiànzài ná zhe zhège zhuāngrù lièbiǎo bìng zhuàn dào zhuāngzài chūrùkǒu de dì sān hào," rénshìbùmén de fùzérén gàosu mài kè。

mài kè ná le zhuāngrù lièbiǎo jiù qù shàngbān le。

(dàixù)

vier bis sieben Uhr arbeiten?", fragt Ding.

„Ja, mein Unterricht endet um ein Uhr", antwortet der Student.

„Wann können Sie anfangen, zu arbeiten?", fragt ihn die Leiterin der Personalabteilung.

„Ich kann jetzt anfangen", erwidert Mike.

„Gut. Schauen Sie sich diese Ladeliste an. Dort stehen Namen von Firmen und Läden", erklärt Ding.

„Bei jeder Firma und jedem Laden stehen ein paar Nummern. Das sind die Nummern der Kisten. Und das sind die Nummern der Lastwägen, auf die Sie die Kisten laden müssen. Die Lastwägen kommen und gehen stündlich. Sie müssen also schnell arbeiten. Alles klar?"

„Alles klar", antwortet Mike, ohne Ding richtig zu verstehen.

„Nehmen Sie jetzt diese Ladeliste und gehen Sie zur Ladetür Nummer drei", sagt die Leiterin der Personalabteilung zu Mike. Mike nimmt die Ladeliste und geht arbeiten.

(Fortsetzung folgt)

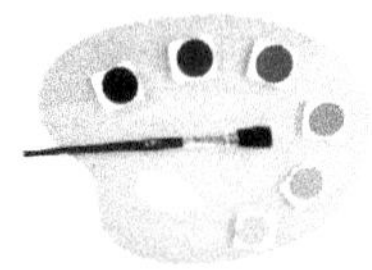

第十二章
Kapitel 12

迈克想赚一些钱（第二部）
Mike will ein bisschen Geld verdienen (Teil 2)

A

单词
Vokabeln

1. 抱歉 bào qiàn - bedauern; 我 很 抱歉 wǒ hěn bào qiàn - Es tut mir leid.
2. 差 chà; 坏 huài - schlecht
3. 带 dài - bringen
4. 儿子 ér zi - der Sohn
5. 而 不是 ér bùshì - anstelle von; 而 不是 你 ér bù shì nǐ - an deiner Stelle
6. 回来 huí lai - zurück kommen
7. 驾驶 jià shǐ - fahren
8. 驾驶 者 jià shǐ zhě; 司机 sījī - der Fahrer
9. 老师 lǎo shī - der Lehrer
10. 妈妈 mā ma; 母亲 mǔ qīn - Mama, die Mutter
11. 你 的 nǐ de - dein
12. 起来 qǐ laí - aufstehen; 起来！ qǐ laí - Steh auf!
13. 高兴 gāo xìng - froh
14. 他们 的 tā men de - ihr, ihre
15. 讨厌 tǎo yàn - nicht mögen, hassen
16. 先生 xiān sheng - Herr

17. 星期一 xīng qīyī - Montag

18. 遇见 yù jiàn; 见面 jiàn miàn; 见到 jiàn dào - treffen

19. 原因 yuán yīn; 理由 lǐ yóu - der Grund

20. 这里 zhè lǐ - hierher; 这里 是 zhè lǐ shì - hier ist

21. 正确 zhèng què; 对的 duì de - richtig

22. 不正确 bù zhèng què; 不对 bù duì; 错的 cuò de - falsch

23. 改正 gǎi zhèng - korrigieren; 更改 gēng gǎi - ändern

24. 走 zǒu - gehen

B

迈克想要赚一些钱（第二部分）

Mike will ein bisschen Geld verdienen (Teil 2)

有 许多 卡车 在 第 三 号 装货 门。 他们 带回 了 他们 的 货物。 人事部门 的 负责人 和 公司 的 负责人 来到 那里。 他们 来到 迈 克 面前。 迈 克 把 箱子 装入 卡车 里。 他 做 得很 快。 “ 嗨， 迈 克！

yǒu xǔduō kǎchē zài dì sān hào zhuānghuò mén。 tāmen dàihuí le tāmen de huòwù。 rénshìbùmén de fùzérén hé gōngsī de fùzérén láidào nàli。 tāmen láidào mài kè miànqián。 mài kè bǎ xiāngzi zhuāngrù kǎchē lǐ。 tā zuò dehěn kuài。 “ hāi， mài kè！

请 过来 这里，” 丁 叫 他，“ 这 是 公司 的 负责人， 杨 先生。” “ 我 很 高兴 见到 您，” 迈 克 来到 时 一边 说。 “ 我 也 是，” 杨 先生 回答 道，“ 你 的 装货 清单 在 哪里 呢？” “ 在 这里，” 迈 克 把 装货 清单 给 他。

qǐng guòlái zhèlǐ，” dīng jiào tā，“ zhè shì gōngsī de fùzérén， yáng xiānsheng。” “ wǒ hěn gāoxìng jiàndào nín，” mài kè láidào shí yībiān shuō。 “ wǒ yě shì，” yáng xiānsheng huídá dào，“ nǐ de zhuānghuò qīngdān zài nǎli ne？” “ zài zhèlǐ，” mài kè bǎ zhuānghuò qīngdān gěi tā。

“ 好， 好，” 杨 先生 一边 看 一边 说，“ 看看 这些 卡车。 他们 带回 了 他们 的 货物 因为 你 把 箱子 装入 错 了。

“ hǎo， hǎo，” yáng xiānsheng yībiān kàn yībiān shuō，“

An der Ladetür Nummer 3 stehen viele Lastwagen. Sie kommen mit ihrer Ladung zurück. Die Leiterin der Personalabteilung und der Firmenchef kommen dorthin. Sie gehen zu Mike. Mike lädt Kisten in einen Lastwagen. Er arbeitet schnell.

„Hey Mike! Komm bitte hierher!", ruft Ding. „Das ist der Chef der Firma, Herr Yang."

„Es freut mich, Sie kennenzulernen", sagt Mike auf sie zugehend.

„Mich auch", antwortet Herr Yang. „Wo ist Ihre Ladeliste?"

„Hier ist sie." Mike gibt ihm die Ladeliste.

„Na gut", sagt Herr Yang, während er auf die Liste schaut. „Sehen Sie diese Lastwagen? Sie bringen ihre Fracht zurück, weil Sie

kànkan zhèxiē kǎchē。 tāmen dàihuí le tāmen de huòwù yīnwèi nǐ bǎ xiāngzi zhuāngrù cuò le。

装 着 书本 的 箱子 去 到 一 间 家具 店， 而 不是 书店， 装 着 录像带 和 光盘 的 箱子 去 到 一 间 咖啡厅， 而 不是 影视 店， 还有 装 着 三文治 的 箱子 去 到 一 间 影视 店， 而 不是 咖啡厅！

zhuāng zhe shūběn de xiāngzi qù dào yī jiān jiājù diàn， ér bùshì shūdiàn， zhuāng zhe lùxiàngdài hé guāngpán de xiāngzi qù dào yī jiān kāfēitīng， ér bùshì yǐngshì diàn， háiyǒu zhuāng zhe sānwénzhì de xiāngzi qù dào yī jiān yǐngshì diàn， ér bùshì kāfēitīng！

这 是 做 得很 差 的 工作！ 抱歉， 但 你 不能 在 我们 的 公司 工作 了，" 杨 先生 说 完 就 走 回 办公室 了。

zhè shì zuò dehěn chà de gōngzuò！ bàoqiàn， dàn nǐ bùnéng zài wǒmen de gōngsī gōngzuò le，" yáng xiānsheng shuō wán jiù zǒu huí bàngōngshì le。

迈 克 不会 装入 正确 的 箱子， 因为 他 只 会 看 和 明白 很 少 的 中 文字。 丁 看 着 他。 迈 克 感到 惭愧。 " 迈 克， 你 可以 把 中 文学 得 更 好， 然后 再 来。

mài kè bùhuì zhuāngrù zhèngquè de xiāngzi， yīnwèi tā zhǐ huì kàn hé míngbai hěn shǎo de zhōng wénzì。 dīng kàn zhe tā。 mài kè gǎndào cánkuì。 " mài kè， nǐ kěyǐ bǎ zhōng wénxué dé gèng hǎo， ránhòu zài lái。

可以 吗？" 丁 说道。 " 可以，" 迈 克 回答， " 再见， 丁。" " 再见， 迈 克，" 丁 回答。 迈 克 走路 回家。 他 现在 想要 把 中 文学 得 更 好， 然后 找 一 份 新 的 工作。

kěyǐ ma？" dīng shuōdao。 " kěyǐ，" mài kè huídá， " zàijiàn， dīng。" " zàijiàn， mài kè，" dīng huídá。 mài kè zǒulù huíjiā。 tā xiànzài xiǎngyào bǎ zhōng wénxué dé gèng hǎo， ránhòu zhǎo yī fèn xīn de gōngzuò。

die Kisten falsch verladen haben. Die Kisten mit Büchern werden zu einem Möbelladen gebracht anstelle von einem Buchladen, die Kisten mit Videos und DVDs zu einem Café anstelle von einer Videothek und die Kisten mit Sandwiches zu einer Videothek anstelle von einem Café! Das ist schlechte Arbeit! Es tut mir leid, aber Sie können nicht in unserer Firma arbeiten", sagt Herr Yang und geht zurück in sein Büro.Mike kann die Kisten nicht richtig verladen, weil er nur sehr wenig Chinesisch lesen und verstehen kann. Ding sieht ihn an. Mike schämt sich.

„Mike, du kannst dein Chinesich verbessern und dann wiederkommen, ok?", sagt Ding.

„Ok", antwortet Mike.

„Tschüss Ding".

„Tschüss Mike", antwortet Ding. Mike geht nach Hause. Er will jetzt sein Chinesisch verbessern und sich dann eine neue Arbeit suchen.

是 时候 去 学院 了

shì shíhou qù xuéyuàn le

星期一 早上， 一 位 母亲 进去 她 儿子 的 房间 叫醒 他。

" 起来， 现在 是 七 点钟 了。 是 时候 去 学院了！"

Es ist an der Zeit, in die Uni zu gehen

An einem Montagmorgen kommt eine Mutter ins Zimmer, um ihren Sohn aufzuwecken.

„Steh auf, es ist sieben Uhr.

xīngqīyī zǎoshang， yī wèi mǔqīn jìnqù tā érzi de fángjiān jiaò xǐng tā。

“ qilai， xiànzài shì qī diǎnzhōng le。 shì shíhou qù xuéyuàn le！”

“ 但是 为什么， 妈妈？ 我 不想要 去。”

“ 对 我 说出 两 个 理由 你 为什么 不要 去，” 母亲 对 儿子 说。

“ dànshì wèishénme， māma？ wǒ bù xiǎngyào qù。”

“ duì wǒ shuōchū liǎng gè lǐyóu nǐ wèishénme bùyào qù，” mǔqīn duì érzi shuō。

“ 学生 们 讨厌 我 是 其一， 而且 老师 们 也 讨厌 我！” “ 噢， 他们 不是 不去 学院 的 理由。 起来！” “ 好 吧。 对 我 说出 两 个 理由 为什么 我 一定要 去 学院，” 他 对 他 的 母亲 说。

“ xuésheng men tǎoyàn wǒ shì qíyī， érqiě lǎoshī men yě tǎoyàn wǒ！” “ ō， tāmen bùshì bù qù xuéyuàn de lǐyóu。 qilai！” “ hǎo ba。 duì wǒ shuōchū liǎng gè lǐyóu wèishénme wǒ yīdìngyào qù xuéyuàn，” tā duì tā de mǔqīn shuō。

“ 很 好， 其一， 你 55 岁 了。 还有， 其二， 你 是 学院 的 负责人！ 现在 起来！”

“ hěn hǎo， qíyī， nǐ 55 suì le。 háiyǒu， qí'èr， nǐ shì xuéyuàn de fùzérén！ xiànzài qilai！”

Es ist an der Zeit, in die Uni zu gehen!”

„Aber warum, Mama? Ich will nicht gehen.”

„Nenne mir zwei Gründe, warum du nicht gehen willst”, sagt die Mutter zu ihrem Sohn.

„Die Studenten hassen mich und die Lehrer auch!”

„Oh, das sind keine Gründe, um nicht in die Uni zu gehen. Steh auf!”

„Ok. Nenn mir zwei Gründe, warum ich in die Uni muss”, sagt er zu seiner Mutter.

„Gut, einerseits, weil du fünfundfünzig Jahre alt bist. Und andererseits, weil du der Direktor der Universität bist! Steh jetzt auf!”

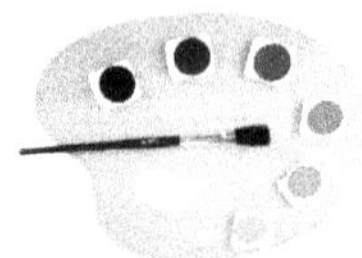

Fortgeschrittene Anfänger Stufe A2

第十三章
Kapitel 13

酒店的名字
Der Name des Hotels

A

单词
Vokabeln

1. 德国 dé guó - Deutschland
2. 电梯 diàn tī - der Aufzug
3. 给...看 gěi kàn; 展示 zhăn shì; 表明 biăo míng - zeigen
4. 广告 guăng gào - die Werbung
5. 过 guò; 跨越 kuà yuè - über
6. 过去 guò qù - vorbei
7. 湖 hú - der See
8. 计程车 jì chéng chē - das Taxi; 计程车 司机 jì chén gchē sī jī - der Taxifahrer
9. 脚 jiăo - der Fuß
10. 步行 bù xíng / 走路 zǒu lù - zu Fuß
11. 惊喜 jīng xǐ - die Überraschung, überraschen
12. 惊讶 jīng yà - überrascht, verwundert
13. 开 kāi - öffnen
14. 看 kàn - sehen
15. 累 lèi - müde
16. 离去 lí qù; 离开 lí kāi - abziehen, verlassen
17. 另一 个 lìng yī gè - ein anderer, eine andere, ein anderes
18. 桥 qiáo - die Brücke
19. 然后 rán hòu - dann
20. 傻 shă / 笨 bèn - dumm
21. 生气 shēng qì - wütend
22. 睡着 shuì zháo / 睡觉 shuì jiào - ein-/schlafen
23. 停止 tíng zhǐ - anhalten
24. 通过 tōng guò; 穿过 chuān guò - hindurch

25. 途径 tú jìng / 道 dào / 路 lù - der Weg
26. 晚上 wǎn shàng - der Abend; 夜晚 yè wǎn - die Nacht
27. 微笑 wēi xiào - das Lächeln, lächeln
28. 现在 xiàn zài - jetzt, zur Zeit, gerade
29. 向下 xiàng xià; 往下 wǎng xià - nach unten
30. 寻找 xún zhǎo - suchen
31. 已经 yǐ jīng - schon, bereits
32. 圆形 yuán xíng - rund
33. 再次 zài cì - wieder
34. 站 zhàn - stehen
35. 走 zǒu / 行走 xíng zǒu - gehen

B

酒店的名字

这 是 一 位 学生。 他 的 名字 是 本杰明。 本杰明 是 从 德国 来 的。 他 不会 说 中文。 他 想要 在 中国 的 一 所 学院 学习 中文。 本杰明 现在 住 在 上海 的 一 间 酒店。

zhè shì yī wèi xuésheng。 tā de míngzi shì běnjiémíng。 běnjiémíng shì cóng Déguó lái de。 tā bùhuì shuō zhōngwén。 tā xiǎngyào zài zhōngguó de yī suǒ xuéyuàn xuéxí zhōngwén。 běnjiémíng xiànzài zhù zài shàng hǎi de yī jiān jiǔdiàn。

他 现在 在 他 的 房间 里。 他 在 看 地图。 这 幅 地图 非常 好。 本杰明 在 地图 上 看 到 街道， 广场 和 商店。 他 从 房间 出去， 通过 长 长 的 走廊 去 到 电梯。 电梯 带 他 往 下。 本杰明 穿过 大厅， 走出 酒店。 他 在 酒店 附近 停下， 并把 酒店 的 名字 写 入 他 的 笔记本。

tā xiànzài zài tā de fángjiān lǐ。 tā zài kàn dìtú。 zhè fú dìtú fēicháng hǎo。 běnjiémíng zài dìtú shàng kàn dào jiēdào， guǎngchǎng hé shāngdiàn。 tā cóng fángjiān chūqù， tōngguò cháng cháng de zǒuláng qù dào diàntī。 diàntī dài tā wǎng xià。 běnjiémíng chuānguò dàtīng， zǒuchū jiǔdiàn。 tā zài jiǔdiàn fùjìn tíngxià， bìngbǎ jiǔdiàn de míngzi xiě rù tā de bǐjìběn。

酒店 有 一 个 圆形 的 广场 和 一 个 湖。 本杰明 走过 广场 去 到 湖泊。 他 绕 着 湖泊 走向 桥。 许多 车辆， 卡车 和 人 经过 桥。 本杰明 从 桥 底 过去。 然后， 他 沿着 一 条 街道 去 市中心。 他 经过 许多 很 好 的 建筑物。

Der Name des Hotels

Das ist ein Student. Er heißt Benjamin. Benjamin kommt aus Deutschland. Er spricht kein Chinesisch. Er will an einer Universität in China Chinesisch lernen. Benjamin wohnt zurzeit in einem Hotel in Shanghai.

Gerade ist er in seinem Zimmer. Er schaut auf die Karte. Diese Karte ist sehr gut. Benjamin sieht Straßen, Plätze und Läden auf der Karte. Er geht aus dem Zimmer und durch den langen Gang zum Aufzug. Der Aufzug bringt ihn nach unten. Benjamin geht durch die große Halle und aus dem Hotel. Er hält in der Nähe des Hotels an und schreibt den Namen des Hotels in sein Notizbuch.

Beim Hotel gibt es einen runden Platz und einen See. Benjamin geht über den Platz zum See. Er geht um den See zur Brücke. Viele Autos, Lastwägen und Menschen überqueren die Brücke. Benjamin geht unter der

jiǔdiàn yǒu yī gè yuánxíng de guǎngchǎng hé yī gè hú。 běnjiémíng zǒuguò guǎngchǎng qù dào hú pō。 tā rào zhe húpō zǒuxiàng qiáo。 xǔduō chēliàng， kǎchē hé rén jīngguò qiáo。 běnjiémíng cóng qiáo dǐ guòqù。 ránhòu， tā yánzhe yī tiáo jiēdào qù shìzhōngxīn。 tā jīngguò xǔduō hěn hǎo de jiànzhùwù。

现在 已经 是 晚上 了。 本杰明 很 累， 而 他 想要 回去 酒店。 他 叫住 了 一 辆 计程车， 然后 打开 他 的 笔记本 给 计程车 司机 看 酒店 的 名字。 计程车 司机 看 了 笔记本， 微笑 并 开 走 了。 本杰明不明白。

xiànzài yǐjīng shì wǎnshàng le。 běnjiémíng hěn lèi， ér tā xiǎngyào huíqu jiǔdiàn。 tā jiàozhù le yī liàng jìchéngchē， ránhòu dǎkāi tā de bǐjìběn gěi jìchéngchē sījī kàn jiǔdiàn de míngzi。 jìchéngchē sījī kàn le bǐjìběn， wēixiào bìng kāi zǒu le。 běnjiémíng bù míngbá。

他 站 着， 并 看 着 他 的 笔记本。 然后， 他 叫住 另一 辆 计程车， 并 再次 把 酒店 的 名字 给 计程车 司机 看。 计程车 司机 看 着 笔记本。 然后， 他 看 着 本杰明， 微笑 并 也 开 走 了。

tā zhàn zhe， bìng kàn zhe tā de bǐjìběn。 ránhòu， tā jiàozhù lìngyī liàng jìchéngchē， bìng zàicì bǎ jiǔdiàn de míngzi gěi jìchéngchē sījī kàn。 jìchéngchē sījī kàn zhe bǐjìběn。 ránhòu， tā kàn zhe běnjiémíng， wēixiào bìng yě kāi zǒu le

本杰明 很 惊讶。 他 叫住 另一 辆 计程车。 但是， 这 辆 计程车 也 开 走 了。 本杰明不 明白。 他 又 惊讶 又 生气。 但是， 他不傻。 他 打开 他 的 地图 寻找 回去 酒店 的 路。 他 步行 回到 酒店。 晚上 了。

běnjiémíng hěn jīngyà。 tā jiàozhù lìngyī liàng jìchéngchē。 dànshì， zhè liàng jìchéngchē yě kāi zǒu le。 běnjiémíng bù míngbai。 tā yòu jīngyà yòu shēngqì。 dànshì，tā bù shǎ。 tā dǎkāi tā de dìtú xúnzhǎo huíqu jiǔdiàn de lù。 tā bùxíng huídào jiǔdiàn。 wǎnshang le。

本杰明 在 他 的 床 上。 他 睡着 了。 星星 透过 房间 的 窗户 照 进来。 笔记本 在 桌子 上。 它 是 打开 的。“ 福特 是 最好 的 汽车。” 这 并 不是 酒店 的 名字。 这 是 酒店 建筑物 上 的 广告。

běnjiémíng zài tā de chuáng shàng。 tā shuìzháo le。

Brücke hindurch. Dann geht er eine Straße entlang zum Stadtzentrum. Er geht an vielen schönen Gebäuden vorbei.

Jetzt ist es schon Abend. Benjamin ist sehr müde und will zurück ins Hotel gehen. Er ruft ein Taxi, öffnet dann sein Notizbuch und zeigt dem Taxifahrer den Namen des Hotels. Der Taxifahrer schaut in das Notizbuch, lächelt und fährt weg. Benjamin versteht es nicht. Er steht da und schaut in sein Notizbuch. Dann hält er ein anderes Taxi an und zeigt dem Taxifahrer wiederden Namen des Hotels. Der Taxifahrer schaut in das Notizbuch. ErDann schaut er Kasper an, lächelt und fährt auch weg.

Kasper ist sehr verwundert. Er hält ein weiteres Taxi an. Aber auch dieser Taxifahrer fährt weg. Benjamin kann das nicht verstehen. Er ist verwundert und wütend. Aber er ist nicht dumm. Er öffnet seine Karte und sucht den Weg zurück zum Hotel. Er kehrt zu Fuß zum Hotel zurück.

Es ist Nacht. Benjamin ist in seinem Bett. Er ist eingeschlafen. Die Sterne scheinen durch das Fenster ins Zimmer. Das Notizbuch liegt auf dem Tisch. Es ist offen. „Ford ist das beste Auto". Das ist nicht der Name des Hotels. Das ist Werbung am Hotelgebäude.

xīngxing tòuguò fángjiān de chuānghu zhào jìnlái。 bǐjìběn zài zhuōzi shàng。 tā shì dǎkāi de。“ fútè shì zuìhǎo de qìchē。” zhè bìng bùshì jiǔdiàn de míngzi。 zhè shì jiǔdiàn jiànzhùwù shàng de guǎnggào。

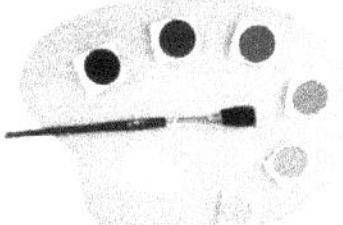

第十四章
Kapitel 14

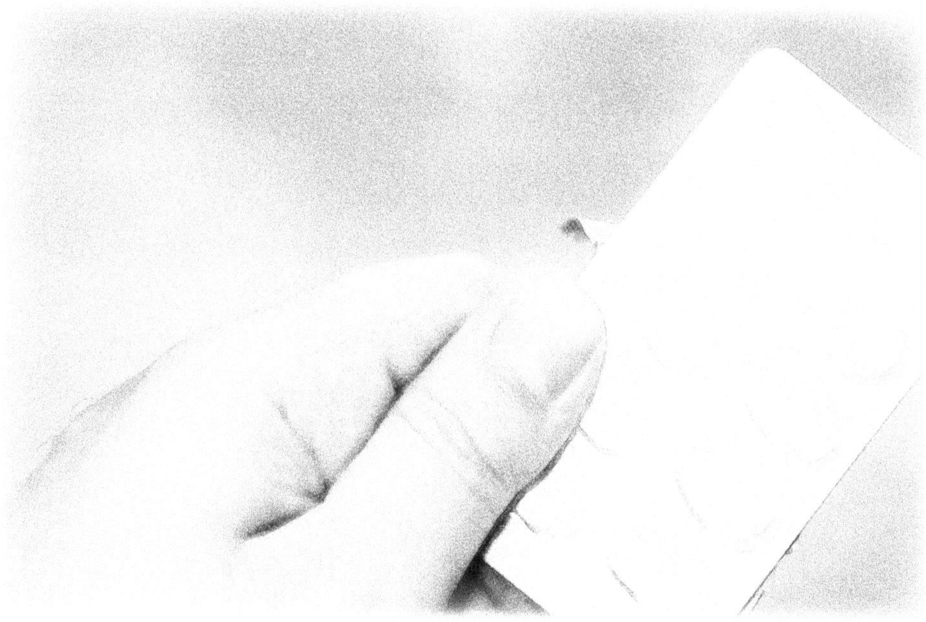

阿司匹林
Aspirin

A

单词
Vokabeln

1. 阿司匹林 ā sī pǐ lín - das Aspirin
2. 白 bái - weiß
3. 半 bàn - halb
4. 测试 cè shì / 测验 cè yàn / 考试 kǎo shì - die Prüfung
5. 检验 jiǎn yàn - prüfen
6. 通过 一 个 测试 tōng guò yī gè cè shì / 测验 cè yàn / 考试 kǎo shì - eine Prüfung bestehen
7. 尝试 cháng shì - versuchen
8. 臭 chòu - stinkend
9. 聪明 cōng ming / 精明 jīng míng - intelligent
10. 当然 dāng rán / 一定 yī dìng - natürlich / bestimmt
11. 观看 guān kàn - zuschauen
12. 手表 shǒu biǎo; 钟 zhōng - die Uhr
13. 过去 guò qù - nach; 在 八 点 半 zài bā diǎn bàn - um halb neun
14. 化学 huà xué - die Chemie
15. 化学 的 huà xué de - chemische;化学 物品 huà xué wù pǐn - die Chemikalien
16. 灰色 huī sè - grau
17. 答案 dá àn - die Lösung
18. 经常 jīng cháng / 时常 shí cháng / 常常 cháng cháng - oft
19. 考题 kǎotí - die Aufgabe

20. 课堂 kè táng / 教室 jiào shì - das Klassenzimmer
21. 某物 mǒu wù / 东西 dōng xi - etwas
22. 到 dào (某处 mǒuchù) - (irgendwo) ankommen
23. 那 nà - dass
24. 男生 nán shēng / 男孩 nánhái - der Junge
25. 奇妙 qí miào / 美妙 měi miào / 美好 měi hǎo - wunderbar
26. 十 shí - zehn
27. 水晶 shuǐ jīng - das Kristall
28. 为了 wèi le - für (zwecks)
29. 想 xiǎng / 思考 sīkǎo - denken
30. 休息 xiū xi / 停顿 tíng dùn / 暂停 zàn tíng - die Pause
31. 宿舍 sù shè - das Studentenwohnheim
32. 药剂 房 yào jì fáng - die Apotheke
33. 药丸 yào wán - die Tablette
34. 一些 yīxiē - einige
35. 在 一点 钟 zài yī diǎn zhōng - um ein Uhr
36. 张 zhāng（纸 zhǐ）- das Blatt (Papier)
37. 纸 zhǐ - das Papier
38. 桌子 zhuō zi - der Schreibtisch
39. 最后 zuì hòu - schließlich
40. 坐下 zuò xia - sich hinsetzen

B

阿司匹林

这 是 迈 克 的 朋友。 他 的 名字 是 希 若 西。 希 若 西 是 从 日 本来 的。 日文 是 他 的 母语。 他 也 可以 说 很 好 的 中文。 希 若 西 住 在 宿舍 里。 希 若 西 现在 在 他 的 房间 里。 希 若 西 今天 有 一 个 化学 测验。 他 看 着 他 的 手表。 现在 是 八 点 了。 是 时候 去 了。

zhè shì mài kè de péngyou。 tā de míngzi shì xī ruò xī。 xī ruò xī shì cóng rì běnlái de。 rìwén shì tā de mǔyǔ。 tā yě kěyǐ shuō hěn hǎo de zhōngwén。 xī ruò xī zhù zài sùshè lǐ。 xī ruò xī xiànzài zài tā de fángjiān lǐ。 xī ruò xī jīntiān yǒu yī gè huàxué cèyàn。 tā kàn zhe tā de shǒubiǎo。 xiànzài shì bā diǎn le。 shì shíhou qù le。

希 若 西 去 外面。 他 去 学院。 学院 在 宿舍 附近。 他 去 学院 需要 十分 钟。 希 若 西 来到 教室。 他 打开 门， 并 看 进 教室。 那里 有一些 学生 和 老师。 希 若 西 进去 教室。

xī ruò xī qù wàimiàn。 tā qù xuéyuàn。 xuéyuàn zài sùshè fùjìn。 tā qù xuéyuàn xūyào shífēn zhōng。 xī ruò xī láidào jiàoshì。 tā dǎkāi mén， bìng kàn jìn jiàoshì。 nàli yǒuyīxiē xuésheng hé lǎoshī。 xī ruò xī jìnqù jiàoshì。

Aspirin

Das ist ein Freund von Mike. Er heißt Hirori. Hirori kommt aus Japan. Seine Muttersprache ist Japanisch. Er spricht auch sehr gut Chinesisch. Hirori wohnt im Studentenwohnheim. Hirori ist gerade in seinem Zimmer. Hirori hat heute eine Prüfung in Chemie. Er schaut auf seine Uhr. Es ist acht Uhr. Es ist an der Zeit zu gehen.Hirori geht nach draußen. Er geht zur Universität. Die Uni ist in der Nähe des Wohnheims. Er braucht etwa zehn Minuten bis zur Uni. Hirori kommt zum Klassenzimmer. Er öffnet die Tür und schaut ins Klassenzimmer. Einige Studenten und der Lehrer

“ 你们 好，” 他 说。
“ 你好，” 老师 和 学生 回答。
希 若 西 来到 他 的 桌子， 并 坐下。 化学 测验 在 八 点 半 开始。 老师 来到 希 若 西 的 桌子。
“ nǐmen hǎo，” tā shuō。
“ nǐhǎo，” lǎoshī hé xuésheng huídá。
xī ruò xī láidào tā de zhuōzi， bìng zuòxià。 huàxué cèyàn zài bā diǎn bàn kāishǐ。 lǎoshī láidào xī ruò xī de zhuōzi。
“ 这 是 你 的 考题，” 老师 说。 然后， 他 给 希 若 西 一 张 纸，“ 你 必须 做 阿司匹林。 你 可以 从 八 点 半 做到 十二 点钟。 请 开始，” 老师 说。
“ zhè shì nǐ de kǎotí，” lǎoshī shuō。 ránhòu， tā gěi xī ruò xī yī zhāng zhǐ，“ nǐ bìxū zuò āsīpǐlín。 nǐ kěyǐ cóng bā diǎn bàn zuòdào shí èr diǎnzhōng。 qǐng kāishǐ，” lǎoshī shuō。
希 若 西 知道 这 项 考题。 他 拿 了 一些 化学 物品， 就 开始 了。 他 做 了 十分 钟。 最后， 他 得 到了 某些 灰色 又 臭 的 东西。 这 不是 好 的 阿司匹林。 希 若 西 知道 他 必须 得到 又 大 又 白 的 阿司匹林 水晶。 然后， 他 一次又一次 的 尝试。 希 若 西 工作 了 一 小时， 但 他 还是 得到 某些 灰色 又 臭 的 东西。
xī ruò xī zhīdào zhè xiàng kǎotí。 tā ná le yīxiē huàxué wùpǐn， jiù kāishǐ le。 tā zuò le shífēn zhōng。 zuìhòu， tā dé dàoliǎo mǒuxiē huīsè yòu chòu de dōngxi。 zhè bùshì hǎo de āsīpǐlín。 xī ruò xī zhīdào tā bìxū dédào yòu dà yòu bái de āsīpǐlín shuǐjīng。 ránhòu， tā yīcìyòuyīcì de chángshì。 xī ruò xī gōngzuò le yī xiǎoshí， dàn tā hái shì dédào mǒuxiē huīsè yòu chòu de dōngxi。
希 若 西 又 生气 又 累。 他不明白。 他 停止了， 并 想 了 一下。 希 若 西 是 一 个 聪明 的 男生。 他 想 了 一 分钟， 然后 就 找到 答案 了！ 他 站起来。
xī ruò xī yòu shēngqì yòu lèi。 tā bù míngbai。 tā tíngzhǐ le， bìng xiǎng le yīxià。 xī ruò xī shì yī gè cōngming de nánshēng。 tā xiǎng le yī fēnzhōng， ránhòu jiù zhǎodào dá'àn le！ tā zhànqǐlai。
“ 请问 我 可以 休息 十分 钟 吗？” 希 若 西 问 老师。

sind da. Hirori betritt das Klassenzimmer.
„Hallo”, sagt er.
„Hallo”, antworten der Lehrer und die Studenten.Hirori geht zu seinem Schreibtisch und setzt sich hin. Die Chemieprüfung beginnt um halb neun. Der Lehrer kommt zu Hiroris Tisch.
„Hier ist deine Aufgabe”, sagt der Lehrer. Dann gibt er Hirori ein Blatt Papier. „Du musst Aspirin herstellen. Du kannst von halb neun bis zwölf Uhr arbeiten. Fang bitte an”, sagt der Lehrer.Hirori weiß, wie diese Aufgabe geht. Er nimmt einige Chemikalien und beginnt. Er arbeitet zehn Minuten lang. Schließlich erhält er etwas Graues, das auch noch stinkt.. Das ist nicht gutes Aspirin. Hirori weiß, dass er große, weiße Aspirinkristalle erhalten muss. Dann versucht er es wieder und wieder. Hirori arbeitet eine Stunde lang, aber das Ergebnis ist wieder grau und stinkend.Hirori ist wütend und müde. Er begreift es nicht. Er macht eine Pause und denkt ein bisschen nach. Hirori ist ein intelligenter Junge. Er denkt ein paar Minuten nach und findet dann die Lösung! Er steht auf.
„Kann ich zehn Minuten Pause machen?”, fragt

“ 当然， 你 可以 ” 老师 回答。

“ qǐngwèn wǒ kěyǐ xiūxi shífēn zhōng ma？ ” xī ruò xī wèn lǎoshī。

“ dāngrán， nǐ kěyǐ， ” lǎoshī huídá。

希 若 西 去 外面。 他 找 了 一 间 在 学院 附近 的 药剂 房。 他 进去， 并 买 了 一些 阿司匹林 的 药丸。 他 在 十分 钟 之内 回到 教室。 学生 们 坐 着 工作。 希 若 西 坐 下来。

xī ruò xī qù wàimiàn。 tā zhǎo le yī jiān zài xuéyuàn fùjìn de yàojì fáng。 tā jìnqù， bìng mǎi le yīxiē āsīpǐlín de yàowán。 tā zài shífēn zhōng zhīnèi huídào jiàoshì。 xuésheng men zuò zhe gōngzuò。 xī ruò xī zuò xiàlai。

“ 我 做完 测验 了。” 在 五 分钟 之后， 希 若 西 对 老师 说。

老师 来到 希 若 西 的 桌子。 他 看见 大 又 白 的 阿司匹林 水晶。 老师 很 惊讶 地 停下来。 他 站着， 并 看 了 阿司匹林 一 分钟。

“wǒ zuòwán cèyàn le。” zài wǔ fēnzhōng zhīhòu， xī ruò xī duì lǎoshī shuō。

lǎoshī láidào xī ruò xī de zhuōzi。 tā kànjiàn dà yòu bái de āsīpǐlín shuǐjīng。 lǎoshī hěn jīngyà de tíngxiàlái。 tā zhànzhe， bìng kàn le āsīpǐlín yī fēnzhōng。

“ 这 真 奇妙！ 你 的 阿司匹林 真 是 好！ 但是， 我不明白！ 我 经常 尝试 得到 阿司匹林， 但 我 只是 得到 某些 灰色 又 臭 的 东西， ” 老师 说， “ 你 通过 测验 了 ” 他 说。

“ zhè zhēn qímiào！ nǐ de āsīpǐlín zhēn shì hǎo！ dànshì， wǒ bù míngbai！ wǒ jīngcháng chángshì dédào āsīpǐlín， dàn wǒ zhǐshì dédào mǒuxiē huīsè yòu chòu de dōngxi， ” lǎoshī shuō， “ nǐ tōngguò cèyàn le， ” tā shuō。

希 若 西 在 测验 完 了 之后 走 了。 老师 看 到 某些 白色 的 东西 在 希 若 西 的 桌子 上。 他 来到 桌子 前， 并 找到 从 药剂 房 买 来 阿司匹林 的 纸条。

“ 聪明 的 男生。 好 吧， 希 若 西！ 现在 你 有 一 个 麻烦 了... ” 老师 说。

xī ruò xī zài cèyàn wán le zhīhòu zǒu le。 lǎoshī kàn dào mǒuxiē báisè de dōngxi zài xī ruò xī de zhuōzi shàng。 tā láidào zhuōzi qián， bìng zhǎodào cóng yàojì fáng mǎi lái

Hirori den Lehrer.

„Ja, natürlich”, antwortet der Lehrer.Hirori geht nach draußen. Er findet eine Apotheke in der Nähe der Uni. Er geht hinein und kauft ein paar Tabletten Aspirin. Nach zehn Minuten kommt er zurück ins Klassenzimmer. Die Studenten sitzen da und arbeiten. Hirori setzt sich hin.

„Ich habe die Prüfung beendet”, sagt Hirori dem Lehrer nach fünf Minuten. Der Lehrer kommt zu Hiroris Tisch. Er sieht große, weiße Aspirinkristalle. Der Lehrer ist überrascht. Er bleibt stehen und schaut eine Minute auf das Aspirin.

„Wunderbar! Dein Aspirin ist wirklich gut! Aber ich kann das nicht verstehen! Ich versuche oft Aspirin herzustellen, aber alles, was ich herausbekomme, ist grau und stinkt”, sagt der Lehrer. „Du hast die Prüfung bestanden”. Hirori geht nach der Prüfung weg. Der Lehrer sieht etwas Weißes auf Hiroris Tisch. Er geht bis vor den Tisch und findet das Papier der Aspirintabletten, welche von der Apotheke gekauft wurde.

„Intelligenter Junge. Na gut, Hirori, jetzt hast du ein Problem...”, sagt der Lehrer.

āsīpǐlín de zhǐtiáo。

" cōngming de nánshēng。 hǎo ba， xī ruò xī！ xiànzài nǐ yǒu yī gè máfan le ..." lǎoshī shuō。

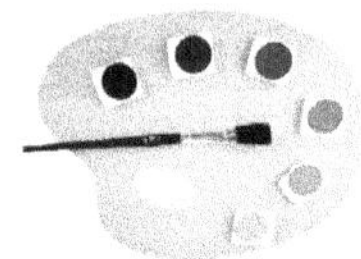

第十五章
Kapitel 15

李和袋鼠
Lee und das Känguru

A

单词
Vokabeln

1. 安静 地 ān jìng dì / 静悄悄 地 jìng qiāo qiāo dì - leise
2. 斑马 bān mă - das Zebra
3. 冰淇淋 bīng qí lín - das Eis
4. 打 dă / 揍 zòu - schlagen
5. 袋鼠 dài shŭ - das Känguru
6. 当 dāng - wenn
7. 捣乱 dăo luàn / 使…生气 shĭ shēng qì - ärgern
8. 跌 diē - fallen, der Fall
9. 动物园 dòng wù yuán - der Zoo
10. 耳朵 ĕr duo - das Ohr
11. 好 hăo - okay, gut
12. 嘿! hēi - Hey!
13. 猴子 hóu zi - der Affe
14. 计划 jì huà - der Plan, planen
15. 开心 kāi xīn / 高兴 gāo xìng - glücklich
16. 可怜 kĕ lián - arm, bemitleidenswert
17. 哭 kū - weinen
18. 宽 kuān, 广阔 的 guăng kuò de - weit
19. 拉 lā - ziehen
20. 老虎 lăo hŭ - der Tiger
21. 满 măn - voll
22. 年 nián - das Jahr
23. 噢! ō - Oh!

24. 强 qiáng, 强壮 的 qiáng zhuàng de - stark
25. 让 我们 ràng wǒ men - lass uns
26. 什么 shén me - was; 这 是 什么? zhè shì shén me - Was ist das?
27. 狮子 shī zi - der Löwe
28. 湿 shī - nass
29. 书柜 shū guì - das Bücherregal
30. 水 shuǐ - das Wasser
31. 水桶 shuǐ tǒng - der Wassereimer
32. 它的 tā de - sein
33. 头发 tóu fa - das Haar
34. 玩具 wán jù - das Spielzeug
35. 尾巴 wěi bā - der Schwanz
36. 我 wǒ - ich, mich
37. 我们 wǒ men - wir, uns
38. 学习 xué xí - studieren, lernen
39. 洋娃娃 yáng wá wa - die Puppe
40. 一起 yī qǐ - zusammen

B

李和袋鼠

Lee und das Känguru

迈 克 现在 是 一 个 学生。 他 在 一 间 学院 学习。 他 学 中文。 迈 克 住 在 宿舍 里。 他 住 在 希 若 西 隔壁。
mài kè xiànzài shì yī gè xuésheng。 tā zài yī jiān xuéyuàn xuéxí。 tā xué zhōngwén。 mài kè zhù zài sùshè lǐ。 tā zhù zài xī ruò xī gébì。
迈 克 现在 在 他 的 房间 里。 他 拿起 电话 找 他 的 朋友， 明。
“ 你好，” 明 回答。
“ 你好， 明。 这里 是 迈 克。 你好 吗？” 迈 克 说。
mài kè xiànzài zài tā de fángjiān lǐ。 tā náqǐ diànhuà zhǎo tā de péngyou， míng。
“ nǐhǎo，” míng huídá。
“ nǐhǎo，míng。 zhèlǐ shì mài kè。 nǐhǎo ma？” mài kè shuō。
“ 你好， 迈 克。 我 很 好。 谢谢。 那， 你好 吗？” 明 回答。
“ 我 也 很 好。 谢谢。 我 将会 出去 走 一 走。 你 今天 的 计划 是 什么？” 迈 克 说。
“ nǐhǎo， mài kè。 wǒ hěn hǎo。 xièxie。 nà， nǐhǎo ma？” míng huídá。
“ wǒ yě hěn hǎo。 xièxie。 wǒ jiānghuì chūqù zǒu yī zǒu。 nǐ jīntiān de jìhuà shì shénme？” mài kè shuō。

Mike ist jetzt Student. Er studiert an der Universität. Er studiert Chinesisch. Mike wohnt im Studentenwohnheim. Er wohnt neben Hiroris.Mike ist gerade in seinem Zimmer. Er nimmt sein Telefon und ruft seinen Freund Ming an.„Hallo." antwortet Ming.
„Hallo Ming. Ich bin es, Mike. Wie geht's dir?", sagt Mike.
„Hallo Mike. Mir geht's gut. Danke. Und dir?", antwortet Ming.
„Mir geht's auch gut, danke. Ich werde einen Ausflug machen. Was hast du heute vor?", sagt Mike.
„Meine Schwester Lee will mit mir in den Zoo gehen. Ich werde jetzt mit ihr dorthin gehen. Lass uns zusammen gehen", sagt Ming.

“ 我 的 妹妹， 李 要求 我 带 她 去 动物园。 我 现在 将会 带 她 去 那里。 我们 一起 去 吧，” 明 说。
“ 好 吧。 我 会 跟 你 去。 我们 在 哪里 会 合 呢？” 迈 克 问。
“ wǒ de mèimei， lǐ yāoqiú wǒ dài tā qù dòngwùyuán。 wǒ xiànzài jiānghuì dài tā qù nàli。 wǒmen yīqǐ qù ba，” míng shuō。
“ hǎo ba。 wǒ huì gēn nǐ qù。 wǒmen zài nǎlǐ huì hé ne？” mài kè wèn。
“ 我们 在 医院 巴士站 会合。 也 问下希 若 西要不要和 我们 一起 去 ” 明 说。
“ 好 吧。 再见，” 迈 克 回答。
“ 待会儿 见。 再见，” 明 说。
“ wǒmen zài yīyuàn bāshìzhàn huìhé。 yě wèn xìa xī ruò xī yào bú yào hé wǒmen yīqǐ qù，” míng shuō。
“ hǎo ba。 zàijiàn，” mài kè huídá。
“ dāi huì er jiàn。 zàijiàn，” míng shuō。
然后， 迈 克 去 希 若 西 的 房间。 希 若 西 在 他 的 房 里。
“ 你好，” 迈 克 说。
“ 噢， 你好， 迈 克。 请 进来，” 希 若 西 说。 迈 克 走 进去。
ránhòu， mài kè qù xī ruò xī de fángjiān。 xī ruò xī zài tā de fáng lǐ。
“ nǐhǎo，” mài kè shuō。
“ ō， nǐhǎo， mài kè。 qǐng jìnlái，” xī ruò xī shuō。 mài kè zǒu jìnqù。
“ 明， 他 的 妹妹 和 我 将会 去 动物园。 你 要 和 我们 一起 去 吗？” 迈 克 问。
“ 当然， 我 也 要 去，” 希 若 西 说。
迈 克 和 希 若 西 开车 去 医院 巴士站。 他们 看见 明 和 他 的 妹妹， 李 在 那里。
“ míng， tā de mèimei hé wǒ jiānghuì qù dòngwùyuán。 nǐ yào hé wǒmen yīqǐ qù ma？” mài kè wèn。
“ dāngrán， wǒ yě yào qù，” xī ruò xī shuō。
mài kè hé xī ruò xī kāichē qù yīyuàn bāshìzhàn。 tāmen kànjiàn míng hé tā de mèimei， lǐ zài nàli。
明 的 妹妹 才 五 岁。 她 是 一 个 小 女孩， 而且

„Alles klar, ich komme mit dir mit. Wo treffen wir uns?”, fragt Mike.
„Lass uns an der Bushaltestelle am Krankenhauses treffen. Und frag Hirori, ob er auch mitkommen will”, sagt Ming.
„Alles klar. Tschüss”, antwortet Mike.
„Bis gleich”, sagt Ming.
Dann geht Mike zu Hiroris Zimmer. Hirori ist in seinem Zimmer.
„Hallo”, sagt Mike.
„Oh, hallo Mike. Komm rein”, sagt Hirori. Mike betritt das Zimmer.
„Ming, seine Schwester und ich gehen in den Zoo. Willst du mitkommen?”, fragt Mike.
„Natürlich komme ich mit”, sagt Hirori.Mike und Hirori fahren bis zur Bushaltestelle am Krankenhauses. Sie sehen Ming und seine Schwester Lee dort.Mings Schwester ist erst fünf. Sie ist ein kleines Mädchen und voller Energie. Sie mag Tiere sehr gerne. Aber Lee denkt, dass Tiere Spielzeug sind. Die Tiere rennen vor ihr weg, weil sie sie sehr ärgert. Sie zieht sie am Schwanz oder am Ohr, schlägt sie mit der Hand oder mit einem Spielzeug. Zu Hause hat Lee einen Hund und eine Katze. Wenn Lee zu

她 充满 活力。 她 非常 喜欢 动物。 但是 李 觉得 动物 是 玩具。 动物 们 从 她 那里 跑走 了 因为 她 非常 会 捣乱。 她 会 拉 尾巴 或 耳朵， 用 手 或 玩具 乱 打。 李 在 家里 有 一 只 狗 和 一 只 猫。 当 李 在 家 时， 狗 在 一 张 床 底下， 而 猫 坐 在 书柜 上。 所以 她 够不到 它们。

lǐ de mèimei cái wǔ suì。 tā shì yī gè xiǎo nǚhái， érqiě tā chōngmǎn huólì。 tā fēicháng xǐhuan dòngwù。 dànshì lǐ juéde dòngwù shì wánjù。 dòngwù men cóng tā nàli pǎozǒu le yīnwèi tā fēicháng huì dǎoluàn。 tā huì lā wěiba huò ěrduo， yòng shǒu huò wánjù luàn dǎ。 lǐ zài jiālǐ yǒu yī zhǐ gǒu hé yī zhǐ māo。 dāng lǐ zài jiā shí， gǒu zài yī zhāng chuáng dǐxia， ér māo zuò zài shūguì shàng。 suǒyǐ tā gòubùdào tāmen。

李， 明， 迈 克 和 希 若 西 来到 动物园。

动物园 里 有 很 多 动物。 李 非常 开心。 她 跑 向 狮子 和 老虎。 她 用 她 的 洋娃娃 打 斑马。 她 很 用力 地 拉 一 只 猴子 的 尾巴 使 所有 的 猴子 都 哭 着 跑走 了。 然后， 李 看 到 一 只 袋鼠。 袋鼠 从 一 个 水桶里 喝 水。 李 微笑 着， 并 非常 安静 地 来到 袋鼠 那里。 然后 …

lǐ， míng， mài kè hé xī ruò xī láidào dòngwùyuán。 dòngwùyuán lǐ yǒu hěn duō dòngwù。 lǐ fēicháng kāixīn。 tā pǎo xiàng shīzi hé lǎohǔ。 tā yòng tā de yángwáwa dǎ bānmǎ。 tā hěn yònglì de lā yī zhǐ hóuzi de wěiba shǐ suǒyǒu de hóuzi dōu kū zhe pǎozǒu le。 ránhòu， lǐ kàn dào yī zhǐ dàishǔ。 dàishǔ cóng yī gè shuǐtǒng lǐ hē shuǐ。 lǐ wēixiào zhe， bìng fēicháng ānjìng de láidào dàishǔ nàli。 ránhòu …

“ 嘿！！ 袋鼠！！” 李 大声 地 喊叫， 并 拉 它 的 尾巴。 袋鼠 的 眼睛 睁开 得很 大 看 着 李。 它 惊讶 地 跳 起来， 使 装 着 水 的 水桶 飞 起来 掉在 李 身上。 水 从 她 的 头发， 她 的 脸 和 她 的 裙子 上 流 下来。 李 整 个人 都 湿 了。

“ hēi！！ dàishǔ！！” lǐ dàshēng de hǎnjiào， bìng lā tā de wěiba。 dàishǔ de yǎnjing zhēngkāi dehěn dà dekàn zhe lǐ。 tā jīngyà de tiào qilai， shǐ zhuāng zhe shuǐ de shuǐtǒng fēi qilai diào zài lǐ shēnshàng。 shuǐ cóng tā de tóufa， tā de liǎn hé tā de qúnzi shàng liú xiàlai。 lǐ zhěng gèrén dōu shī le。

“ 你 是 一 只 坏 袋鼠！ 坏！” 她 哭 着 说。

一些 人 笑 了， 而 一些 人 说 ：“ 可怜 的

Hause ist, sitzt der Hund unter dem Bett und die Katze auf dem Bücherregal. So kann Lee sie nicht kriegen.Lee, Ming, Mike und Hirori betreten den Zoo.

Im Zoo gibt es sehr viele Tiere. Lee ist sehr glücklich. Sie rennt zu den Löwen und Tigern. Sie schlägt das Zebra mit ihrer Puppe. Sie zieht so stark am Schwanz eines Affen, dass alle Affen schreiend wegrennen. Dann sieht Lee ein Känguru. Das Känguru trinkt Wasser aus einem Eimer. Lee lächelt und nähert sich dem Känguru sehr leise. Und dann...

„Hey!!! Kängruu-uu-uu!!", schreit Lee und zieht es am Schwanz. Das Känguru sieht Lee mit weit aufgerissenen Augen an. Vor Schreck macht es einen Satz, sodass der Wassereimer in die Luft fliegt und auf Lee fällt. Wasser läuft über ihr Haar, ihr Gesicht und ihr Kleid. Lee ist ganz nass.

„Du bist ein böses Känguru! Böse!", heult sie.

Einige Leute lächeln und einige Leute sagen: „Armes Mädchen." Ming bringt Lee nach Hause. „Du darfst sie auf keinen Fall ärgern", sagt Ming und gibt ihr ein Eis. Lee

女孩。” 明 带 李 回家 了。
“ nǐ shì yī zhǐ huài dàishǔ！ huài！” tā kū zhe shuō。
yīxiē rén xiào le， ér yīxiē rén shuō：“ kělián de nǚhái。”
míng dài lǐ huíjiā le。
“ 你 一定 不可以 捣乱，” 明 说， 并 拿 了 一 个 冰淇淋 给 她。 李 吃 着 冰淇淋。
“ 好 吧。 我 将 不会 和 非常 大 又 会 生气 的 动物 玩 了，” 李 想 着，“ 我 将 只 会 和 小 动物 玩。” 她 又 再次 开心 了。
“ nǐ yīdìng bùkěyǐ dǎoluàn，” míng shuō， bìng ná le yī gè bīngqílín gěi tā。 lǐ chī zhe bīngqílín。
“ hǎo ba。 wǒ jiāng bùhuì hé fēicháng dà yòu huì shēngqì de dòngwù wán le，” lǐ xiǎng zhe，“ wǒ jiāng zhǐ huì hé xiǎo dòngwù wán。” tā yòu zàicì kāixīn le。

isst das Eis.
„Okay, ich werde nicht mehr mit sehr großen und wütenden Tieren spielen“, denkt Lee. „Ich werde nur noch mit kleinen Tieren spielen.” Sie ist wieder glücklich.

第十六章
Kapitel 16

空降师
Die Fallschirmspringer

A

单词
Vokabeln

1. 安静 ān jìng, 安静 地 ān jìng dì - leise
2. 部分 bù fen / 部位 bù wèi - der Teil
3. 穿上 chuān shàng - sich anziehen
4. 装扮 zhuāng bàn / 穿 chuān - angezogen
5. 对了 dùi le - übrigens
6. 爸爸 bà ba - Papa
7. 跌 diē - abgestürzt, fallend
8. 飞行员 fēi xíng yuán - der Pilot
9. 飞机 fēi jī - das Flugzeug
10. 非常 好 fēi cháng hǎo - super, toll
11. 关 guān - schließen
12. 观众 guān zhòng - das Publikum
13. 过 guò - über
14. 过后 guò hòu - nach
15. 红色 hóng sè - rot
16. 黄色 huáng sè - gelb
17. 会员 huì yuán - das Mitglied
18. 降落 jiàng luò - landen
19. 降落伞 jiàng luò sǎn - der Fallschirm
20. 救 jiù - retten
21. 金属 jīnshǔ - das Metall
22. 九 jiǔ - neun
23. 俱乐部 jù lè bù - der Verein

24. 空降 师 kōng jiàng shī - der Fallschirmspringer
25. 空中 kōng zhōng - in der Luft
26. 空中 表演 kōng zhōng biǎo yǎn - die Flugschau
27. 裤子 kù zi - die Hose
28. 里面 lǐ miàn - in
29. 其它 qí tā - andere, andere, andere
30. 是否 shì fǒu - ob
31. 生命 shēng mìng - das Leben
32. 救生 戏 法 jiù shēng xì fǎ - der Rettungstrick
33. 生气 shēng qì - wütend
34. 塑胶 sùj iāo - der Gummi
35. 团队 tuán duì - die Mannschaft
36. 推 tuī - stoßen, drücken
37. 外套 wài tào - die Jacke
38. 屋顶 wū dǐng - das Dach
39. 戏法 xì fǎ / 把戏 bǎ xì - der Trick
40. 下(车) xià (chē) / 离开 lí kāi - aussteigen
41. 相信 xiāng xìn - glauben
42. 不能 相信 自己 的 眼睛 bù néng xiāng xìn zì jǐ de yǎn jīng - seinen Augen nicht trauen
43. 训练 xùn liàn - trainieren
44. 被 训练 bèi xùn liàn - trainiert sein
45. 衣服 yī fu - die Kleidung
46. 真正 zhēn zhèng / 真实 zhēn shí - wirklich
47. 只是 zhǐ shì - einfach nur
48. 假人 jiǎ rén - Puppe
49. 准备 zhǔn bèi - vorbereiten
50. 捉住 zhuō zhù - fangen
51. 自己的 zì jǐ de - eigener, eigene, eigenes
52. 作为 zuò wéi - sein als
53. 座位 zuò wèi - der Sitz; 座下 zuò xià - sich hinsetzen
54. 做 zuò - machen

 B

跳伞员

Die Fallschirmspringer

现在 是 早上。 迈 克 来到 希 若 西 的 房间。 希 若 西 坐 在 桌子 旁 写 些 东西。 希 若 西 的 猫， 敏 卡 在 希 若 西 的 床 上。 它 在 安静 地 睡觉。
xiànzài shì zǎoshang。 mài kè láidào xī ruò xī de fángjiān。 xī ruò xī zuò zài zhuōzi páng xiě xiē dōngxi。 xī ruò xī de māo，mǐn kǎ zài xī ruò xī de chuáng shàng。 tā zài ānjìng de shuìjiào。
“ 请问 我 可以 进来 吗？ ” 迈 克 问。
“ 哦， 迈 克。 请 进来。 你好 吗？ ” 希 若 西 回答。
“ 很 好。 谢谢。 你好 吗？ ” 迈 克 说。
“ 我 很 好。 谢谢。 请 坐， ” 希 若 西 回答。
迈 克 坐 在 一 张 椅子 上。
“ qǐngwèn wǒ kěyǐ jìnlái ma？ ” mài kè wèn。

Es ist Morgen. Mike kommt in Hiroris Zimmer. Hirori sitzt am Tisch und schreibt etwas. Hiroris Katze Minka sitzt auf Hiroris Bett. Sie schläft ruhig.
„Kann ich reinkommen?“, fragt Mike.
„Oh, Mike. Komm rein. Wie geht's dir?“, antwortet Hirori.
„Gut, danke. Und dir?“, sagt Mike.
„Danke, auch gut. Setz′

“ o， mài kè。 qǐng jìnlái。 nǐhǎo ma？ ” xī ruò xī huídá。
“ hěn hǎo。 xièxie。 nǐhǎo ma？ ” mài kè shuō。
“ wǒ hěn hǎo。 xièxie。 qǐng zuò，” xī ruò xī huídá。
mài kè zuò zài yī zhāng yǐzi shàng。
“ 你 知道 我 是 一 个 降落伞 俱乐部 的 会员。 我们 今天 将会 有 一 个 空中 表演，” 迈 克 说，“ 我 将会 在 那里 做 一些 跳伞 表演。”
“ nǐ zhīdào wǒ shì yī gè jiàngluòsǎn jùlèbù de huìyuán。 wǒmen jīntiān jiānghuì yǒu yī gè kōngzhōng biǎoyǎn，” mài kè shuō，“ wǒ jiānghuì zài nàli zuò yīxiē tiàosǎn biǎoyǎn。”
“ 这 真 是 非常 精彩，” 希 若 西 回答，“ 我 可能 会 来看 空中 表演。”
“ 如果 你 要， 我 可以 带 你 去 那里， 而 你 可以 坐 飞机 飞行，” 迈 克 说。
“ zhè zhēn shì fēicháng jīngcǎi，” xī ruò xī huídá，“ wǒ kěnéng huì láikàn kchzhōng biǎoyǎn。”
“ rúguǒ nǐ yào， wǒ kěyǐ dài nǐ qù nàli， ér nǐ kěyǐ zuò fēijī fēixíng，” mài kè shuō。
“ 真 的？ 那 真 是 非常 好！” 希 若 西 喊道，“ 空中 表演 在 什么 时间？”
“ 它 从 早上 十 点钟 开始，” 迈 克 回答，“ 明 也 会 来。 对了， 我们 需要 人 帮助 将 一 个 跳伞员假人 推 出 飞机。 你 可以 帮忙 吗？”
“ zhēn de？ nà zhēn shì fēicháng hǎo！” xī ruò xī hǎndào，“ kōngzhōng biǎoyǎn zài shénme shíjiān？”
“ tā cóng zǎoshang shí diǎnzhōng kāishǐ，” mài kè huídá，“ míng yě huì lái。 duì le， wǒmen xūyào rén bāngzhù jiāng yī gè tiào sǎn yuán jiǎ rén tuī chū fēijī。 nǐ kěyǐ bāngmáng ma？”
“ 一 个 跳伞员假人？ 为什么？” 希 若 西 很 惊讶 地 说。
“ 你 看， 这 是 表演 的 其中 一部分，” 迈 克 说，“ 这 是 一 个 救生 戏法。 跳伞员假人 掉下去。 在 这个 时候， 一 个 真正 的 跳伞员 会 飞 向 他， 捉住 他 并 打开 他 自己 的 降落伞。 那个 “ 人 ” 就 被 救 了！”。
“yī gè tiào sǎn yuán jiǎ rén？ wèishénme？” xī ruò xī hěn jīngyà de shuō。
“ nǐ kàn， zhè shì biǎoyǎn de qízhōng yībùfèn，” mài kè shuō，“ zhè shì yī gè jiùshēng xìfǎ。tiào sǎn yuán jiǎ rén diào

dich“, antwortet Hirori.Mike setzt sich auf einen Stuhl.
„Du weißt doch, dass ich Mitglied in einem Fallschirmspringerverein bin. Wir haben heute eine Flugschau“, sagt Mike. „Ich werde dort ein paar Sprungvorführungen machen“.
„Das ist sehr interessant“, antwortet Hirori. „Ich komme vielleicht zuschauen.“
„Wenn du willst, kann ich dich mitnehmen und du kannst in einem Flugzeug mitfliegen“, sagt Mike.
„Echt? Das wäre super!“, ruft Hirori. „Um wie viel Uhr ist die Flugschau?“
„Sie fängt um zehn Uhr morgens an“, antwortet Mike. „Ming kommt auch. Übrigens, wir brauchen Hilfe, eine Fallschirmspringerpuppe aus dem Flugzeug zu werfen. Kannst du helfen?“
„Eine Fallschirmspringerpuppe? Warum?“, fragt Hirori überrascht.
„Ach, weißt du, das ist ein Teil der Schau“, sagt Mike. „Es ist ein Rettungstrick. Die Puppe fällt herunter. In dem Moment fliegt ein echter Fallschirmspringer zu ihr, fängt sie und öffnet seinen eigenen Fallschirm. Der

xià qù。 zài zhège shíhou， yī gè zhēnzhèng de tiào sǎn yuán huì fēi xiàng tā， zhuōzhù tā bìng dǎkāi tā zìjǐ de jiàngluòsǎn。 nàge “ rén ” jiù bèi jiù le！ ”。

“ 非常 好！ ” 希 若 西 回答，“ 我 会 帮忙。 走 吧！ ”

希 若 西和 迈 克 去 外面。 他们 来到 戏院 巴士站 搭 巴士。 到 空中 表演 的地方 只 需 十分 钟。 当 他们 下 巴士 时， 他们 看见 了明。

“ fēicháng hǎo！ ” xī ruò xī huídá，“ wǒ huì bāngmáng。 zǒu ba！ ”

xī ruò xīhé mài kè qù wàimiàn。 tāmen láidào xìyuàn bāshìzhàn dā bāshì。dào kōngzhōng biǎoyǎn de dì fāng zhǐ xū shífēn zhōng。 dāng tāmen xià bāshì shí， tāmen kànjiàn le míng。

“ 你好， 明，” 迈 克 说，“ 一起 去 飞机 那里 吧。”

他们 在 飞机 里 看 到 一 个 跳伞队。 他们 来到 队长 面前。 队长 穿着 一条 红色 的 裤子 和 一 件 红色 的 外套。

“ nǐhǎo， míng，” mài kè shuō，“ yīqǐ qù fēijī nàlǐ ba。”

tāmen zài fēijī lǐ kàn dào yī gè tiào sǎn duì。 tāmen láidào duì zhǎng miàn qián。 duì zhǎng chuānzhuó yī tiáo hóngsè de kùzi hé yī jiàn hóngsè de wàitào。

“ 你好， 峰，” 迈 克 说，“ 希 若 西和 明 将会 在 表演 救生 戏法 时 帮忙。”

“ 好 吧。 跳伞员假人 在 这里，” 峰 说。 他 给 他们 介绍 跳伞员假人。 跳伞员假人 穿着 一条 红色 的 裤子 和 一 件 红色 的 外套。

“ nǐhǎo， fēng，” mài kè shuō，“ xī ruò xī hé míng jiānghuì zài biǎoyǎn jiùshēng xìfǎ shí bāngmáng。”

“ hǎo ba。 tiào sǎn yuán jiǎ rén zài zhèlǐ，” fēng shuō。 tā gěi tāmen jièshào tiào sǎn yuán jiǎ rén。tiào sǎn yuán jiǎ rén chuānzhe yī tiáo hóngsè de kùzi hé yī jiàn hóngsè de wàitào。

“ 它 的 穿着 像 你，” 明 笑 着 对 峰 说。

“ 我们 现在 没有 时间 去 谈论 它，” 峰 说，“ 把 它 带 进 飞机 lǐ 里。”

“ tā de chuānzhuó xiàng nǐ，” míng xiào zhe duì fēng shuō。

“ wǒmen xiànzài méiyǒu shíjiān qù tánlùn tā，” fēng shuō，“ bǎ tā dài jìn fēijī lǐ。”

„Mann” ist gerettet!”
„Toll!”, antwortet Hirori. „Ich helfe. Lass uns gehen!”Hirori und Mike gehen nach draußen. Sie kommen zur Bushaltestelle am Theater und nehmen einen Bus. Es dauert nur zehn Minuten bis zur Flugschau. Als sie aus dem Bus steigen, sehen sie Ming.
„Hallo Ming”, sagt Mike. „Lass uns zum Flugzeug gehen.“
Beim Flugzeug sehen sie eine Fallschirmspringermannschaft. Sie kommen zum Führer der Mannschaft, der Anführer hat eine rote Hose und eine rote Jacke an.
„Hallo Feng”, sagt Mike. „Hirori und Ming helfen beim Rettungstrick.“
„Okay. Hier ist die Puppe”, sagt Feng. Er stellt ihnen die Fallschirmspringerpuppe vor. Die Puppe trägt eine rote Hose und eine rote Jacke.
„Sie trägt die gleiche Kleidung wie du”, sagt Ming und grinst Feng an.
„Wir haben keine Zeit, darüber zu reden”, sagt Feng. „Nehmt sie mit in dieses Flugzeug.”
Hirori und Ming nehmen die Puppe mit ins Flugzeug. Sie setzen sich neben den Piloten. Die

希 若 西和 明 拿 着 跳伞员假人 进 飞机。 他们 坐 在 飞行员 那里。 所有 的 跳伞员 除了 他们 的 队长 都 进了 飞机。 他们 把门 关 起来。 五 分钟 后， 飞机 已经 在 空中 了。 当 它 飞过 上海 时， 明 看见了 他 的 屋子。

xī ruò xī hé míng ná zhe tiào sǎn yuán jiǎ rén jìn fēijī。 tāmen zuò zài fēixíngyuán nàli。 suǒyǒu de tiào sǎn yuán chúle tāmen de duì zhǎng dōu jìnle fēijī。 tāmen bǎmén guān qǐ lái。wǔ fēnzhōng hòu， fēijī yǐjīng zài kōngzhōng le。 dāng tā fēiguò shàng sǎi shí， míng kànjiàn le tā de wūzi。

“ 看！ 我 的 屋子 在 那里！ ” 明 喊道。

希 若 西 通过 窗口 看 着 城市 的 街道， 广场 和 公园。 坐 飞机 飞行 真 是 奇妙。

“ kàn！ wǒ de wūzi zài nàli！ ” míng hǎndào。

xī ruò xī tōngguò chuāngkǒu kàn zhe chéngshì de jiēdào，guǎngchǎng hé gōngyuán。zuò fēijī fēixíng zhēn shì qímiào。

“ 准备 跳！ ” 飞行员 喊道。 跳伞员 们 都 站起来。 他们 打开 门。

“ 十， 九， 八， 七， 六， 五， 四， 三， 二， 一。 去！ ” 飞行员 喊道。

“ zhǔnbèi tiào！ ” fēixíngyuán hǎndào。tiào sǎn yuán men dōu zhànqǐlai。 tāmen dǎkāi mén。

“ shí， jiǔ， bā， qī， liù， wǔ， sì， sān， èr， yī。 qù！ ” fēixíngyuán hǎndào。

跳伞员 们 开始 从 飞机 里 跳 出去。 地上 的 观众 看见 红色， 青色， 白色， 蓝色， 黄色 的 降落伞。 看上去 非常 美好。 峰， 跳伞队 队长 也 往 上 看。 跳伞员 们 飞 下来， 而 有一些 已经 降落 了。

tiào sǎn yuán men kāishǐ cóng fēijī lǐ tiào chūqù。 dìshàng de guānzhòng kànjiàn hóngsè， qīngsè， báisè， lánsè， huángsè de jiàngluòsǎn。kànshàngqù fēicháng měihǎo。 fēng，tiào sǎn duì duì zhǎng yě wǎng shàng kàn。tiào sǎn yuán men fēi xiàlai， ér yǒuyīxiē yǐjīng jiàngluò le。

“ 很 好。 做 得 好， 伙伴 们， ” 峰 说， 然后 去 了 附近 的 咖啡厅 喝 咖啡。

空中 表演 继续 进行。

“ 准备 救生 戏法！ ” 飞行员 喊道。

明 和 希 若 西 拿 着 跳伞员假人 来到 门口。

“ hěn hǎo。 zuò dé hǎo， huǒbàn men， ” fēng shuō， ránhòu

ganze Fallschirmspringermannschaft außer ihrem Führer besteigt das Flugzeug. Sie schließen die Tür. Nach fünf Minuten ist das Flugzeug schon in der Luft. Als es über Shanghai fliegt, sieht Ming sein Haus.

„Schau! Da ist mein Haus!", ruft Ming.Hirori sieht aus dem Fenster auf Straßen, Plätze und Parks. Es ist toll, in einem Flugzeug zu fliegen.

„Zum Sprung bereit machen!", ruft der Pilot. Die Fallschirmspringer stehen auf. Sie öffnen die Tür.

„Zehn, neun, acht, sieben, sechs, fünf, vier, drei, zwei, eins! Los!", ruft der Pilot.

Die Fallschirmspringer beginnen, aus dem Flugzeug zu springen. Das Publikum auf dem Boden sieht rote, grüne, weiße, blaue und gelbe Fallschirme. Es sieht sehr schön aus. Feng, der Führer der Mannschaft, schaut auch nach oben. Die Fallschirmspringer fliegen nach unten und einige landen bereits.

„Okay, gute Arbeit, Jungs", sagt Feng und geht in ein Café in der Nähe, um Kaffee zu trinken.

Die Flugschau geht weiter.

qù le fùjìn de kāfēitīng hē kāfēi。
kōngzhōng biǎoyǎn jìxù jìnxíng。
"zhǔnbèi jiùshēng xìfǎ！" fēixíngyuán hǎndào。
míng hé xī ruò xī ná zhe tiào sǎn yuán jiǎ rén láidào ménkǒu。
"十， 九， 八， 七， 六， 五， 四， 三， 二， 一。 去！" 飞行员 喊道。
希 若 西和 明 跳伞员假人 推 向 门口。 它 出去 了， 但是 过后 又 停下。 它 的 塑胶 " 手 " 拉住 了 一些 飞机 里 的 金属 部分。
"shí， jiǔ， bā， qī， liù， wǔ， sì， sān， èr， yī。qù！" fēixíngyuán hǎndào。
- xī ruò xī hé míng bǎ tiào sǎn yuán jiǎ rén tuī xiàng ménkǒu。
tā chūqù le， dànshì guòhòu yòu tíngxià。 tā de sùjiāo " shǒu "lā zhù le yīxiē fēijī lǐ de jīnshǔ bùfèn。
" 加油， 男生 们！" 飞行员 喊道。
男生 们 很 大力 地 推 着 跳伞员假人， 但是 仍然 不能 把 它 弄 出去。
"jiā yóu， nánshēng men！" fēixíngyuán hǎndào。
nánshēng men hěn dàlì dì tuī zhe tiào sǎn yuán jiǎ rén， dànshì rénrán bùnéng bǎ tā nòng chūqù。
地上 的 观众 们 看 到 一 个 穿着 红色 衣服 的 男子 在 飞机 门口。 其他 两 个 男人 试着 把 他 推出 去。 人们 不能 相信 他们 的 眼睛。
dìshàng de guānzhòng men kàn dào yī gè chuānzhe hóngsè yīfú de nánzǐ zài fēijī ménkǒu。 qítā liǎng gè nánrén shìzhe bǎ tā tuīchū qù。 rénmen bùnéng xiāngxìn tāmen de yǎnjīng。
这 持续 了 一 分钟。 然后， 穿着 红色 衣服 的 跳伞员 跌 下来。 另一 个 跳伞员 从 飞机 里 跳 出来， 并 试着 捉住 他。 但是， 他 做不到。 穿着 红色 衣服 的 跳伞员 跌 下来。 它 穿过 屋顶 跌进 咖啡厅 里。
zhè chíxù le yī fēnzhōng。 ránhòu， chuānzhe hóngsè yīfú de tiào sǎn yuán diē xiàlai。 lìngyī gè tiào sǎn yuán cóng fēijī lǐ tiào chūlái， bìng shì zhe zhuōzhù tā。 dànshì， tā zuòbùdào。chuānzhe hóngsè yīfú de tiào sǎn yuán diē xiàlai。
tā chuānguò wūdǐng diējìn kāfēitīng lǐ。
观众 们 安静 地 看 着。 然后， 他们 看 到 一 个 穿着 红色 衣服 的 男子 从 咖啡厅 里 跑 出来。 这个 穿着 红色 衣服 的 男子 是 峰， 跳伞队 队长。 但是

„Für den Rettungstrick bereit machen!", ruft der Pilot.Ming und Hirori bringen die Puppe zur Tür.
„Zehn, neun, acht, sieben, sechs, fünf, vier, drei, zwei, eins! Los!", ruft der Pilot.Hirori und Ming stoßen die Puppe aus der Tür. Sie fällt heraus, bleibt dann aber hängen. Ihre Gummihand ist an einem Metallteil des Flugzeugs hängen geblieben.
„Los, auf, Jungs!", ruft der Pilot.
Die Jungs drücken mit aller Kraft an der Puppe, aber sie bekommen sie nicht los.
Das Publikum unten auf dem Boden sieht einen Mann in Rot gekleidet in der Flugzeugtür. Zwei andere Männer versuchen, ihn herauszustoßen. Die Leute trauen ihren Augen nicht. Es dauert etwa eine Minute. Dann fällt der Fallschirmspringer in Rot nach unten. Ein anderer Fallschirmspringer springt aus dem Flugzeug und versucht, ihn zu fangen. Aber er schafft es nicht. Der Fallschirmspringer in Rot fällt weiter. Er fällt durch das Dach in das Café. Das Publikum sieht schweigend zu. Dann sehen die Leute einen in rot gekleideten Mann aus dem Café rennen. Der Mann in Rot ist Feng, der

观众 们 以为 他 是 那个 跌 下来 的 跳伞员。 他 往 上 看， 并 生气 地 喊道，“ 如果 你 不能 捉住 一 个 男人， 就 不要 尝试！ ”
guānzhòng men ānjìng de kàn zhe。 ránhòu， tāmen kàn dào yī gè chuānzhe hóngsè yīfú de nánzǐ cóng kāfēitīng lǐ pǎo chūlái。 zhège chuānzhe hóngsè yīfú de nánzǐ shì fēng，tiào sǎn duì duì zhǎng。 dànshì guānzhòng men yǐwéi tā shì nàge diē xiàlai de tiào sǎn yuán。 tā wǎng shàng kàn， bìng shēngqì de hǎndào，“ rúguǒ nǐ bùnéng zhuōzhù yī gè nánrén， jiù bùyào chángshì！ ”
观众 很 安静。
“ 爸爸， 这个 男人 很 强壮，” 一 个 小 女孩 对 她 的 爸爸 说。
“ 他 受过 很 好 的 训练。” 爸爸 回答。
空中 表演 过后， 希 若 西和 明 去 找 迈 克。
guānzhòng hěn ānjìng。
“ bàba， zhège nánrén hěn qiángzhuàng，” yī gè xiǎo nǚhái duì tā de bàba shuō。
“ tā shòuguò hěn hǎo de xùnliàn。” bàba huídá。
kōngzhōng biǎoyǎn guòhòu， xī ruò xī hé míng qù zhǎo mài kè。
“ 我们 做 得 如何？” 明问。
“ 啊 … 哦， 非常 好。 谢谢，” 迈 克 回答。
“ 如果 你 需要 帮助， 就 说。” 希 若 西 说。
“ wǒmen zuò de rúhé？” míng wèn。
“ ā … o， fēicháng hǎo。 xièxie，” mài kè huídá。
“ rúguǒ nǐ xūyào bāngzhù， jiù shuō。” xī ruò xī shuō。

Führer der Fallschirmspingermannschaft. Aber das Publikum denkt, dass er der abgestürzte Fallschirmspringer ist. Er schaut nach oben und ruft wütend: „Wenn ihr einen Mann nicht fangen könnt, dann versucht es nicht!”
Das Publikum ist still.
„Papa, dieser Mann ist sehr stark”, sagt ein kleines Mädchen zu ihrem Vater.
„Er ist gut trainiert”, antwortet der Vater.
Nach der Flugschau gehen Hirori und Ming zu Mike.
„Wie war unsere Arbeit?”, fragt Ming.
„Ähm...Oh, sehr gut. Danke”, antwortet Mike.
„Wenn du Hilfe brauchst, sag es einfach”, sagt Hirori.

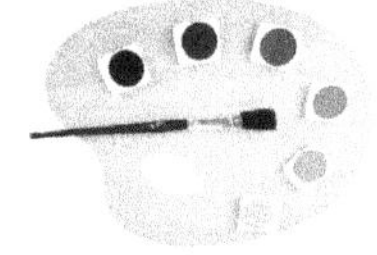

第十七章
Kapitel 17

关上煤气！
Mach das Gas aus!

A

单词
Vokabeln

1. 猫咪 māo mi - die Miezekatze
2. 苍白 cāng bái - blass
3. 变苍白 biàn cāng bái - blass werden
4. 扩散 kuò sàn; 漫延 màn yán - übergreifen
5. 呆住 dāi zhù - erstarren
6. 电话 听筒 diàn huà tīng tǒng - der Telefonhörer
7. 二十 èr shí - zwanzig
8. 命令 mìng lìng / 吩咐 fēn fù - befehlen
9. 感觉 gǎn jué / 感受 gǎn shòu - das Gefühl
10. 告诉 gào su，说 shuō - sagen
11. 公里 gōng lǐ - der Kilometer
12. 忽然 hū rán; 突然 tū rán - plötzlich
13. 火 huǒ - das Feuer
14. 火车 huǒ chē - der Zug
15. 火车站 huǒ chē zhàn - der Bahnhof
16. 将 jiāng - werden (Futur)
17. 狡猾 jiǎo huá, 狡猾 地 jiǎo huá dì - schlau
18. 快 kuài, 赶快 gǎn kuài; 迅速 xùn sù - schnell
19. 立刻 lì kè; 马上 mǎ shàng - sofort
20. 煤气 méi qì - das Gas
21. 秘书 mì shū - die Sekretärin
22. 车票 chē piào - die Fahrkarte
23. 奇怪 qí guài - fremd

24. 全部 quán bù; 一切 yī qiè - alles
25. 热水 壶 rè shuǐ hú - der Kessel
26. 黄油面包 huáng yóu miàn bāo - das Butterbrot
27. 居住 jū zhù - wohnhaft
28. 声音 shēng yīn - die Stimme
29. 十一 shí yī - elf
30. 时刻 shí kè; 时候 shí hòu - der Moment
31. 谁 shéi - wer
32. 水龙头 shuǐ lóng tóu - der Wasserhahn
33. 四 十四 sì shísì - vierundvierzig
34. 所以 suǒ yǐ - deswegen
35. 同时 tóng shí - in der Zwischenzeit
36. 忘记 wàng jì - vergessen
37. 温暖 wēn nuǎn - warm; 热 rè - aufwärmen
38. 细心 xì xīn - sorgfältig
39. 响 xiǎng - klingeln; 铃声 líng shēng - das Klingeln
40. 幼儿园 yòu ér yuán; 幼稚园 yòu zhì yuán - der Kindergarten
41. 转 zhuàn - drehen
42. 打开 dǎ kāi - anmachen; 关上 guān shang - ausmachen
43. 装满 zhuāng mǎn - füllen

B

关上煤气！

Mach das Gas aus!

现在 是 早上 七 点钟。 明 和 李 在 睡觉。 他们 的 母亲 在 厨房 里。 母亲 的 名字 是 梅。 梅 有 四 十四 岁 了。 她 是 一 个 很 细心 的 女人。 梅 打扫 了 厨房 才 去 上班。 她 是 一 个 秘书。 她 在 离 上海 二十 公里 的地方 上班。 梅 通常 搭 火车 去 上班。
xiànzài shì zǎoshang qī diǎnzhōng。 míng hé lǐ zài shuìjiào。 tāmen de mǔqīn zài chúfáng lǐ。 mǔqīn de míngzi shì méi。 méi yǒu sì shísì suì le。 tā shì yī gè hěn xìxīn de nǚrén。 méi dǎsǎo le chúfáng cái qù shàngbān。 tā shì yī gè mìshū。 tā zài lí shàng hǎi èrshí gōnglǐ dedìfāng shàngbān。 méi tōngcháng dā huǒchē qù shàngbān。

她 出了门。 火车站 在 附近， 所以 梅 步行 去 那里。 她 买 了 一 张 票， 并 搭 上 一 班 火车。 去 上班 需要 大约 二十 分钟。 梅 坐 在 火车 里， 并 从 窗口 往外看。
tā chū le mén。 huǒchēzhàn zài fùjìn， suǒyǐ méi bùxíng qù nàli。 tā mǎi le yī zhāng piào， bìng dā shàng yī bān huǒchē。qù shàngbān xūyào dàyuē èrshí fēnzhōng。 méi zuò zài huǒchē lǐ， bìng cóng chuāngkǒu wǎngwài kàn。

突然， 她 呆住 了。 热水 壶！ 它 还 在 炉灶 上， 而

Es ist jetzt sieben Uhr morgens. Ming und Lee schlafen. Ihre Mutter ist in der Küche. Die Mutter heißt Mei. Mei ist vierundvierzig. Sie ist eine sorgfältige Frau. Mei putzt die Küche, bevor sie zur Arbeit geht. Sie ist Sekretärin. Sie arbeitet zwanzig Kilometer außerhalb von Shanghai. Mei fährt normalerweise mit dem Zug zur Arbeit.
Sie geht nach draußen. Der Bahnhof ist in der Nähe, deswegen geht Mei zu Fuß dorthin. Sie kauft eine Fahrkarte und steigt ein. Es dauert etwa zwanzig Minuten bis zu ihrer Arbeit. Mei sitzt im

她 忘记 关上 煤气！ 明 和 李 在 睡觉。 火势 蔓延 到 家具， 然后 … 梅 的脸色变得 苍白。 但是 她 是 一 个 聪明 的 女人， 在 一 秒钟 之内， 她 已经 知道 要 怎么 做 了。 她 请 坐 在 附近 的 一 个 女人 和 一 个 男 人 打电话 去 她 的 家， 并 告诉 明 关于 热水 壶 的事。

tūrán， tā dāizhù le。 rèshuǐ hú！ tā hái zài lúzào shàng， ér tā wàngjì guānshang méiqì！ míng hé lǐ zài shuìjiào。 huǒshì mànyán dào jiājù， ránhòu … méi de liǎn sè biàn de cāngbái。 dànshì tā shì yī gè cōngming de nǚrén， zài yī miǎozhōng zhīnèi， tā yǐjīng zhīdào yào zěnme zuò le。 tā qǐng zuò zài fùjìn de yī gè nǚrén hé yī gè nán rén dǎ diàn huà qù tā de jiā， bìng gàosu míng guānyú rèshuǐ hú deshì。

与此同时， 明 起了床， 梳洗 后， 来到 厨房。 他 拿起 了 桌 上 的 热水 壶， 装满 水， 并把 它 放 在 炉灶 上。 然后， 他 拿 了 面包 和 牛油， 做 黄油面包。 李 进 到 厨房。

yúcǐtóngshí， míng qǐ lechuáng， shūxǐ hòu，lái dào chúfáng。 tā náqǐ le zhuō shàng de rèshuǐ hú， zhuāngmǎn shuǐ， bìngbǎ tā fàng zài lúzào shàng。 ránhòu， tā ná le miànbāo hé niúyóu， zuò huáng yóu miàn bāo。 lǐ jìn dào chúfáng。

“ 我 的 猫咪 在 哪里 呢？ ” 她 问。

“ 我不知道，” 明 回答，“ 去 浴室 洗 脸。 我们 现在 喝 些 茶 和 吃 些 三明治。 然后， 我 会 带 你 去 幼儿园。”

李不想要 梳洗。“ 我 打不开 水龙头，” 她 狡猾 地 说。

“ wǒ de māo mi zài nǎlǐ ne？ ” tā wèn。

“ wǒ bù zhīdào，” míng huídá，“ qù yùshì xǐ liǎn。 wǒmen xiànzài hē xiē chá hé chī xiē sānmíngzhì。 ránhòu， wǒ huì dài nǐ qù yòu'éryuán。”

lǐ bù xiǎngyào shūxǐ。“ wǒ dǎbùkāi shuǐlóngtóu，” tā jiǎohuá de shuō。

“ 我 会 帮 你，” 她 的 哥哥 说。 在 这个 时候， 电话 响 了。 李 赶快 跑 向 电话， 并 拿起 电话 听筒。

“ 你好， 这里 是 动物园。 请问 你 是 谁？ ” 她 说。 明 从 她 那里 拿走 电话 听筒， 并 说，“ 你好。 这

Zug und schaut aus dem Fenster nach draußen. Plötzlich erstarrt sie. Der Kessel! Er steht noch auf dem Herd und sie hat vergessen das Gas auszumachen. Ming und Lee schlafen. Das Feuer kann auf die Möbel übergreifen und dann... Mei wird blass. Aber sie ist eine intelligente Frau und innerhalb einer Sekunde weiß sie, was zu tun ist. Sie bittet eine Frau und einen Mann, die neben ihr sitzen, bei ihr zu Hause anzurufen und Ming über den Kessel zu informieren.

In der Zwischenzeit steht Ming auf, wäscht sich und geht in die Küche. Er nimmt den Kessel vom Tisch, füllt ihn mit Wasser und stellt ihn auf den Herd. Dann nimmt er Brot und Butter und macht Butterbrote. Lee kommt in die Küche.

„Wo ist meine kleine Miezekatze?“, fragt sie.

„Ich weiß es nicht“, antworte Ming. „Geh ins Bad und wasch dein Gesicht. Wir trinken jetzt etwas Tee und essen etwas Brot. Dann bring ich dich in den Kindergarten.”Lee will sich nicht waschen. „Ich kann den Wasserhahn nicht anmachen“, sagt sie schlau.

是 明。”
“ wǒ huì bāng nǐ，” tā de gēge shuō。 zài zhège shíhou，diànhuà xiǎng le。 lǐ gǎnkuài pǎo xiàng diànhuà， bìng náqǐ diànhuà tīngtǒng。
“ nǐhǎo， zhèlǐ shì dòngwùyuán。 qǐngwèn nǐ shì shéi？” tā shuō。 míng cóng tā nàli názǒu diànhuà tīngtǒng， bìng shuō，“ nǐhǎo。 zhè shì míng。”
“ 你 是 住 在 公园 • 十一 街 的 王 明吗？” 一 个 陌生 女人 的 声音 问道。
“ 是的，” 明 回答。
“ 请 立刻 去 厨房， 并 关上 煤气！” 那个 陌生 女人 的 声音 喊道。
“ nǐ shì zhù zài gōngyuán shí·yī jiē de wáng míng ma？” yī gè mòshēng nǚrén de shēngyīn wèn dào。
“ shìde，” míng huídá。
“ qǐng lìkè qù chúfáng， bìng guānshang méiqì！” nàge mòshēng nǚrén de shēngyīn hǎndào。
“ 你 是 谁？ 为什么 我 一定要 关上 煤气 呢？” 明 惊讶 地 说。
“ 现在 就 去 做！” 那个 声音 命令。
明关掉 煤气。 李 和 明 惊讶 地 看 着 热水 壶。
“ nǐ shì shéi？ wèishénme wǒ yīdìngyào guānshang méiqì ne？” míng jīngyà dì shuō。
“ xiànzài jiù qù zuò！” nàge shēngyīn mìng lìng。
míng guāndiào méiqì。 lǐ hé míng jīngyà de kàn zhe rèshuǐ hú。
“ 我不明白，” 明 说，“ 这个 女人 怎么 会 知道 我们 将要 喝 茶 呢？”
“ 我 饿 了，” 他 的 妹妹 说，“ 我们 什么时候 吃 呢？”
“ wǒ bù míngbai，” míng shuō，“ zhège nǚrén zěnme huì zhīdào wǒmen jiāngyào hē chá ne？”
“ wǒ è le，” tā de mèimei shuō，“ wǒmen shénmeshíhou chī ne？”
“ 我 也 饿 了，” 明 说， 并 再 次 把 煤气 打开。 过了 一 分钟， 电话 又 响 了。
“ 你好，” 明 说。
“ 你 是 住 在 公园 十一 街 的 王明 吗？” 一 个 陌生 男人 的 声音 问。

„Ich helfe dir", sagt ihr Bruder. In diesem Moment klingelt das Telefon. Lee rennt schnell zum Telefon und nimmt den Hörer ab.
„Hallo, hier ist der Zoo. Und wer ist da?", sagt sie. Ming nimmt ihr den Hörer weg und sagt: „Hallo, Ming hier."
„Bist du Ming Wang, wohnhaft in der Straße elf?", fragt die Stimme einer fremden Frau.
„Ja", antwortet Ming.
„Geh bitte sofort in die Küche und mach das Gas aus", ruft die Stimme der Frau.
„Wer sind Sie? Warum soll ich unbedingt das Gas ausmachen?", fragt Ming überrascht.
„Mach es jetzt!", befielt die Stimme.Ming macht das Gas aus. Lee und Ming sehen verwundert auf den Kessel.
„Ich verstehe das nicht", sagt Ming. „Woher weiß diese Frau, dass wir Tee trinken wollten?"
„Ich habe Hunger", sagt seine Schwester. „Wann essen wir?"
„Ich habe auch Hunger", sagt Ming und macht das Gas wieder an. Nach einer Minute klingelt das Telefon wieder.
„Hallo", sagt Ming.
„Bist du Ming Wang, wohnhaft in der Straße

“ 是的，” 明 回答。

“ wǒ yě è le，” míng shuō， bìng zài cì bǎ méiqì dǎkāi。 guòle yī fēnzhōng， diànhuà yòu xiǎng le。

“ nǐhǎo，” míng shuō。

“nǐ shì zhù zài gōngyuán shí·yī jiē de wáng míng ma？” yī gè mòshēng nán rén de shēngyīn wèn。

“ shìde，” míng huídá。

“ 立刻 关上 炉灶 的 煤气！ 请 小心！” 那个 声音 吩咐。

“ 好 吧，” 明 说， 并 又 再 次 关掉 煤气。

“ 我们 去 幼儿园 吧，” 明对 李 说， 感觉 他们 今天 不能 喝 茶 了。

“ lìkè guānshang lúzào de méiqì！ qǐng xiǎoxīn！” nàge shēngyīn fēnfù。

“ hǎo ba，” míng shuō， bìng yòu zài cì guāndiào méiqì。

“ wǒmen qù yòu'éryuán ba，” míng duì lǐ shuō， gǎnjué tāmen jīntiān bùnéng hē chá le。

“ 不。 我 要 一些 茶 和 涂 着 牛油 的 面包，” 李 很 生气 地 说。

“ 好 吧， 再 试 着 热 一次 热水 壶，” 她 的 哥哥 说， 并 打开 煤气。

“ bù。 wǒ yào yīxiē chá hé tú zhe niúyóu de miànbāo，” lǐ hěn shēngqì de shuō。

“ hǎo ba， zài shì zhe rè yīcì rèshuǐ hú，” tā de gēge shuō， bìng dǎkāi méiqì。

电话 响 了， 而 这 一次 他们 的 母亲 吩咐 关上 煤气。 接着， 她 解释 了 一切。 最后， 李 和 明 喝 了 茶， 就 去 幼儿园 了。

diànhuà xiǎng le， ér zhè yīcì tāmen de mǔqīn fēnfù guānshang méiqì。 jiēzhe， tā jiěshì le yīqiè。 zuìhòu， lǐ hé míng hē le chá， jiù qù yòu'éryuán le。

elf?”, fragt die Stimme eines fremden Mannes.

„Ja”, antwortet Ming.

„Mach sofort das Gas aus! Sei vorsichtig!”, befiehlt die Stimme.

„Okay”, sagt Ming und macht das Gas wieder aus.

„Lass uns in den Kindergarten gehen”, sagt Ming zu Lee in dem Gefühl, dass sie heute keinen Tee trinken werden.

„Nein. Ich will Tee und Brot mit Butter”, sagt Lee sehr wütend.

„Gut, lass uns versuchen, den Kessel wieder zu wärmen”, sagt ihr Bruder und stellt das Gas an.

Das Telefon klingelt und dieses Mal befiehlt ihre Mutter, das Gas abzustellen. Dann erklärt sie alles. Endlich trinken Lee und Ming Tee und gehen in den Kindergarten.

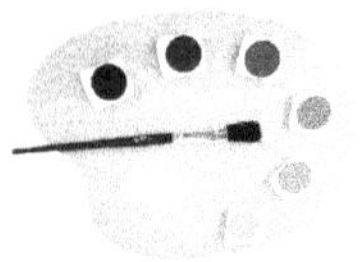

第十八章
Kapitel 18

一间职业介绍所
Eine Arbeitsvermittlung

 A

单词
Vokabeln

1. 城市 chéng shì - die Stadt
2. 出版 chū bǎn; 发布 fā bù - der Verlag
3. 床垫 chuáng diàn - die Matratze
4. 答应 dā ying - einverstanden sein
5. 大力 dà lì; 强壮 qiáng zhuàng, 大力 地 dà lì dì; 强壮 地 qiáng zhuàng dì - stark
6. 担心 dān xīn - sich Sorgen machen
7. 不要 担心! bù yào dān xīn - Mach dir keine Sorgen!
8. 当然 dāng rán - klar, sicher
9. 地板 dì bǎn; 地面 dì miàn - der Boden
10. 电 diàn - elektrisch, Strom
11. 电线 diàn xiànn - das Kabel
12. 电流 diàn liú - der Strom
13. 个别 gè bié; 个人 gè rén - einzelne, einzelner
14. 故事 gù shi - die Geschichte
15. 顾问 gù wèn - der Berater
16. 号码 hào mǎ - die Nummer
17. 灰 头 huī tóu - grauhaarig
18. 既然 jì rán; 因为 yīn wèi - da, weil
19. 如同 rú tóng - wie
20. 介绍 jiè shào - empfehlen, vorstellen
21. 经验 jīng yàn - die Erfahrung
22. 困惑 kùn huò - verwirrt sein

23. 六十 liù shí - sechzig
24. 每 小时 měi xiǎo shí - pro Stunde
25. 通向 tōng xiàng - führen
26. 全面 quán miàn - vielseitig
27. 让 ràng - lassen
28. 认真 地 rèn zhēn dì - ernst
29. 十五 shí wǔ - fünfzehn
30. 是 shì - ist
31. 手臂 shǒu bì; 胳膊 gē bo - der Arm; 比 臂 力 bǐ bì lì - armdrücken
32. 体力 工作 tǐ lì gong zuò - die Handarbeit
33. 相同 xiāng tóng - der/die/das Gleiche
34. 在 同一 时间 zài tóng yī shí jiān - gleichzeitig, zur gleichen Zeit
35. 心理 工作 xīn lǐ gōng zuò; 脑力劳动 nǎo lì láo dòng - die Kopfarbeit
36. 发抖 fā dǒu - zittern
37. 也 yě - auch
38. 一半 yī bàn - halb
39. 仔细 地 zǐ xì dì; 小心 地 xiǎo xīn dì - vorsichtig, sorgfältig
40. 仔细 地 听 zǐ xì dì tīng - genau zuhören
41. 知道 彼此 zhī dào bǐ cǐ - sich kennen
42. 职位 zhí wèi; 位置 wèi zhi - die Position
43. 致命 zhì mìng - tödlich
44. 助理 zhù lǐ; 助手 zhù shǒu - der Helfer
45. 咨询 zī xún; 询问 xún wèn - beraten

B

一间职业介绍所

有 一 天， 希 若 西 去 迈 克 的 房间， 并 看 到 他 的 朋友 躺 在 床 上 发抖。 希 若 西 看 到 一根电线，从 迈 克 通向 电 水壶。 希 若 西 以为 迈 克 被电了。 他 立刻 去 到 床 那里， 抓着 床垫， 并 大力 地 拉 它。 迈 克 跌 到 地板 上。 然后， 他 站起来， 并 惊讶 地 看 着 希 若 西。

yǒu yī tiān, xī ruò xī qù mài kè de fángjiān, bìng kàn dào tā de péngyou tǎng zài chuáng shàng fādǒu。 xī ruò xī kàn dào yī gēn diàn xiàn, cóng mài kè tōng xiàng diàn shuǐhú。 xī ruò xī yǐwéi mài kè bèi diàn le。 tā lìkè qù dào chuáng nàli, zhuāzhe chuángdiàn, bìng dàlì de lā tā。 mài kè diē dào dìbǎn shàng。 ránhòu, tā zhànqǐlai, bìng jīngyà de kàn zhe xī ruò xī。

“ 怎么了？” 迈 克 问。

“ 你 被 电 到了。” 希 若 西 说。

“ 不是， 我 在 听 音乐，” 迈 克 说， 并 拿出 他 的 光碟 播放机。

“ 噢， 对不起，” 希 若 西 说。 他 很 困惑。

“zěnmele？” mài kè wèn。

Eine Arbeitsvermittlung

Eines Tages kommt Hirori in Mikes Zimmer und sieht seinen Freund zitternd auf dem Bett liegen. Hirori sieht ein Stromkabel, das von Mike zum Wasserkocher führt. Hirori glaubt, dass Mike einen tödlichen Stromschlag abbekommen hat. Er geht schnell zum Bett, nimmt die Matratze und zieht stark daran. Mike fällt auf den Boden. Dann steht er auf und sieht Hirori verwundert an.

„Was war das denn?”, fragt Mike.

“ nǐ bèi diàn dàoliǎo。” xī ruò xī shuō。
“ bùshì， wǒ zài tīng yīnyuè，” mài kè shuō， bìng ná chūtā de guāngdié bōfàngjī。
“ ō， duìbuqǐ，” xī ruò xī shuō。 tā hěn kùnhuò。
“ 没关系。 不要 担心，” 迈 克 平静 地 回答， 并 整理 他 的 裤子。
“ 我 和明 会 去 一 间 职业 介绍 所。 你 要 和 我们 一起 去 吗？” 希 若 西 问。
“ 当然。 一起 去 吧，” 迈 克 说。
“méiguānxì。 bùyào dānxīn，” mài kè píngjìng de huídá， bìng zhěnglǐ tā de kùzi。
“ wǒ hé míng huì qù yī jiān zhíyè jièshào suǒ。 nǐ yào hé wǒmen yīqǐ qù ma？” xī ruò xī wèn。
“ dāngrán。 yīqǐ qù ba，” mài kè shuō。
他们 来 到 外面， 搭乘十一 号 巴士。 去 职业 介绍 所 需要 大约 十五 分钟。 明已经 在 那里 了。 他们 进 到楼里。 职业 介绍 所 的 办公室 外 排 了 很 长 的 队。 他们 站 在 队列 里。 半个 小时 后， 他们 来到 办公室。 房间 里 有 一 张 桌子 和 一些 书柜。 桌子 那里 坐 着 一 个 灰色 头发 的 男子。 他 大约 六十 岁。
tāmen láidào wàimiàn， dā chéng shí·yī hào bāshì。qù zhíyè jièshào suǒ xūyào dàyuē shíwǔ fēnzhōng。míng yǐjīng zài nàli le。 tāmen jìn dàolóu lǐ。zhíyè jièshào suǒ de bàngōngshì wài pái le hěn cháng de duì。 tāmen zhàn zài duì liè lǐ。bànge xiǎoshí hòu， tāmen láidào bàngōngshì。 fángjiān lǐ yǒu yī zhāng zhuōzi hé yīxiē shūguì。 zhuōzi nàli zuò zhe yī gè huī tóu fà de nánzǐ。 tā dàyuē liùshí suì。
“ 进来， 男生 们！” 他 友善 地 说，“ 请 坐。”
明， 迈 克 和 希 若 西 坐下。
“ 我 的 名字 是 陈 志 彭。 我 是 一个 职业 顾问。 通常， 我 会 和 来访者 个别 谈话。 但是， 你们 全都 是 学生， 并 互相认识。 我 可以 和 你们 一起 谈话。 你们 同意 吗？”
“ jìnlái， nánshēng men！” tā yǒushàn de shuō，“ qǐng zuò。”
míng， mài kè hé xī ruò xī zuòxia。

„Du standest unter Strom“, sagt Hirori.
„Nein, ich habe Musik gehört“, sagt Mike und nimmt seinen CD-Spieler raus.
„Oh, Entschuldigung“, sagt Hirori. Er ist sehr verwirrt.
„Schon gut, mach dir keine Sorgen Kopf“, sagt Mike ruhig und macht seine Hose zurecht.
„Ming und ich gehen zu einer Arbeitsvermittlung. Willst du mitkommen?“, fragt Hirori.
„Klar, lass uns zusammen gehen“, sagt Mike.
Sie gehen nach draußen und nehmen den Bus Nummer 7. Sie brauchen etwa fünfzehn Minuten bis zur Arbeitsvermittlung. Ming ist schon dort. Sie betreten das Gebäude. Vor dem Büro der Arbeitsvermittlung ist eine lange Schlange. Sie stellen sich an. Nach einer halben Stunde betreten sie das Büro. Im Zimmer sind ein Tisch und ein paar Bücherregale. Am Tisch sitzt ein grauhaariger Mann. Er ist etwa sechzig.
„Kommt rein, Jungs“, sagt er freundlich. „Setzt euch, bitte“.Ming, Mike und Hirori

" wǒ de míngzi shì chén zhì Péng。 wǒ shì yīgè zhíyè gùwèn。 tōngcháng， wǒ huì hé lái fǎng zhě gèbié tánhuà。 dànshì， nǐmen quándōu shì xuésheng， bìng hùxiāngrènshí。 wǒ kěyǐ hé nǐmen yīqǐ tánhuà。 nǐmen tóngyì ma？"

" 是的， 先生，" 明 说，" 我们 每天 有 三 或 四 小时 的 空闲 时间。 我们 需要 为 那 段 时间 找 份 工作。"

" 很 好。 我 有一些 工作 是 给 学生 的。 请 你 关掉 你 的 CD播放机，" 陈 先生 对 迈 克 说。

" shìde， xiānsheng，" míng shuō，" wǒmen měitiān yǒu sān huò sì xiǎoshí de kòngxián shíjiān。 wǒmen xūyào wéi nà duàn shíjiān zhǎo fèn gōngzuò。"

" hěn hǎo。 wǒ yǒuyīxiē gōngzuò shì gěi xuésheng de。 qǐng nǐ guān diào nǐ de CD bōfàngjī，" chén xiānshng duì mài kè shuō。

" 我 可以 一边 听 你 说话， 一边 听 音乐，" 迈 克 说。

" 如果 你 真 的 想要 得到 一 份 工作， 关掉 你 的 CD播放机， 并 仔细 地 听 着 我 在 说 什么，" 陈 先生 说，" 现在， 男生 们， 你们 需要 什么 种类 的 工作？ 你们 需要 脑力 的， 还是 体力 的 工作？"

" wǒ kěyǐ yībiān tīng nǐ shuōhuà， yībiān tīng yīnyuè，" mài kè shuō。

" rúguǒ nǐ zhēn de xiǎngyào dédào yī fèn gōngzuò， guān diào nǐ de CD bōfàngjī， bìng zǐxì de tīng zhe wǒ zài shuō shénme，" chén xiānsheng shuō，" xiànzài， nánshēng men， nǐmen xūyào shénme zhǒnglèi de gōngzuò？ nǐmen xūyào nǎolì de， háishi tǐlì de gōngzuò？"

" 我 可以 做 任何 工作，" 希 若 西 说，" 我 很 强壮。 要 比 臂 力 吗？" 他 说， 并把 他 的 胳膊 放 在 陈 先生 的 桌 上。

" wǒ kěyǐ zuò rènhé gōngzuò，" xī ruò xī shuō，" wǒ hěn qiángzhuàng。 yào bǐ bì lì ma？" tā shuō， bìngbǎ tā de gēbo fàng zài chén xiānsheng de zhuō shàng。

" 这里 不是 运动 俱乐部， 但是 如果 你 要 …" 陈 先生 说。 他 把 他 的 胳膊 放 在 桌 上， 并 立刻 推 下 希 若 西 的 胳膊，" 如 你 所见，

setzen sich.

„Ich bin Cheng Zhi Peng. Ich bin Arbeitsberater. Normalerweise spreche ich einzeln mit Besuchern. Aber da ihr alle Studenten seid und euch kennt, kann ich euch zusammen beraten. Seid ihr einverstanden?"

„Ja", sagt Ming. „Wir haben drei, vier Stunden frei pro Tag. Wir müssen für diese Zeit einen Job suchen."

„Gut, ich habe ein paar Jobs für Studenten. Und du, mach bitte deinen CD-Spieler aus", sagt Herr Cheng zu Mike.

„Ich kann gleichzeitig Ihnen zuhören und Musik hören", sagt Mike.

„Wenn du ernsthaft einen Job willst, mach die Musik aus und hör mir genau zu", sagt Herr Cheng. „Also, was für einen Job wollt ihr denn. Wollt ihr Hand- oder Kopfarbeit?

„Ich kann jede Arbeit machen", sagt Hirori. „Ich bin stark. Wollen Sie es testen?", fragt er und stützt seinen Arm auf Herrn Cheng Tisch auf.

„Das hier ist kein Sportverein, aber wenn du willst...", sagt Herr

孩子， 你 一定 不能 只是 强壮， 但是 也 要 聪明。”
“ zhèlǐ bùshì yùndòng jùlèbù, dànshì rúguǒ nǐ yào...” chén xiānsheng shuō。 tā bǎ tā de gēbo fàng zài zhuō shàng, bìng lìkè tuī xià xī ruò xī de gēbo, “ rú nǐ suǒjiàn, háizi, nǐ yīdìng bù néng zhǐshì qiángzhuàng, dànshì yě yào cōngming。”
“ 我 也 可以 做脑力 工作，” 希 若 西 又 说。 他 非常 想要 找到 一 份 工作。“ 我 可以 写 故事。 我 有一些 关于 我 家乡 的 故事。”
“ wǒ yě kěyǐ zuò nǎolì gōngzuò，” xī ruò xī yòu shuō。 tā fēicháng xiǎngyào zhǎodào yī fèn gōngzuò。“ wǒ kěyǐ xiě gùshi。 wǒ yǒuyīxiē guānyú wǒ jiāxiāng de gùshi。”
“ 这 真 是 非常 有趣，” 陈 先生 说。 他 拿 了 一 张 纸，“ 这 间 出版社 “ 全面 ” 需要 一 个 负责写作 的 年轻 的 助理。 他们 每 小时 会 付 九 元。”
“ zhè zhēn shì fēicháng yǒuqù, ” chén xiānsheng shuō。 tā ná le yī zhāng zhǐ, “ zhè jiān chūbǎnshè “ quánmiàn ” xūyào yī gè fùzén xiězuò de iánqīng de zhùlǐ。 tāmen měi xiǎoshí huì fù jiǔ yuán。”
“ 真 是 好！” 希 若 西 说，“ 我 可以 试一试 吗？”
“ 当然。 这里 是 他们 的 电话 号码 和 地址，” 陈 先生 说， 并 给 了 希 若 西 一 张 纸。
“ zhēn shì hǎo！” xī ruò xī shuō, “ wǒ kěyǐ shìyīshì ma？”
“ dāngrán。 zhèlǐ shì tāmen de diànhuà hàomǎ hé dìzhǐ, ” chén xiānsheng shuō, bìng gěi le xī ruò xī yī zhāng zhǐ。
“ 而 你们 可以 从 一 间 农场， 一 间 电脑 公司， 一 间 报社 或 一 间 超级市场 里 选择 一 份 工作。 因为 你们 都 没有 任何 经验， 我 会 建议 你们 先在农场里 工作。 他们 需要 两 个 工人，” 陈 先生 对 明 和 迈 克 说。
“ ér nǐmen kěyǐ cóng yī jiān nóngchǎng, yī jiān diànnǎo gōngsī, yī jiān bàoshè huò yī jiān chāojíshìchǎng lǐ xuǎnzé yī fèn gōngzuò。 yīnwèi nǐmen dōu méiyǒu rènhé jīngyàn, wǒ huì jiànyì nǐmen xiānzài nóng chǎng lǐ gōngzuò。 tāmen xūyào liǎng gè gōngrén, ” chén

Cheng. Er stützt seinen Arm auf den Tisch auf und drückt Hiroris Arm schnell nach unten. „Wie du siehst, musst du nicht nur stark, sondern auch schlau sein.”
„Ich kann auch Denkarbeit machen”, sagt Hirori. Er will unbedingt einen Job. „Ich kann Geschichten schreiben. Ich habe ein paar Geschichten über meine Heimatstadt.”
„Das ist sehr interessant”, sagt Herr Cheng. Er greift nach einem Blatt Papier. „Der Verlag „All-Round” braucht einen jungen Helfer als Schreiber. Sie zahlen neun Yuan pro Stunde.”
„Super”, sagt Hirori. „Kann ich das versuchen?”
„Natürlich. Hier sind deren Telefonnummer und Adresse”, sagt Herr Cheng und gibt Hirori ein Blatt Papier.
„Und ihr Jungs könnt zwischen einem Job auf einem Bauernhof, in einer Computerfirma, bei einer Zeitung oder im Supermarkt wählen. Da ihr keine Erfahrung habt, empfehle ich euch, mit der Arbeit auf dem Bauernhof anzufangen. Sie brauchen zwei Arbeiter”, sagt Herr Cheng zu

xiānsheng duì mínghé mài kè shuō。
“ 他们 会 付 多少 呢？” 明 问。
“ 让 我 看看。。。” 陈 先生 看 着 电脑，“ 他们 一 天 需要 工人 三 或 四 小时， 而 他们 每 小时 付 七 元。 星期六 和 星期日 休息。 你们 同意 吗？” 他 问。
“ tāmen huì fù duōshao ne？” míng wèn。
“ ràng wǒ kànkan。。。” chén xiānsheng kàn zhe diànnǎo，“ tāmen yī tiān xūyào gōngrén sān huò sì xiǎoshí， ér tāmen měi xiǎoshí fù qī yuán。 xīngqīliù hé xīngqīrì xīuxī。 nǐmen tóngyì ma？” tā wèn。
“ 我 同意，” 明 说。
“ 我 也 同意，” 迈 克 说。
“ 非常 好。 这是农场 的 电话 号码 和 地址，” 陈 先生 说， 并把 一 张 纸 给 他们。
“ 谢谢 您， 先生，” 男生 们 说 完 就 出去 了。
“ wǒ tóngyì，” míng shuō。
“ wǒ yě tóngyì，” mài kè shuō。
“ fēicháng hǎo。zhè shì nóngchǎng de diànhuà hàomǎ hé dìzhǐ，” chén xiānsheng shuō， bìngbǎ yī zhāng zhǐ gěi tāmen。
“ xièxie nín， xiānsheng，” nánshēng men shuō wán jiù chūqù le。

Ming und Mike.
„Wie viel zahlen sie?”, fragt Ming.
„Mal sehen...” Herr Cheng schaut auf den Computer. „Sie brauchen Arbeiter für drei oder vier Stunden am Tag und zahlen sieben Yuan pro Stunde. Samstag und Sonntag sind frei. Seid ihr einverstanden?“, fragt er.
„Ja, bin ich”, sagt Ming.
„Ich bin auch einverstanden”, sagt Mike.
„Gut, das sind Telefonnummer und die Adresse des Bauernhofs”, sagt Herr Cheng und gibt ihnen eine Blatt Papier.
„Dankeschön, Herr Cheng”, sagen die Jungs und gehen nach draußen.

第十九章
Kapitel 19

明和迈克洗货车（第一部）
Ming und Mike waschen den Laster (Teil 1)

A

单词
Vokabeln

1. 刹车 器 shā chē qì - die Bremse; 刹车 shā chē - bremsen
2. 船 chuán - das Schiff
3. 打扫 dǎ sǎo; 清洁 qīng jié - sauber machen, putzen
4. 荡漾 dàng yàng; 波荡 bō dàng - schaukeln
5. 等待 děng dài - warten
6. 抵达 dǐ dá; 到达 dàodá - ankommen
7. 第一 dì yī - erster
8. 第二 dì èr - zweiter
9. 第三 dì sān - dritter
10. 第四 dì sì - vierter
11. 第五 dì wǔ - fünfter
12. 第六 dì liù - sechster
13. 第七 dì qī - siebter
14. 第八 dì bā - achter
15. 第九 dì jiǔ - neunter
    第十 dì shí - zehnter
16. 更大 gèng dà - größer
17. 更近 gèng jìn - näher
18. 更远 gèng yuǎn - weiter
19. 雇主 gù zhǔ - der Arbeitgeber
20. 海边 hǎi biān - die Küste
21. 海浪 hǎi làng - die Welle
22. 海洋 hǎi yáng - das Meer

23. 盒子 hé zi - die Kiste
24. 很多 hěn duō - viel
25. 机器 jī qì - die Maschine
26. 米 mǐ - der Meter
27. 驾驶执照 jià shǐ zhí zhào - der Führerschein
28. 检查 jiǎn chá - kontrollieren
29. 开始 kāi shǐ - anfangen
30. 靠近 kào jìn - nahe
31. 力量 lì liang - die Stärke
32. 轮子 lún zi - das Rad
33. 马路 mǎ lù - die Straße
34. 慢慢 地 màn màn dì - langsam
35. 漂浮 piāo fú - treiben
36. 起初 qǐ chū - erst
37. 前面 qián miàn - vorn
38. 前面 的 轮胎 qián miàn de lúntāi - das Vorderrad
39. 适合 shì hé - passend
40. 踏 tà - treten
41. 田地 tián dì - das Feld
42. 洗 xǐ - waschen, putzen
43. 相当 xiāng dāng; 很 hěn - ziemlich
44. 卸下 xiè xià; 卸货 xièhuò - abladen
45. 沿着 yán zhe - entlang
46. 业主 yè zhǔ; 物主 wùzhǔ - der Besitzer
47. 引擎 yǐn qíng - der Motor
48. 用 yòng - benutzen
49. 远 yuǎn - weit
50. 院子 yuàn zi - der Hof
51. 种子 zhǒng zi - das Saatgut
52. 装入 zhuāng rù - laden

B

明和迈克洗货车（第一部分）

明 和 迈 克 现在 在 一 间 农场 做工。 他们 每天 工作 三 或 四 小时。 这 份 工作 相当 难。 他们 每天 一定要 做 很 多 工作。 他们 每 两天 就要 打扫 农场 的 院子。 他们 每 三 天 就要 洗 农场 的 机器。 每 隔 四 天 他们 要 在 农场 的 田地 里 工作。

mínghé mài kè xiànzài zài yī jiān nóngchǎng zuògōng。 tāmen měitiān gōngzuò sān huò sì xiǎoshí。 zhè fèn gōngzuò xiāngdāng nán。 tāmen měitiān yīdìngyào zuò hěn duō gōngzuò。 tāmen měi liǎng tiān jiùyào dǎsǎo nóngchǎng de yuànzi。 tāmen měi sān tiān jiùyào xǐ nóngchǎng de jīqì。 měi gé sì tiān tāmen yào zài nóngchǎng de tiándì lǐ gōngzuò。

他们 雇主 的 名字 是 孙 伟 隆。 孙 先生 是 农场 的 业主， 而且 他 做 最 多的 工作。 孙 先生 很 努力 地 工作。 他 也 让 明 和 迈 克 做 很 多 工作。

Ming und Mike waschen den Laster (Teil 1)

Ming und Mike arbeiten jetzt auf einem Bauernhof. Sie arbeiten drei oder vier Stunden am Tag. Die Arbeit ist ziemlich schwer. Sie müssen jeden Tag viel arbeiten. Sie machen den Hof jeden zweiten Tag sauber. Sie putzen die Maschinen jeden dritten Tag. Jeden vierten Tag arbeiten sie auf den Feldern. Ihr Arbeitgeber heißt Sun Weil Long. Herr Sun ist der Besitzer des Bauernhofs und macht die meiste Arbeit. Herr Sun arbeitet

tāmen gùzhǔ de míngzi shì sūn wěi lóng。 sūn xiānsheng shì nóngchǎng de yèzhǔ， érqiě tā zuò zuì duō de gōngzuò。 sūn xiānsheng hěn nǔlì de gōngzuò。 tā yě ràng míng hé mài kè zuò hěn duō gōngzuò。

“ 嘿， 男生 们， 机器 清洁 完 之后， 开 着 货车 去 快速 运输 公司，” 孙 先生 说，“ 他们 有 货物 给 我。 把 装着种子 的 箱子 装入 货车 里， 运到农场， 并 在 农场 的 院子 里 卸下。 做 快点儿 因为 我 今天 就要 用 到 种子 了。 还有， 不要 忘记 洗 货车。”

“ hēi， nánshēng men， jīqì qīngjié wán zhīhòu， kāi zhe huòchē qù kuàisù yùnshū gōngsī，” sūn xiānsheng shuō，“ tāmen yǒu huòwù gěi wǒ。 bǎ zhuāngzhezhǒngzī de xiāngzī zhuāngrù huòchē lǐ， yùn dào nóngchǎng, bìng zài nóngchǎng de yuànzi lǐ xièxià。 zuò kucidiǎnr yīnwèi wǒ jīntiān jiùyào yòng dào zhǒngzi le。 háiyǒu, bùyào wàngjì xǐ huòchē。”

“ 好 吧，” 明 说。 他们 洗 完 就 进了 货车。 明 有 驾驶执照， 所以 他 开 货车。 他 启动 引擎， 先 在 农场 的 院子 里 慢慢 地 行驶， 然后快速 地 行驶 在 马 路上。 快速 运输 公司 离 农场不
远。 他们 在 十五 分钟 之后 就 到达 那里 了。 他们 在 那里 找 第 十 号 装货 门。

“ hǎo ba，” míng shuō。 tāmen xǐ wán jiù jìnle huòchē。 míng yǒu jiàshǐzhízhào， suǒyǐ tā kāi huòchē。 tā qǐdòng yǐnqíng， xiān zài nóngchǎng de yuànzi lǐ mànmàn de xíngshǐ， ránhòu de xíngshǐ zài mǎ lùshang。kuàisù yùnshū gōngsī lí nóngchǎng bù yuǎn。 tāmen zài shíwǔ fēnzhōng zhīhòu jiù dàodá nàli le。 tāmen zài nàli zhǎo dì shí hào zhuānghuò mén。

明 小心 地 把 货车 开 过 装货 的 院子。 他们 经过 第一 个 装货 门， 经过 第二 个 装货 门， 经过 第 三 个， 经过 第 四 个， 经过 第五 个， 经过 第 六 个， 经过 第 七 个， 经过 第 八 个， 然后 经过 第 九 个 装货 门。 明 开到 第 十 个 装货 门， 停下。

míng xiǎoxīn de bǎ huòchē kāi guò zhuānghuò de yuànzi。 tāmen jīngguò dìyī gè zhuānghuò mén， jīngguò dì'èr gè

sehr hart. Er gibt Ming und Mike auch viel Arbeit.

„Hey Jungs, nachdem ihr die Maschinen sauber gemacht habt, fahrt mit dem Laster zur Transportfirma Rapid“, sagt Herr Sun. „Sie haben eine Ladung für mich. Ladet die Kisten mit dem Saatgut auf den Laster, bringt sie zum Bauernhof und ladet sie auf dem Hof ab. Beeilt euch, denn ich brauche das Saatgut heute. Und vergesst nicht, den Laster zu waschen.“

„Okay“, sagt Ming. Sie machen die Maschine sauber und steigen in den Laster. Ming hat einen Führerschein, deswegen fährt er. Er macht den Motor an, fährt erst langsam durch den Hof und dann schnell auf der Straße entlang. Die Transportfirma Rapid ist nicht weit vom Bauernhof. Sie kommen dort nach fünfzehn Minuten an. Dort suchen sie die Verladetür Nummer zehn.Ming fährt den Laster vorsichtig über den Verladehof. Sie fahren an der ersten Verladetür vorbei, an der zweiten, an der dritten, an der vierten, an der fünften, an der sechsten, an der siebten, an der

zhuānghuò mén, jīngguò dì sān gè, jīngguò dì sì gè, jīngguò dìwǔ gè, jīngguò dì liù gè, jīngguò dì qī gè, jīngguò dì bā gè, ránhòu jīngguò dì jiǔ gè zhuānghuò mén。 míng kāidào dì shí gè zhuānghuò mén, tíngxià。

“ 我们 一定要 先 检查 装货 清单，” 已经 对 这 间 运输 公司 的 装货 清单 有一些 经验 的 迈 克 说。 他 走向 在 那个 门 做工 的 装货 工人，并把 装货 清单 给 他。 装货 工人 很 快 地 把 五 个 箱子 装入 他们 的 货车 里。 迈 克 小心 地 检查 箱子。 所有 箱子 上 的 号码 都 在 装货 清单 里。

“ wǒmen yīdìngyào xiān jiǎnchá zhuānghuò qīngdān, ” yǐjīng duì zhè jiān yùnshū gōngsī de zhuānghuò qīngdān yǒuyīxiē jīngyàn de mài kè shuō。 tā zǒuxiàng dzài nàge mén zuògōng de zhuānghuò gōngrén, bìngbǎ zhuānghuò qīngdān gěi tā。 zhuānghuò gōngrén hěn kuài de bǎ wǔ gè xiāngzi zhuāngrù tāmen de huòchē lǐ。 mài kè xiǎoxīn de jiǎnchá xiāngzi。 suǒyǒu xiāngzi shàng de hàomǎ dōu zài zhuānghuò qīngdān lǐ。

“ 号码 是 对 的。 我们 现在 可以 走 了，” 迈 克 说。

“ 好 吧，” 明 说， 并 启动 引擎，“ 我 想 我们 现在 可以 洗 货车 了。 离 这里 不 远 有 一 个 适合 的 地方。”

“ hàomǎ shì duì de。 wǒmen xiànzài kěyǐ zǒu le, ” mài kè shuō。

“ hǎo ba, ” míng shuō, bìng qǐdòng yǐnqíng, “ wǒ xiǎng wǒmen xiànzài kěyǐ xǐ huòchē le。 lí zhèlǐ bù yuǎn yǒu yī gè shìhé de dìfāng。 ”

他们 在 五 分钟 之后 就 到达 海边 了。

“ 你 想要 在 这里 洗 货车？” 迈 克 惊讶 地 问。

“ 是 啊！ 这 是 一 个 很 好 的 地方，不是吗？” 明 说。

“ 那 我们 应该 从 哪里 拿 水桶 呢？” 迈 克 问。

tāmen zài wǔ fēnzhōng zhīhòu jiù dàodá hǎibiān le。

“ nǐ xiǎngyào zài zhèlǐ xǐ huòchē？” mài kè jīngyà de wèn。

achten und dann an der neunten. Ming fährt zur zehnten Verladetür und hält an.

„Wir müssen erst die Ladeliste kontrollieren", sagt Mike, der schon etwas Erfahrung mit den Ladelisten in dieser Firma hat. Er geht zum Verlader, der an der Tür arbeitet, und gibt ihm die Ladeliste. Der Verlader lädt schnell fünf Kisten in ihren Laster. Mike kontrolliert die Kisten sorgfältig. Alle Kisten haben Nummern von der Ladeliste.

„Die Nummern stimmen. Wir können jetzt gehen", sagt Mike.

„Okay", sagt Ming und macht den Motor an. „Ich denke, wir können jetzt den Laster waschen. Nicht weit von hier ist ein passender Ort".

Nach fünf Minuten kommen sie an die Küste.

„Willst du den Laster hier waschen?", fragt Mike überrascht.

„Ja! Schöner Platz, nicht?", sagt Ming.

„Und woher bekommen wir einen Eimer?", fragt Mike.

„Wir brauchen keinen Eimer. Ich

“ shì ā！ zhè shì yī gè hěn hǎo de dìfang， bùshìma？” míng shuō。
“ nà wǒmen yīnggāi cóng nǎlǐ ná shuǐtǒng ne？” mài kè wèn。
“ 我们 不需要 任何 水桶。 我 会将 车开 到 离海 很 近 的地方。 我们 从 海里 拿 水，” 明 说 着， 并 开 到 非常 靠近 水 的 那里。 前面 的 轮胎 进入 水里， 海浪 冲 过 它们。
“ 一起 出去， 开始 洗 吧，” 迈 克 说。
“ wǒmen bù xūyào rènhé shuǐtǒng。 wǒ huìjiāng chēkāi dào líhǎi hěn kàojìn dedìfāng。 wǒmen cóng hǎilǐ ná shuǐ，” míng shuō zhe， bìng kāi dào fēicháng kàojìn shuǐ de nàli。 qiánmiàn de lúntāi jìnrù Shuǐlǐ， hǎilàng chōng guò tāmen。
“ yīqǐ chūqù， kāishǐ xǐ ba，” mài kè shuō。
“ 等一下。 我 再 开 近 一点儿，” 明 说 着， 并 又开 了 一 到 两 米，“ 现在 比较 好了。”
接着， 一 个 更 大 的 海浪 来 了， 水 把 货车 提 了起来， 并把 它 慢慢 地带 进 海里 了。
“ 停！ 明， 把 货车 停下！” 迈 克 喊道，“ 我们 已经 在 水里 了！ 请 停下！”
“ děngyīxià。 wǒ zài kāi jìn yīdiǎner，” míng shuō zhe， bìng yòu kāi le yī dào liǎng mǐ，“ xiànzài bǐjiào hǎole。”
jiēzhe， yī gè gèng dà de hǎilàng lái le， shuǐ bǎ huòchē tí le qǐlái， bìngbǎ tā mànmàn dedài jìn hǎilǐ le。
“ tíng！ míng， bǎ huòchē tíngxià！” mài kè hǎndào，“ wǒmen yǐjīng zài Shuǐlǐ le！ qǐng tíngxià！”
“ 它 停 不下！！” 明 喊道， 并 用尽 他 所有 的 力气 踩 着 刹车 器，“ 我 不能 让它停下！”
货车 慢慢 地 飘浮 在 海里 越来越 远， 好像 一 艘 小船 在 海浪 上 荡漾 着。

（ 待 续 ）

“ tā tíng bùxià！！” míng hǎndào， bìng yòngjìn tā suǒyǒu de lìqi cǎi zhe shāchē qì，“ wǒ bùnéng ràngtātíngxià！”
huòchē mànmàn de piāofú zài hǎilǐ yuèláiyuè yuǎn， hǎoxiàng yī sōu xiǎochuán zài hǎilàng shàng dàngyàng zhe。

（ dài xù ）

fahre ganz nah ans Meer. Wir nehmen das Wasser aus dem Meer", sagt Ming und fährt ganz nah ans Wasser. Die Vorderräder stehen im Wasser und die Wellen umspülen sie.
„Lass uns aussteigen und anfangen, zu waschen", sagt Mike.
„Warte kurz, ich fahre noch etwas näher ran", sagt Ming und fährt ein, zwei Meter weiter. „So ist es besser".
Da kommt eine größere Welle und das Wasser hebt den Laster ein bisschen nach oben und trägt ihn langsam weiter ins Meer.
„Stopp! Ming, halte den Laster an!", ruft Mike. „Wir sind schon im Wasser! Bitte, halte an!"
„Er hält nicht an!", ruft Ming und tritt mit aller Kraft die Bremse. „Ich kann ihn nicht anhalten."
Der Laster treibt langsam weiter aufs Meer und schaukelt auf den Wellen wie ein kleines Schiff.

(Fortsetzung folgt)

第二十章
Kapitel 20

明和迈克洗货车（第二部）
Ming und Mike waschen den Laster (Teil 2)

A

单词
Vokabeln

1. 岸边 àn biān - die Küste
2. 把舵 bǎ duò - lenken
3. 不断 bù duàn; 不变 bù biàn - beständig
4. 辞退 cí tuì - feuern
5. 从未 cóng wèi; 从不 cóng bù - nie
6. 大笑 dà xiào - lachen
7. 二十 五 èr shí wǔ - fünfundzwanzig
8. 发生 fā shēng - passieren, passiert
9. 风 fēng - der Wind
10. 恢复 健康 huī fù jiàn kāng - gesund pflegen
11. 记者 jì zhě - der Journalist
12. 解放 自由 jiě fàng zìyóu - freisetzen
13. 精彩 jīng cǎi; 美好 měi hǎo - wunderbar
14. 鲸鱼 jīng yú - der Wal; 杀人鲸 shā rén jīng - der Schwertwal
15. 救援 服务 jiù yuán fúwù - der Rettungsdienst
16. 康复 中心 kāng fù zhōng xīn - Rehabilitationszentrum
17. 控制 kòng zhì - die Kontrolle, kontrollieren
18. 例子 lì zi; 例如 lì rú - das Beispiel

19. 流动 liú dòng - der Fluss
20. 明天 míng tiān - morgen
21. 鸟 niǎo - der Vogel
22. 漂浮 piāo fú - treiben
23. 前 qián; 之前 zhī qián - vor, vorher; 一年前 yī nián qián - vor einem Jahr
24. 钱 qián; 金钱 jīn qián - das Geld
25. 亲爱 的 qīn ài de - lieber, liebe
26. 清洗 qīng xǐ - gesäubert
27. 情况 qíng kuàng; 状况 zhuàng kuàng - die Situation
28. 杀手 shā shǒu - der Mörder
29. 摄影 shè yǐng; 拍照 pāi zhào - fotografieren; 摄影师 shè yǐng shī - der Fotograf
30. 是 shì - ist, war, waren
31. 通知 tōng zhī - informieren, mitteilen
32. 吞 tūn - (hinunter) schlucken
33. 喂 wèi - füttern
34. 享受 xiǎng shòu - Spaß haben, genießen
35. 想要 xiǎng yào - wollen
36. 演讲 yǎn jiǎng - die Rede
37. 仪式 yí shì; 典礼 diǎn lǐ - die Feier
38. 意外 yì wài - der Unfall
39. 油 yóu - das Öl
40. 油轮 yóu lún - der Tanker
41. 游泳 yóu yǒng - schwimmen
42. 右 yòu - rechts
43. 拯救 zhěng jiù - retten
44. 左 zuǒ - links

B

明和迈克洗货车（第二部分）

货车 慢慢 地 飘浮 在 海里 越来越 远， 好像 一 艘 小船 在 海浪 上 荡漾 着。
huòchē mànmàn de piāofú zài hǎilǐ yuèláiyuè yuǎn, hǎoxiàng yī sōu xiǎochuán zài hǎilàng shàng dàngyàng zhe。
明 将方向盘 向 左 和 右 转， 踩 着 刹车 器 和 油门。 但是， 他 控制 不了 货车。 一阵 强风 把 它 沿着 海边 推 着。 明 和 迈 克 不知道 要 如何 做。 他们 只能 坐 着 看向 窗 外。 海水 开始 流进去。
“ 一起 出去 坐 在 车顶 吧，” 迈 克 说。
他们 坐 在 车顶。
míng jiāngfāngxiàngpán xiàng zuǒ hé yòu zhuàn, cǎi zhe shāchē qì hé yóumén。 dànshì, tā kòngzhì bùliǎo huòchē。 yīzhèn qiángfēng bǎ tā yánzhe hǎibiān tuī zhe。 míng hé mài kè bù zhīdào yào rúhé zuò。 tāmen zhǐnéng zuò zhe kànxiàng chuāng wài。 hǎishuǐ kāishǐ liújìnqù。

Ming und Mike waschen den Laster (Teil 2)

Der Laster treibt langsam weiter aufs Meer und schaukelt auf den Wellen wie ein kleines Schiff. Ming lenkt nach links und nach rechts, während er auf die Bremse und aufs Gas tritt. Aber er kann den Laster nicht kontrollieren. Ein starker Wind trägt ihn die Küste entlang. Ming und Mike wissen nicht, was sie tun sollen. Sie sitzen einfach da und schauen aus dem Fenster. Das Meerwasser beginnt, rein zu laufen. „Lass uns nach draußen gehen und uns aufs Dach setzen", sagt Mike. Sie setzen sich aufs Dach.

" yīqǐ chūqù zuò zài chēdǐng ba, " mài kè shuō。
tāmen zuò zài chēdǐng。
" 我 在想 孙 先生 会 说 什么？" 迈 克 说。
货车 慢慢 地 飘 离 岸边 大约 二十 米。 一些 在 岸边 的 人 停下来， 并 惊讶 地 看 着 它。
" 孙 先生 可能 会 辞退 我们，" 明 回答。
"wǒ zàixiǎng sūn xiānsheng huì shuō shénme？" mài kè shuō。
huòchē mànmàn de piāo lí ànbiān dàyuē èrshí mǐ。 yīxiē zài ànbiān de rén tíngxiàlái， bìng jīngyà de kàn zhe tā。
" sūn xiānshēng kěnéng huì cítuì wǒmen， " míng huídá。
与此同时， 学院 的 负责人， 吴 先生 来到 他 的 办公室。 秘书 对 他 说 今天 将会 有 一 个 仪式。 他们 将会 放生 两 只 已 康复 的 海鸟。 康复 中心 的 员工 在 油轮 意外 之后 把 它们 的 油渍
清洗 好。 意外 发生 在 一 个 月 之前。 吴 先生 必须 在 那里 发表 一 个 演讲。 仪式 在 二十 五 分钟 之后 开始。
yǔcǐtóngshí， xuéyuàn de fùzérén， wú xiānshēng láidào tā de bàngōngshì。 mìshū duì tā shuō jīntiān jiānghuì yǒu yī gè yíshì。 tāmen jiānghuì fàng shēng liǎng zhǐ yǐ kāngfù de hǎiniǎo。 kāngfù zhōngxīn de yuángōng zài yóulún yìwài zhīhòu bǎ tāmen de yóu zì qīngxǐ hǎo。 yìwài fāshēng zài yī gè yuè zhīqián。 wú xiānsheng bìxū zài nàli fābiǎo yī gè yǎnjiǎng。 yíshì zài èrshí wǔ fēnzhōng zhīhòu kāishǐ。
吴 先生 和 他 的 秘书 搭 了 一 辆 计程车， 并 在 十分 钟 之后 到达 仪式 的 地点。 这 两 只 鸟 已经 在 那里。 现在， 它们 已经 不像 平时 那么 白 了。 但是， 它们 现在 又 可以 游泳 和 飞翔。 那里 现在 有 很 多 人， 记者， 摄影师。 在 两分钟 之后， 仪式 就 开始 了。 吴 先生 开始 他 的 演讲。
wú xiānshēng hé tā de mìshū dā le yī liàng jìchéngchē, bìng zài shífēn zhōng zhīhòu dàodá yíshì de dìdiǎn。 zhè liǎng zhī niǎo yǐjīng zài nàlǐ。 xiànzài， tāmen

„Ich frage mich, was Herr Sun sagen wird", sagt Mike.
Der Laster treibt langsam etwa zwanzig Meter von der Küste entfernt. Einige Leute an der Küste bleiben stehen und schauen verwundert.
„Herr Sun wird uns wohl feuern", antwortet Ming.
In der Zwischenzeit kommt der Direktor der Universität, Herr Wu, in sein Büro. Die Sekretärin sagt ihm, dass es heute eine Feier gibt. Sie werden zwei Vögel nach deren Genesung freisetzen. Arbeiter des Rehabilitationszentrums haben sie nach dem Unfall mit dem Tanker von Öl gesäubert. Der Unfall passierte vor einem Monat. Herr Wu muss dort eine Rede halten. Die Feier beginnt in fünfundzwanzig Minuten.
Herr Wu und seine Sekretärin nehmen ein Taxi und kommen nach zehn Minuten am Ort der Feier an. Die zwei Vögel sind bereits da. Jetzt sind sie nicht so weiß wie normalerweise. Aber sie können wieder schwimmen und fliegen. Es sind viele Menschen, Journalisten und Fotografen da. Zwei Minuten später beginnt die Feier. Herr Wu

yǐjīng bù xiàng píngshí nàme bái le。 dànshì， tāmen xiànzài yòu kěyǐ yóuyǒng hé fēixiáng。 nàli xiànzài yǒu hěn duō rén， jìzhě， shèyǐngshī。 zài liǎng fēnzhōng zhīhòu， yíshì jiù kāishǐ le。 wú xiānsheng kāishǐ tā de yǎnjiǎng。

“ 亲爱 的 朋友 们！” 他 说，“ 一 个 月 前， 油轮 的 意外 发生 在 这里。 现在， 我们 一定要 使 很 多 鸟 和 动物 恢复。 这 会 花费 很 多 钱。 例如 ： 这些 鸟 每一 只 恢复 需 花费 五 千 元！ 而且 我 很 荣幸 通知 你们， 经过 一 个 月 的 恢复， 这 两 只 美好 的 鸟 将会 被 放生。”

“ qīn'ài de péngyou men！” tā shuō，“ yī gè yuè qián， yóulún de yìwài fāshēng zài zhèlǐ。 xiànzài， wǒmen yīdìngyào shǐ hěn duō niǎo hé dòngwù huīfù。 zhè huì huāfèi hěn duō qián。 lìrú ： zhèxiē niǎo měiyī zhī huīfù xū huāfèi wǔ qiān yuán！ érqiě wǒ hěn róngxìng tōngzhī nǐmen， jīngguò yī gè yuè de huīfù， zhè liǎng zhǐ měihǎo de niǎo jiānghuì bèi fàng shēng。”

两 个 男人 拿 着 一 个 装 着 鸟 的 盒子， 把 它 带到 水上， 并 打开 它。 鸟 从 盒子 里 出来， 接着 跳进 水里，游泳。 摄影师 们 在 拍照。 记者 们 向 康复 中心 的 员工 们 询问 关于 动物的事。

liǎng gè nánrén ná zhe yī gè zhuāng zhe niǎo de hézi， bǎ tā dàidào shuǐshàng， bìng dǎkāi tā。 niǎo cóng hézi lǐ chūlái， jiēzhe tiàojìn Shuǐlǐ, yóuyǒng。 shèyǐngshī men zài pāizhào。 jìzhě men xiàng kāngfù zhōngxīn de yuángōng men xúnwèn guānyú dòngwù de shì。

突然间， 一 只 大 杀人鲸 上来了， 快速 地 吞 了 那 两 只 鸟， 又 下去 了。 所有 的 人 都 看 向 刚才 鸟 所在 的 地方。 学院 的 负责人 不能 相信 他 的 眼睛。 杀人鲸 又 再 上来 寻找 更 多 的 鸟。 因为 没有 其他 的 鸟 在 那里， 它 又 下去 了。 吴 先生 现在 一定 要 完成 他 的 演讲。

tūránjiān， yī zhǐ dà shārénjīng shànglái le， kuàisù de tūn le nà liǎng zhǐ niǎo， yòu xiàqù le。 suǒyǒu de rén dōu kàn xiàng gāngcái niǎo suǒzài de dìfang。 xuéyuàn

beginnt seine Rede.

„Liebe Freunde”, sagt er. „Vor einem Monat passierte an dieser Stelle der Unfall mit dem Tanker. Wir müssen jetzt viele Vögel und Tiere gesund pflegen. Das kostet viel Geld. Die Rehabilitation dieser zwei Vögel zum Beispiel kostet fünftausend Yuan. Und es freut mich, Ihnen mitteilen zu können, dass diese zwei wunderbaren Vögel nach einem Monat Rehabilitation freigesetzt werden.”

Zwei Männer nehmen die Kiste mit den Vögeln, bringen sie zum Wasser und öffnen sie. Die Vögel kommen aus der Kiste, springen ins Wasser und schwimmen. Die Fotografen machen Fotos. Die Journalisten befragen Arbeiter des Rehabilitationszentrums über die Tiere.

Plötzlich taucht ein großer Schwertwal auf, schluckt schnell die zwei Vögel hinunter und verschwindet wieder. Alle Leute sehen auf die Stelle, an der die Vögel zuvor gewesen waren. Der Direktor der Universität traut seinen Augen nicht. Der Schwertwal taucht wieder auf und sucht nach mehr Vögeln. Da es keine Vögel mehr

de fùzérén bùnéng xiāngxìn tā de yǎnjing。 shārénjīng yòu zài shànglái xúnzhǎo gèng duō de niǎo。 yīnwèi méiyǒu qítā de niǎo zài nàli, tā yòu xiàqù le。 wú xiānsheng xiànzài yīdìng yào wánchéng tā de yǎnjiǎng。

“ 啊 …” 他 选择 适合 的 词语，“ 精彩 不变 的 生命 流动 从未 停止。 比较 大 的 动物 吃 比较 小的 动物 一直不停…啊…那是 什么？” 他 说 并 看 着 水面。 所有 的 人 看 向 那里， 只 见 一 辆 大 货车 沿着 岸边 漂浮 着， 好像 一 艘 小船 在 海浪 上 荡漾 着。 两 个 男子 坐 在 上面 看 着 仪式 的 地点。

“ ā …” tā xuǎnzé shìhé de cíyǔ, “ jīngcǎi bùbiàn de shēngmìng liúdòng cóngwèi tíngzhǐ。 bǐjiào dà de dòngwù chī bǐjiào xiǎode dòngwù yī zhíbùtíng …ā…nàshi shénme？” tā shuō bìng kàn zhe shuǐ miàn。 suǒyǒu de rén kàn xiàng nàli, zhǐ jiàn yī l iàng dà huòchē yánzhe ànbiān piāofú zhe, hǎoxiàng yī sōu xiǎochuán zài hǎilàng shàng dàngyàng zhe。 liǎng gè nánzǐ zuò zài shàngmian kàn zhe yíshì de dìdiǎn。

“ 您好， 吴 先生，” 迈 克 说，“ 为什么 你 用 鸟 来 喂 杀人鲸？”

“ 你好， 迈 克，” 吴 先生 回答，“ 你们 在 那里 做 什么， 男生 们？”

“ 我们 想要 洗 货车，” 明 回答。

“ 我 明白 了，” 吴 先生 说。 有一些 人 开始 乐在其中。 他们 开始 大笑。

“ nínhǎo, wú xiānsheng, ” mài kè shuō, “ wèishénme nǐ yòng niǎo lái wèi shārénjīng？”

“ nǐhǎo, mài kè, ” wú xiānsheng huídá, “ nǐmen zài nàli zuò shénme, nánshēng men？”

“ wǒmen xiǎngyào xǐ huòchē, ” míng huídá。

“ wǒ míngbai le, ” Wú xiānsheng shuō。 yǒuyīxiē rén kāishǐ lèzàiqízhōng。 tāmen kāishǐ dàxiào。

“ 好 吧， 我 现在 会 打电话 叫 救援 服务。 他们 会 把 你们 从 水里 救 出来。 还有， 明天 我 要 在 我 的 办公室 里 见 你们，” 学院 的 负责人 说， 并 打电话 叫 救援 服务。

“ hǎo ba, wǒ xiànzài huì dǎdiànhuà jiào jiùyuán fúwù。 tāmen huì bǎ nǐmen cóng Shuǐlǐ jiù chūlái。

gibt, verschwindet er wieder. Herr Wu muss seine Rede beenden.

„Ähm...” Er sucht nach passenden Worten. „Der wundervolle, beständige Fluss des Lebens hört nie auf. Größere Tiere essen kleinere Tiere und so weiter... Ähm... Was ist das?”, fragt er aufs Wasser schauend. Alle schauen aufs Wasser und sehen einen großen Laster, der die Küste entlang treibt und auf den Wellen schaukelt wie ein Schiff. Zwei Jungen sitzen auf ihm und schauen zum Platz der Feier.

„Hallo Herr Wu”, sagt Mike. „Warum füttern Sie Schwertwale mit Vögeln?”

„Hallo Mike”, antwortet Herr Wu. „Was macht ihr da, Jungs?”

„Wir wollten den Laster waschen”, sagt Ming.

„Ich verstehe”, sagt Herr Wu. Einige Leute beginnen, an der Situation ihren Spaß zu haben. Sie fangen an zu lachen.

„Gut, ich rufe jetzt den Rettungsdienst. Der wird euch aus dem Wasser holen. Und ich möchte euch morgen in meinem Büro sehen”, sagt der Direktor der Universität und ruft den Rettungsdienst.

háiyǒu， míngtiān wǒ yào zài wǒ de bàngōngshì lǐ jiàn nǐmen，” xuéyuàn de fùzérén shuō， bìng dǎdiànhuà jiào jiùyuán fúwù。

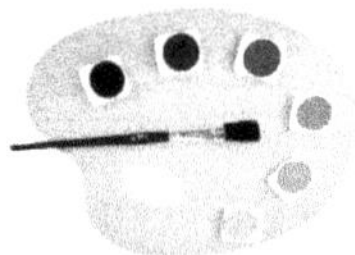

第二十一章
Kapitel 21

一堂课
Eine Unterrichtsstunde

 A

单词
Vokabeln

1. 当心 dāng xīn - sich kümmern um
2. 倒 dǎo - schütten, gießen
3. 电视机 diàn shì jī - der Fernseher
4. 东西 dōng xi - das Ding, die Sache
5. 这个 东西 zhè ge dōngxi; 这 件 事情 zhè jiàn shìqing - diese Sache
6. 反而 fǎn ér - stattdessen
7. 父母 fù mǔ - die Eltern
8. 罐子 guàn zi - der Krug
9. 还是 hái shi - noch, weiterhin
10. 孩子 hái zi - die Kinder
11. 花费 huā fèi; 耗费 hào fèi - ausgeben, verwenden
12. 健康 jiàn kāng - die Gesundheit
13. 较少 jiào shǎo - weniger
14. 一直 yī zhí - immer
15. 教室 jiàoshì - die Klasse
16. 空 kōng - leer
17. 没有 méi yǒu - ohne
18. 没有 一 个 字 méi yǒu yī gè zì - wortlos
19. 男朋友 nán péng you - der Freund
20. 女朋友 nǚ péng you - die Freundin
21. 其他 qí tā - anders, sonst
22. 轻微 地 qīng wēi dì - leicht
23. 沙 shā - der Sand
24. 剩下 shèng xià - (übrig) bleiben

25. 失去 shī qù - verlieren
26. 石头 shí tou - der Stein
27. 小 xiǎo - klein
28. 幸福 xìng fú - das Glück, glücklich
29. 医疗 yī liáo - medizinisch
30. 真正 zhēn zhèng - wirklich
31. 之间 zhī jiān - zwischen
32. 重要 zhòng yào - wichtig
33. 注意力 zhù yìl ì; 关注 guān zhù - die Aufmerksamkeit
34. 注意 zhù yì - achten auf

B

一堂课

学院 的 负责人 站 在 班级前面。 在 他 前面 的 桌子 上 有一些 盒子 和 其他 东西。 当 开始 上课 时， 他 拿 了 一 个 空 的 罐子， 一 个 字 也 没说就 把 大 石头 装进去。

xuéyuàn de fùzérén zhàn zài bānjíqiánmiàn。 zài tā qiánmiàn de zhuōzi shàng yǒuyīxiē hézi hé qítā dōngxi。 dāng kāishǐ shàng kè shí， tā ná le yī gè kōng de guànzi， yī gè zì yě méishuōjìu bǎ dà shítou zhuāngjìnqù。

“ 你们 认为 罐子 已经 满 了 吗？ ” 吴 先生 问 学生 们。

“ 是的， 它 是， ” 学生 们 肯定。 然后， 他 拿 了 一 盒 非常 小的 石头， 把 它们 倒 入 罐子 里。 他 轻微 地 摇 着 罐子。 小 石头 自然 填满 了 大 石头 之间 的 空间。

“ nǐmen rènwéi guànzi yǐjīng mǎn le ma？” wú xiānsheng wèn xuéshng men。

“ shìde， tā shì， ” xuésheng men kěndìng。 ránhòu， tā ná le yī hé fēicháng xiǎode shítou， bǎ tāmen dǎo rù guànzi lǐ。 tā qīngwēi de yáo zhe guànzi。 xiǎo shítou zìrán tiánmǎn le dà shítou zhījiān de kōngjiān。

“ 现在 你们 认为 怎样 呢？ 罐子 已经 满 了， 不是吗？ ” 吴 先生 又 再 问 他们。

“ 是的， 它 是。 它 现在 是 满 的 了， ” 学生 们 又 再 肯定。 他们 开始 享受 这 堂 课。 他们 开始 大笑。 接着， 吴 先生 拿 着 一 盒 沙， 并把 它 倒 入 罐子 里。 当然， 沙 填满 了 所有 剩下 的 空间。

Eine Unterrichtsstunde

Der Direktor der Universität steht vor der Klasse. Auf dem Tisch vor ihm liegen Kisten und andere Dinge. Als der Unterricht beginnt, nimmt er einen großen, leeren Krug und füllt ihn wortlos mit großen Steinen.

„Meint ihr, dass der Krug schon voll ist?“, fragt Herr Wu die Studenten.

„Ja, das ist er“, stimmen die Studenten zu.

Da nimmt er eine Kiste mit sehr kleinen Steinen und schüttet sie in den Krug. Er schüttelt den Krug leicht. Die kleinen Steine füllen natürlich den Platz zwischen den großen Steinen.

„Was meint ihr jetzt? Der Krug ist voll, oder nicht?“, fragt Herr Wu sie wieder.

„Ja, das ist er. Er ist jetzt voll“, stimmen die Studenten wieder zu.

Der Unterricht beginnt, ihnen Spaß

“ xiànzài nǐmen rènwéi zěnyàng ne？ guànzi yǐjīng mǎn le， bùshìma？” wú xiānsheng yòu zài wèn tāmen。
“ shìde， tā shì。 tā xiànzài shì mǎn de le， ” xuéshēng men yòu zài kěndìng。 tāmen kāishǐ xiǎngshòu zhè táng kè。 tāmen kāishǐ dàxiào。 jiēzhe， wú xiānsheng ná zhe yī hé shā， bìngbǎ tā dǎo rù guànzi lǐ。 dāngrán， shā tiánmǎn le suǒyǒu shèngxià de kōngjiān。
“ 现在， 我 要 你们 把 这个 罐子 想 成 一个人 的 人生。 大 的 石头 是 重要 的 东西 - 你们 的 家庭， 你们 的 女朋友 和 男朋友， 你们 的 健康， 你们 的 儿女， 你们 的 父母 - 那些 如果 你们 失去 一切 只要 还有 他们， 你们 的 生命 还是 会 完整 的东西。
“ xiànzài， wǒ yào nǐmen bǎ zhège guànzi xiǎng chéng yīgèrén de rénshēng。 dà de shítou shì zhòngyào de dōngxi - nǐmen de jiātíng， nǐmen de nǚpéngyǒu hé nánpéngyǒu， nǐmen de jiànkāng， nǐmen de érnǚ， nǐmen de fùmǔ - nàxiē rúguǒ nǐmen shīqù yīqiè zhǐyào háiyǒu tāmen， nǐmen de shēngmìng háishi huì wánzhěng de dōngxi。
小 石头 是 其他 比较 重要 的 东西。 这些 东西 就 好像 你们 的 房子， 你们 的 工作， 你们 的 车。 沙 是 所有 其他 的 东西 - 小 事情。 如果 你 先 把 沙 放 入 罐子 里， 这样 就 没有 空间 给 小 或 大 石头。 人生 也 是 一样 的。
xiǎo shítou shì qítā bǐjiào bù zhòngyào de dōngxi。 zhèxiē dōngxi jiù hǎoxiàng nǐmen de fángzi， nǐmen de gōngzuò， nǐmen de chē。 shā shì suǒyǒu qítā de dōngxi - xiǎo shìqing。 rúguǒ nǐ xiān bǎ shā fàng rù guànzi lǐ， zhèyàng jiù méiyǒu kōngjiān gěi xiǎo huò dà shítou。 rénshēng yě shì yīyàng de。
如果 你们 花费 你们 全部 的 时间 和 精力 在 小 事情 上， 你们 永远 都 没有 空间 给 对 你们 重要 的 东西。 注意 对 你们 的 幸福 最 重要 的 东西。 和 你们 的 儿女 或 父母 一起 玩。 花 一些 时间 去 做 体检。 带 你们 的 女朋友 或 男朋友 去 咖啡厅。
rúguǒ nǐmen huāfèi nǐmen quánbù de shíjiān hé jīnglì zài xiǎo shìqing shàng， nǐmen yǒngyuǎn dōu méiyǒu kōngjiān gěi duì nǐmen zhòngyào de dōngxi。 zhùyì duì

zu machen. Sie lachen.
Da nimmt Herr Wu eine Kiste mit Sand und schüttet ihn in den Krug. Der Sand füllt natürlich den restlichen Platz.
„Jetzt möchte ich, dass ihr in diesem Krug das Leben seht. Die großen Steine sind wichtige Dinge - eure Familie, eure Freundin oder euer Freund, Gesundheit, Kinder, Eltern - Dinge, die euer Leben, wenn ihr alles verliert und nur sie bleiben, weiterhin füllen. Kleine Steine sind andere Dinge, die weniger wichtig sind. Dinge wie euer Haus, Job, Auto. Der Sand ist alles andere - die kleinen Dinge. Wenn ihr zuerst Sand in den Krug füllt, bleibt kein Platz für kleine oder große Steine. Das Gleiche gilt fürs Leben. Wenn ihr eure ganze Zeit und Energie für die kleinen Dinge verwendet, werdet ihr nie Platz für die Dinge haben, die euch wichtig sind. Achtet auf Dinge, die für euer Glück am wichtigsten sind. Spielt mit euren Kindern oder Eltern. Nehmt euch die Zeit für medizinische Untersuchungen. Geht mit eurer Freundin oder eurem Freund ins Café. Es wird immer Zeit bleiben, um zu

nǐmen de xìngfú zuì zhòngyào de dōngxi。 hé nǐmen de érnǚ huò fùmǔ yīqǐ wán。 huā yīxiē shíjiān qù zuò tǐjiǎn。 dài nǐmen de nǚpéngyou huò nánpéngyou qù kāfēitīng。

总会 有 时间 去 工 作， 打扫 屋子 和 看 电视机，” 吴 先生 说，“ 先 照顾 好 大 石头 – 真正 重要 的 事情。 其他 一切 只是 沙，” 他 看 着 学生 们，“ 现在， 迈 克 和 明， 什么 对 你们 是 比较 重要 的 – 洗 一 辆 货车 或 你们 的 人生？ 你们 在 一 辆 货车 里， 漂浮 在 海上， 好像 一 艘 船， 就 只 因为 你们 想要 洗 货车。 你们 认为 没有 其他 方法 洗 它 了 吗？”

zǒng yǒu shíjiān qù gōngzuò， dǎsǎo wūzi hé kàn diànshìjī，” wú xiānsheng shuō，“ xiān zhàogu hǎo dà shítou - zhēnzhèng zhòngyào de shìqing。 qítā yīqiè zhǐshì shā，” tā kàn zhe xuésheng men，“ xiànzài， mài kè hé míng， shénme duì nǐmen shì bǐjiào zhòngyào de - xǐ yī liàng huòchē huò nǐmen de rénshēng? nǐmen zài yī liàng huòchē lǐ， piāofú zài hǎishàng， hǎoxiàng yī sōu chuán， jiù zhǐ yīnwèi nǐmen xiǎngyào xǐ huòchē。 nǐmen rènwéi méiyǒu qítā fāngfǎ xǐ tā le ma?”

“ 不， 我们 并不 这么 认为，” 明 说。

“ 你们 相反 可以 在 一 间 清洗 站 洗 货车， 不是吗？” 吴 先生 说。

“ 是的， 我们 可以，” 学生 们 说。

“ 你 一定要 先 想 好 才 做 某些 事情。 你们 必须 要 常常 注意 大 石头， 对 吗？”

“ 是的， 我们 一定 会，” 学生 们 回答。

“ bù， wǒmen bìngbù zhème rènwéi，” míng shuō。

“ nǐmen xiāngfǎn kěyǐ zài yī jiān qīngxǐ zhàn xǐ huòchē， bùshìma？” Wú xiānsheng shuō。

“ shìde， wǒmen kěyǐ，” xuésheng men shuō。

“ nǐ yīdìngyào xiān xiǎng hǎo cái zuò mǒuxiē shìqing。 nǐmen bìxū yào chángcháng zhùyì dà shítou， duì ma？”

“ shìde， wǒmen yīdìng huì，” xuésheng men huídá。

arbeiten, das Haus zu putzen oder fernzusehen", sagt Herr Wu.

„Kümmert euch erst um die großen Steine - um die Dinge, die wirklich wichtig sind. Alles andere ist nur Sand." Er sieht die Studenten an. „Nun, Mike und Ming, was ist euch wichtiger - einen Laster zu waschen oder euer Leben? Ihr treibt auf einem Laster im Meer wie auf einem Schiff, nur weil ihr den Laster waschen wolltet. Glaubt ihr, dass es keine andere Ort gibt, ihn zu waschen?"

„Nein, das glauben wir nicht", sagt Ming.

„Man kann einen Laster stattdessen in einer Waschanlage waschen, nicht wahr?", sagt Herr Wu.

„Ja, das kann man", sagen die Studenten.

„Ihr müsst immer erst nachdenken, bevor ihr handelt. Ihr müsst euch immer um die großen Steine kümmern, okay?"

„Ja, das müssen wir", antworten die Studenten.

第二十二章
Kapitel 22

希若西在一间出版社工作
Hirori arbeitet in einem Verlag

 A

单词
Vokabeln

1. 报纸 bào zhǐ - die Zeitung
2. 鼻子 bí zi - die Nase
3. 哔 声 bì shēng - der Piepton
4. 不同 bù tóng; 不一样 bùyīyàng - verschieden
5. 创意 chuàng yì - kreativ
6. 答录机 dá lù jī - der Anrufbeantworter
7. 打电话 dǎ diàn huà - anrufen
8. 得到 dé dào - bekommen
9. 等等 děng děng - usw.; 协调性 xié tiáo xìng - die Koordination
10. 公司 gōng sī - die Firma
11. 故事 gù shi - die Geschichte
12. 顾客 gù kè - der Kunde
13. 规则 guī zé - die Regel
14. 冷 lěng - kalt
15. 寒冷 hán lěng - die Kälte
16. 黑暗 hēi àn - dunkel, die Dunkelheit
17. 嗨 hāi - hallo, hi
18. 户外 hù wài; 室外 shìwài - draußen
19. 记录 jì lù - aufnehmen
20. 技能 jì néng; 本领 běn lǐng - die Fähigkeit
21. 既然 jì rán - da, weil
22. 建立 jiàn lì - entwickeln
23. 讲 jiǎng; 说 shuō - sich unterhalten

24. 阶梯 jiē tī - die Treppe
25. 拒绝 jù jué - ablehnen
26. 可能 kě néng - möglich; 尽可能 常常 jǐn kě néng cháng cháng - so oft wie möglich
27. 困难 kùn nan - schwer
28. 卖 mài - verkaufen
29. 没什么 méi shén me - nichts
30. 没有 人 méi yǒu rén - niemand
31. 人类 rén lèi - der Mensch, die Menschheit
32. 三十 sān shí - dreißig
33. 伤心 shāng xīn - traurig
34. 生产 shēng chǎn; 出产 chū chǎn - herstellen
35. 世界 shì jiè - die Welt
36. 睡觉 shuì jiào - schlafen
37. 特别 tè bié; 尤其 yóu qí - vor allem, insbesondere
38. 玩耍 wán shuǎ - spielen
39. 未来 wèi lái - zukünftig, die Zukunft
40. 文章 wén zhāng - der Text
41. 下雨 xià yǔ - der Regen, regnen
42. 有趣 yǒu qù; 可笑 kě xiào - lustig
43. 杂志 zá zhì - die Zeitschrift
44. 至少 zhì shǎo - wenigstens
45. 专业 zhuān yè - der Beruf
46. 撰写 zhuàn xiě - entwerfen, verfassen
47. 准备 好 zhǔn bèi hǎo - fertig
48. 走路 zǒu lù - laufen
49. 作文 zuò wén - der Entwurf, der Text

 **B**

希若西在出版社工作

希 若 西 在 出版社 ‘ 全面 ’ 里 做 一 个 年轻 的 助理。 他 做 写作 的 工作。
“ 希 若 西， 我们 公司 的 名字 是 全面，” 公司 的 负责人， 楚 先生 说，“ 而 这 意味着 我们 可以 为 任何 顾客 做 任何 的 文章 撰写 和 设计 工作。 我们 得到 很 多 来自 报纸 、 杂志 和 其他 顾客 的 订单。 所有 的 订单 都 是 不同 的， 但是 我们 从未 拒绝 任何 一 个。”
xī ruò xī zài chūbǎnshè ‘ quánmiàn ’ lǐ zuò yī gè niánqīng de zhùlǐ。 tā zuò xiězuò de gōngzuò。
“ xī ruò xī， wǒmen gōngsī de míngzi shì quánmiàn， ” gōngsī de fùzérén， chǔ xiānsheng shuō， “ ér zhè yìwèizhe wǒmen kěyǐ wéi rènhé gùkè zuò rènhé de wénzhāng zhuànxiě hé shèjì gōngzuò。 wǒmen dédào hěn duō lái zì bàozhǐ 、 zázhì hé qítā gùkè de dìngdān。 suǒyǒu de dìngdān dōu shì bùtóng de， dànshì wǒmen cóngwèi jùjué rènhé yī gè。 ”
希 若 西 非常 喜欢 这 份 工作 因为 他 可以 提升创意 技能。 他 享受 创意 工作， 像 写作 和

Hirori arbeitet in einem Verlag

Hirori arbeitet als junger Helfer im Verlag ‚All-Round‘. Er erledigt Schreibarbeiten.
„Hirori, unsere Firma heißt ‚All-Round'", sagt der Firmenchef Herr Chu. „Und das heißt, dass wir für jeden Kunden jede Art von Text und Design entwickeln können. Wir bekommen viele Aufträge von Zeitungen, Zeitschriften und anderen Kunden. Alle Aufträge sind verschieden, aber wir lehnen nie einen ab.“Hirori mag diesen Job sehr, da er kreative Fähigkeiten entwickeln kann. Kreative Arbeit

设计。 由于 他 在 学院 里 学习 设计， 这 是 一份 对 他 未来 的 专业 非常 适合 的 工作。 xī ruò xī fēicháng xǐhuan zhè fèn gōngzuò yīnwèi tā kěyǐ tíshnchuàngyì ējìnéng。 tā xiǎngshòu chuàngyì gōngzuò， xiàng xiězuò hé shèjì。yóuyú tā zài xuéyuàn lǐ xuéxí shèjì， zhè shì yī fèn duì tā wèilái de zhuānyè fēicháng shìhé de gōngzuò。	wie Schreiben und Design gefällt ihm. Da er Design an der Universität studiert, ist es ein passender Job für seinen zukünftigen Beruf.
今天， 楚 先生 有一些 新 的 任务 给 他。 “ 我们 有一些 订单。 你 可以 做 其中 的 两 个，” 楚 先生 说，“ 第一 个 订单 是 来自 一 间 电话 公司。 他们 生产 答录机 电话。 他们 需要 一些 关于 答录机 的 有趣 文章。 没什么 可以 比 有趣 的 东西 卖 得 更 好了。 请 撰写四 或 五 篇 文章。” jīntiān， chǔ xiānsheng yǒuyīxiē xīn de rènwu gěi tā。 “ wǒmen yǒuyīxiē dìngdān。 nǐ kěyǐ zuò qízhōng de liǎng gè，” chǔ xiānsheng shuō，“ dìyī gè dìngdān shì lái zì yī jiān diànhuà gōngsī。 tāmen shēngchǎn dálùjī diànhuà。 tāmen xūyào yīxiē guānyú dálùjī de yǒuqù wénzhāng。 méishénme kěyǐ bǐ yǒuqù de dōngxi mài dé gèng hǎole。 qǐng zhuànxiě sì huò wǔ piān wénzhāng。”	Heute hat Herr Chu neue Aufgaben für ihn. „Wir haben einige Aufträge. Du kannst zwei davon erledigen", sagt Herr Chu. „Der erste Auftrag ist von einer Telefonfirma. Sie stellen Telefone mit Anrufbeantwortern her. Sie brauchen ein paar lustige Texte für die Anrufbeantworter. Nichts verkauft sich besser als etwas Lustiges. Entwirf bitte vier, fünf Texte."
“ 它们 必须 要 多 长 呢？” 希 若 西 问。 “ 它们 可以 有 五 至 三十 个 字，” 楚 先生 回答，“ 还有， 第二 个 订单 是 来自 “ 绿色 世界 ” 杂志 的。 这个 杂志 写 关于 动物 、 鸟类 、 鱼类 等等 的文章。 他们 需要 一 篇 关于 任何 居家 动物 的文章。 它 可以 是 有趣 或 伤感 的， 或 只是 一 篇 关于 你 自己 的 动物 的 故事。 你 有 一 只 动物 吗？” “ tāmen bìxū yào duō cháng ne？” xī ruò xī wèn。 “ tāmen kěyǐ yǒu wǔ zhì sānshí gè zì，” chǔ xiānsheng huídá，“ háiyǒu， dì'èr gè dìngdān shì lái zì “ lǜsè shìjiè ” zázhì de。 zhège zázhì xiě guānyú dòngwù 、 niǎolèi 、 yúlèi děngděng de wénzhāng。 tāmen xūyào yī piān guānyú rènhé jūjiā dòngwù dewénzhāng。 tā kěyǐ shì yǒuqù huò shānggǎng de， huò zhǐshì yī piān guānyú nǐ zìjǐ de dòngwù de gùshi。 nǐ yǒu yī zhǐ dòngwù ma？”	„Wie lang müssen sie sein?", fragt Hirori. „Sie können fünf bis dreißig Wörter haben", antwortet Herr Chu. „Der zweite Auftrag ist von der Zeitung ‚Grüne Welt'. Diese Zeitung schreibt über Tiere, Vögel, Fische usw. Sie brauchen einen Text über irgendein Haustier. Er kann lustig oder traurig sein oder einfach eine Geschichte über dein eigenes Haustier. Hast du ein Haustier?"
“ 是的， 我 有。 我 有 一 只 猫。 它 的 名字 是 敏 卡，” 希 若 西 回答，“ 而且， 我 想 我	„Ja, ich habe eine Katze. Sie heißt

可以 写 一 篇 关于 它 的 把戏 的 故事。什么时候 必须 准备 好？”

“ 这 两 个 订单 一定要 在 明天 准备 好，” 楚 先生 回答。

“ shìde， wǒ yǒu。 wǒ yǒu yī zhǐ māo。 tā de míngzi shì mǐn kǎ， ” xī ruò xī huídá，“ érqiě， wǒ xiǎng wǒ kěyǐ xiě yī piān guānyú tā de bǎxì de gùshi。 shénmeshíhou bìxū zhǔnbèi hǎo？”

“ zhè liǎng gè dìngdān yīdìngyào zài míngtiān zhǔnbèi hǎo， ” chǔ xiānsheng huídá。

“ 好 吧。 我 现在 可以 开始 了 吗？” 希 若 西 问。

“ 可以， 希 若 西，” 楚 先生 说。

第二天， 希 若 西 带 那 两 篇 文章 来。 他 有 五 篇 文章 是 关于 答录机 的。 楚 先生 读 它们 ：

“ hǎo ba。 wǒ xiànzài kěyǐ kāishǐ le ma？” xī ruò xī wèn。

“ kěyǐ， xī ruò xī， ” chǔ xiānsheng shuō。

dì'èrtiān， xī ruò xī dài nà liǎng piān wénzhāng lái。 tā yǒu wǔ piān wénzhāng shì guānyú dálùjī de。 chǔ xiānsheng dú tāmen：

1. “ 嗨。 现在 你 可以 说 些 什么。”

2. “ 你好。 我 是 一 台 答录机。 你 是 什么？”

3. “ 嗨。 现在 没有 人 在 家， 但是 我 的 答录机 在。 所以， 你 可以 对 它 说话， 而 不是 我。 请 等 哔 声。”

1. “ hāi。 xiànzài nǐ kěyǐ shuō xiē shénme。”

2. “ nǐhǎo。 wǒ shì yī tái dálùjī。 nǐ shì shénme？”

3. “ hāi。 xiànzài méiyǒu rén zài jiā， dànshì wǒ de dálùjī zài。 suǒyǐ， nǐ kěyǐ duì tā shuōhuà， ér bùshì wǒ。 qǐng děng bì shēng。”

4. “ 这 不是 一 台 答录机。 这 是 一 台 思想 记录 机。 哔 声 过后， 想 着 你 的 名字， 你 打电话 的 原因 和 一 个 我 可以 打 回 给 你 的 号码。 而 我 会 考虑 打 回 给 你。”

5. “ 哔 声 过后， 请 说！ 你 有 权力 保持 沉默。 我 会 记录， 并 使用 你 所 说 的

Minka“, antwortet Hirori. „Und ich denke, ich kann eine Geschichte über ihre Streiche schreiben. Wann sollen sie fertig sein?“

„Diese zwei Aufträge sollen bis morgen fertig sein“, antwortet Herr Chu.

„Gut. Kann ich anfangen?“, fragt Hirori.

„Ja“, sagt Herr Chu.

Hirori bringt die zwei Texte am nächsten Tag. Er hat fünf Texte für den Anrufbeantworter. Herr Chu liest sie:

1. „Hallo. Jetzt musst du etwas sagen“.

2. „Hallo, ich bin ein Anrufbeantworter. Und was bist du?“

3. „Hallo. Außer meinem Anrufbeantworter ist gerade niemand zu Hause. Du kannst dich mit ihm unterhalten, aber nicht mit mir. Warte auf den Piepton“.

4. „Das ist kein Anrufbeantworter. Das ist ein Gedankenaufnahmegerät. Nach dem Piepton denke an deinen Namen, den Grund, aus dem du anrufst, und die Nummer, unter

一切。”
4. “ zhè bùshì yī tái dálùjī。 zhè shì yī tái sīxiǎng jìlù jī。 bì shēng guòhòu， xiǎng zhe nǐ de míngzi， nǐ dǎdiànhuà de yuányīn hé yī gè wǒ kěyǐ dǎ huí gěi nǐ de hàomǎ。 ér wǒ huì kǎolǜ dǎ huí gěi nǐ。”
5. “ bì shēng guòhòu， qǐng shuō！ nǐ yǒu quánlì bǎochí chénmò。 wǒ huì jìlù， bìng shǐyòng nǐ suǒ shuō de yīqiè。”
“ 这 并不 坏。 那么， 动物 的 呢？” 楚 先生 问。 希 若 西 给 他 另一 张 纸。 楚 先生 读：
“ zhè bìngbù huài。 nàme， dòngwù de ne？” chǔ xiānsheng wèn。 xī ruò xī gěi tā lìngyī zhāng zhǐ。 chǔ xiānsheng dú：

der ich dich zurückrufen kann. Und ich werde darüber nachdenken, ob ich dich zurückrufe.“
5. „Sprechen Sie nach dem Piepton! Sie haben das Recht, Ihre Aussage zu verweigern. Ich werde alles, was Sie sagen, aufzeichnen und verwenden.”
„Nicht schlecht. Und was ist mit den Tieren?”, fragt Herr Chu. Hirori gibt ihm ein anderes Blatt. Herr Fox liest:

一些 给 猫 的 规则

yīxiē gěi māo de guīzé

Regeln für Katzen

走路：
尽可能 常常， 跑 快点， 并 尽可能 靠近 人类 的 前面， 尤其是 在 阶梯， 当 他们 有些 东西 在 他们 的 手里， 在 黑暗 里， 和 当 他们 早上 起来 时。 这 可以 训练 他们 的 协调性。
zǒulù：
jǐnkěnéng chángcháng， pǎo kuàidiǎn， bìng jǐnkěnéng kàojìn rénlèi de qiánmiàn， yóuqíshì zài jiētī， dāng tāmen yǒuxiē dōngxi zài tāmen de shǒulǐ， zài hēi'àn lǐ， hé dāng tāmen zǎoshang qilai shí。 zhè kěyǐ xùnliàn tāmen de xié tiáo xìng。
在 床 上：
晚上 常常 在 人类 的 身上 睡觉。 这样， 他 或 她 就 不能 在 床 上 翻转。 尝试 躺 在 他 或 她 的 脸 上。 确定 你 的 尾巴 是 在 他们 的 鼻子 上。
zài chuáng shàng：
wǎnshang chángcháng zài rénlèi de shēnshang shuìjiào。 zhèyàng， tā huò tā jiù bùnéng zài chuáng shàng fānzhuǎn。 chángshì tǎng zài tā huò tā de liǎn shàng。 quèdìng nǐ de wěiba shì zài tāmen de bízi shàng。
睡觉：
为了 要有 很 多 的 力气 来 玩耍， 一 只 猫 一定要 睡 很 久 （ 一 天 至少 十六 个 小时 ）

Laufen:
Renne so oft wie möglich schnell und nahe an einem Menschen vorbei, vor allem: auf Treppen, wenn sie etwas tragen, im Dunkeln und wenn sie morgens aufstehen. Das trainiert ihre Koordination.
Im Bett:
Schlafe nachts immer auf dem Menschen, damit er sich nicht umdrehen kann. Versuche, auf ihrem oder seinem Gesicht zu liegen. Vergewissere dich, dass dein Schwanz genau auf seiner Nase liegt.
Schlafen:
Um genug Energie zum Spielen zu haben, muss eine Katze viel

找 一 个 适合 的 地方 来 睡觉 并不 难。 人类 喜欢 坐 的 任何 地方 都 是 好 的。 户外 也 有 好 地方。 但是， 当 下雨 或 寒冷 时， 你 就 不能 用 它们 了。 你 反而 可以 用 开 着 的 窗口。

shuìjiào：

wèile yàoyǒu hěn duō de lìqi lái wánshuǎ， yī zhǐ māo yīdìngyào shuì hěn jiǔ （ yī tiān zhìshǎo shíliù gè xiǎoshí ）zhǎo yī gè shìhé de dìfang lái shuìjiào bìngbù nán。 rénlèi xǐhuan zuò de rènhé dìfang dōu shì hǎo de。 hùwài yě yǒu hǎo dìfang。 dànshì， dāng xiàyǔ huò hánlěng shí， nǐ jiù bùnéng yòng tāmen le。 nǐ fǎn'ér kěyǐ yòng kāi zhe de chuāngkǒu。

楚 先生 大笑。

“ 做 的 好， 希 若 西！ 我 想 “ 绿色 世界 ” 杂志 会 喜欢 你 的 文章，” 他 说。

chǔ xiānsheng dàxiào。

“ zuò de hǎo， xī ruò xī！ wǒ xiǎng “ lǜsè shìjiè ” zázhì huì xǐhuan nǐ de wénzhāng， ” tā shuō。

schlafen (mindestens sechzehn Stunden am Tag). Es ist nicht schwer, einen passenden Schlafplatz zu finden. Jeder Platz, an dem ein Mensch gerne sitzt, ist gut. Draußen gibt es auch viele gute Plätze. Du kannst sie aber nicht verwenden, wenn es regnet oder kalt ist. Du kannst stattdessen das offene Fenster verwenden.

Herr Chu lacht.

„Gute Arbeit, Hirori! Ich denke, die Zeitung ‚Grüne Welt' wird deinen Entwurf mögen", sagt er.

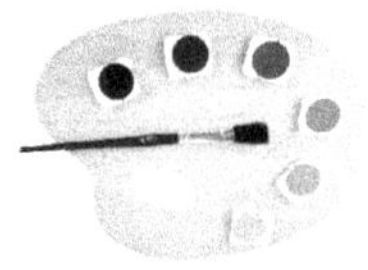

第二十三章
Kapitel 23

猫的规则
Katzenregeln

单词
Vokabeln

1. 爱 ài - die Liebe, lieben
2. 奥秘 ào mì - das Rätsel
3. 厕所 cè suǒ; 洗手间 xǐ shǒu jiān - die Toilette
4. 得到 dé dào - bekommen
5. 碟 dié; 盘 pán - der Teller
6. 躲藏 duǒ cáng - sich verstecken
7. 捉迷藏 zhuō mí cáng - das Versteckspiel
8. 功课 gōng kè; 作业 zuòyè - die Hausaufgaben
9. 孩子 hái zi; 儿童 ér tóng - das Kind
10. 后面 hòu mian - hinter
11. 机会 jī huì - die Chance
12. 季节 jì jié - die Jahreszeit
13. 假装 jiǎ zhuāng - vorgeben; so tun, als ob
14. 键盘 jiàn pán - die Tastatur
15. 腿 tǔi - das Bein; 脚 jiǎo - der Fuß
16. 脚步 jiǎo bù - der Schritt
17. 踏 tà; 踩 cǎi - treten
18. 紧张 jǐn zhāng; 惊慌 jīng huāng - die Panik, in Panik versetzen

19. 尽管 jǐn guǎn; 虽然 suī rán - obwohl, trotzdem
20. 可口 kě kǒu; 好吃 hào chī - lecker
21. 客人 kè rén - der Gast
22. 乐趣 lè qù - der Spaß
23. 秘密 mì mì - das Geheimnis
24. 摩擦 mó cā - reiben
25. 跑走 pǎo zǒu - weglaufen
26. 亲吻 qīn wěn - küssen
27. 认为 rèn wéi; 思考 sī kǎo - denken
28. 任何 东西 rèn hé dōng xi - irgendetwas
29. 天气 tiān qì - das Wetter
30. 偷 tōu - stehlen
31. 忘记 wàng jì - vergessen
32. 蚊子 wén zi - die Stechmücke
33. 星球 xīng qiú - der Planet
34. 学校 xué xiào - die Schule
35. 咬 yǎo - beißen
36. 一些 yīxiē - ein wenig
37. 有时候 yǒu shí hou - manchmal, ab und zu
38. 阅读 yuè dú - lesend
39. 煮 zhǔ; 烹调 pēngtiáo - kochend

B

猫的规则

"" 绿色 世界 " 杂志 下 了 一 个 订单，" 楚 先生 第二天 对 希 若 西 说。" 而 这个 订单 是 你 的， 希 若 西。 他们 喜欢 你 的 文章， 而且 他们 想要 一 篇 更 长 的 关于 ' 猫 的 规则 ' 的 文章。"

这 占用 了 希 若 西 两 天 的 时间 来 撰写 这 篇 文章。 如下。

"" lǜsè shìjiè " zázhì xià le yī gè dìngdān, " chǔ xiānsheng dì'èrtiān duì xī ruò xī shuō。" ér zhège dìngdān shì nǐ de, xī ruò xī。 tāmen xǐhuan nǐ de wénzhāng, érqiě tāmen xiǎngyào yī piān gèng chángde guānyú ' māo de guīzé ' dewénzhāng。"

zhè zhànyòng le xī ruò xī liǎng tiān de shíjiān lái zhuànxiě zhè piān wénzhāng。rúxià。

Katzenregeln

„Die Zeitschrift ‚Grüne Welt' hat uns einen neuen Auftrag erteilt", sagt Herr Chu am nächsten Tag zu Hirori. „Und dieser Auftrag ist für dich, Hirori. Sie mögen deinen Text und sie wollen einen längeren Text über ‚Katzenregeln'."Hirori braucht zwei Tage für diesen Text. Hier ist er.

一些 猫 的 秘密 规则

yīxiē māo de mìmì guīzé

尽管 猫 是 这个 星球 上 最好 和 最 奇妙 的 动物， 它们 有时 侯 会 做 非常 奇怪 的 事情。 有 一个人 勉强 偷 窥 到了 一些 猫 的 秘密。 它们 是 一些 为了 占领 世界 的 生活 规则！ 但是， 这些 规则 如何 帮助 猫， 还是 一个人 类

Einige geheime Regeln für Katzen

Obwohl Katzen die besten und wundervollsten Tiere auf diesem Planeten sind, tun sie manchmal sehr seltsame Dinge. Einem Menschen ist es gelungen, ein paar

完全 不知 道 的 奥秘。
jǐnguǎn māo shì zhège xīngqiú shàng zuìhǎo hé zuì qímiào de dòngwù， tāmen yǒushí hóu huì zuò fēicháng qíguài de shìqing。 yǒu yīgèrén miǎnqiǎng tōu kuī dàole yīxiē māo de mìmì。 tāmen shì yīxiē wèile zhànlǐng shìjiè de shēnghuó guīzé！ dànshì， zhèxiē guīzé rúhé bāngzhù māo， háishi yīgèrén lèi wánquán bùzhī dào de àomì。
浴室 ：
常常 跟 客人 进去 浴室 和 洗手间。 你不需要 做 任何 事情。 坐 着， 看 着 并 有时候 摩擦 他们 的脚。
yùshì：
chángcháng gēn kèrén jìnqù yùshì hé xǐshǒujiān。 nǐ bù xūyào zuò rènhé shìqing。 zuò zhe， kàn zhe bìng yǒushíhou mócā tāmen de jiǎo。
门 ：
所有 的 门 一定要 打开。 为了 要 打开 一 扇 门， 站 着 并 伤心 地 看 着 人类。 当 他们 打开 一 扇 门， 你
需要 经过 它。 在 你 用 这 方法 打开 门 之后， 站 在 门 中间， 并 想 些 东西。 当 天气 非常 寒冷， 或 是 一 个 下雨 天， 或 是 一 个 蚊子 季节 的 时候， 这 是 尤其 重要 的。
mén：
suǒyǒu de mén yīdìngyào dǎkāi。 wèile yào dǎkāi yī shàn mén， zhàn zhe bìng shāngxīn de kàn zhe rénlèi。 dāng tāmen dǎkāi yī shàn mén， nǐ bù xūyào jīngguò tā。 zài nǐ yòng zhè fāngfǎ dǎkāi mén zhīhòu， zhàn zài mén zhōngjiān， bìng xiǎng xiē dōngxi。 dāng tiānqì fēicháng hánlěng， huò shì yī gè xiàyǔ tiān， huò shì yī gè wénzi jìjié de shíhou， zhè shì yóuqí zhòngyào de。
烹调 ：
常常 坐 在 正在 烹调 的 人类 的 右 脚 后面。 这样， 他们 就 看 不到 你， 而 你 会 有 一 个 更 好 的 机会 让 一个人 类 踩 上 你。 当 它 发生 时， 他们 会 把 你 放 在 他们 的 手 上， 并 给 你 一些 可口 的 东西 吃。
pēngtiáo：
chángcháng zuò zài zhèngzài pēngtiáo de rénlèi de yòu

Katzengeheimnisse zu stehlen. Es sind Lebensregeln, um die Weltherrschaft zu übernehmen! Es bleibt jedoch ein Rätsel, wie diese Regeln den Katzen helfen sollen, dies bleibt immer noch eine Geheimnis der Menschheit.
Badezimmer:
Gehe immer mit Gästen ins Badezimmer und auf die Toilette. Du musst nichts tun. Sitze einfach nur da, sieh sie an und reibe dich ab und zu an ihren Beinen.
Türen:
Alle Türen müssen offen sein. Um eine Tür zu öffnen, stelle dich mit einem traurigen Blick vor den Menschen. Wenn er eine Tür öffnet, musst du nicht durchgehen. Wenn du auf diese Weise die Haustür geöffnet hast, bleibe in der Tür stehen und denke nach. Das ist vor allem wichtig, wenn es sehr kalt ist oder regnet oder in der Stechmückenzeit.
Kochen:
Setze dich immer genau hinter den rechten Fuß von kochenden Menschen. So können sie dich nicht sehen und die Chance ist größer, dass sie auf dich treten. Wenn das passiert, nehmen sie dich

jiǎo hòumian。 zhèyàng， tāmen jiù kàn bùdào nǐ， ér nǐ huì yǒu yī gè gèng hǎo de jīhuì ràng yīgèrén lèi cǎi shàng nǐ。 dāng tā fāshēng shí， tāmen huì bǎ nǐ fàng zài tāmen de shǒu shàng， bìng gěi nǐ yīxiē kěkǒu de dōngxi chī。

阅读 ：

尝试 靠近 一 个 正在 阅读 的 人类 的 脸， 在 眼睛 和 书本 的 中间。 最好 的 是 躺 在 书本 上。

yuèdú：

chángshì kàojìn yī gè zhèngzài yuèdú de rénlèi de liǎn, zài yǎnjing hé shūběn de zhōngjiān。 zuìhǎo de shì tǎng zài shūběn shàng。

儿童 的 学校作业 ：

躺 在 书本 和 影印 的 书本 上， 并 假装 睡觉。 但是， 时不时 要 跳 到 笔 上。 如果 一 个 小孩 尝试 要 把 你 从 桌子 上 拿走 就咬 他。

értóng de xuéxiào zuòyè：

tǎng zài shūběn hé yǐngyìn de shūběn shàng， bìng jiǎzhuāng shuìjiào。 dànshì， shíbùshí yào tiào dào bǐ shàng。rúguǒ yī gè xiǎohái chángshì yào bǎ nǐ cóng zhuōzi shàng názǒu jiù yǎo tā。

电脑 ：

如果 一个人 类 在 用 一 台电脑 工作， 跳 上 桌子， 并 走过 键盘。

diànnǎo：

rúguǒ yīgèrén lèi zài yòng yī táidiànnǎo gōngzuò， tiào shàng zhuōzi， bìng zǒuguò jiànpán。

食物 ：

猫 需要 吃 很 多。 但是， 吃 只是 一半 的 乐趣。 当 人类 在吃 东西 而 没有 注意 时， 把 你 的 尾巴 放 在 他们 的 盘子 上。 这 会 给 你 一 个 更 好 的 机会 拿 到 一 整 盘 的 食物。 如果 你 可以 从 桌子 上 拿 一些 食物， 决不 要吃 你 自己 盘子 上 的 东西。 如果 你 可以 从 一个人 类 的 杯里 喝 东西， 决不要 从 你 自己 的 水 盘 喝 东西。

shíwù：

auf den Arm und geben dir etwas Leckeres zu essen.

Lesen:

Versuche, nahe an das Gesicht der lesenden Person zu kommen, zwischen Augen und Buch. Am besten ist es sich auf das Buch zu legen.

Hausaufgaben der Kinder:

Lege dich auf Bücher und Hefte und tue so, als ob du schläfst. Springe von Zeit zu Zeit auf den Stift. Beiße, falls ein Kind versucht, dich vom Tisch zu verscheuchen.

Computer:

Wenn ein Mensch am Computer arbeitet, springe auf den Tisch und laufe über die Tastatur.

Essen:

Katzen müssen viel essen. Aber Essen ist nur der halbe Spaß. Wenn Menschen essen, lege deinen Schwanz auf ihren Teller, wenn sie nicht hinsehen. Damit vergrößerst du deine Chancen, einen ganzen Teller Essen zu bekommen. Iss nie von deinem eigenen Teller, wenn

māo xūyào chī hěn duō。 dànshì, chī zhǐshì yībàn de lèqù。 dāng rénlèi zàichī dōngxi ér méiyǒu zhùyì shí, bǎ nǐ de wěiba fàng zài tāmen de pánzi shàng。 zhè huì gěi nǐ yī gè gèng hǎo de jīhuì ná dào yī zhěng pán de shíwù。 rúguǒ nǐ kěyǐ cóng zhuōzi shàng ná yīxiē shíwù, juébù yàochī nǐ zìjǐ pánzi shàng de dōngxi。 rúguǒ nǐ kěyǐ cóng yīgèrén lèi de bēi lǐ hē dōngxi, juébùyào cóng nǐ zìjǐ de shuǐ pán hē dōngxi。

躲藏 ：

躲 在 人类 找不到 你 的 地方 几天。 这 将会 让 人类 紧张 （ 他们 所 爱 的 ）， 认为 你 跑走 了。 当 你 从 躲藏 的 地方 出来 时， 人类 将会 亲吻 你， 并 显示 他们 的 爱。 还有， 你 可能 得到 可口 的 东西。

duǒcáng :

duǒ zài rénlèi zhǎobudào nǐ de dìfang jǐtiān。 zhè jiānghuì ràng rénlèi jǐnzhāng （ tāmen suǒ ài de ）, rènwéi nǐ pǎozǒu le。 dāng nǐ cóng duǒcáng de dìfang chūlái shí, rénlèi jiānghuì qīnwěn nǐ, bìng xiǎnshì tāmen de ài。 háiyǒu, nǐ kěnéng dédào kěkǒu de dōngxi。

人类 ：

人类 的 任务 就是 喂养 我们， 跟 我们 玩耍， 和 清洗 我们 的 盒子。 重要 的 是 让 他们 不会 忘记 谁 是 屋子 的 主人。

rénlèi :

rénlèi de rènwu jiùshì wèiyǎng wǒmen, gēn wǒmen wánshuǎ, hé qīngxǐ wǒmen de hézi。zhòngyào de shì ràng tāmen bùhuì wàngjì shéi shì wūzi de zhǔrén。

du Essen vom Tisch nehmen kannst. Trink nie aus deiner eigenen Schüssel, wenn du aus der Tasse eines Menschen trinken kannst.

Verstecken:

Verstecke dich an Orten, an denen dich Menschen ein paar Tage lang nicht finden können. Das wird die Menschen in Panik versetzen (was sie lieben), weil sie glauben, dass du weggelaufen bist. Wenn du aus deinem Versteck hervorkommst, werden sie dich küssen und dir ihre Liebe zeigen. Und du bekommst vielleicht etwas Leckeres.

Menschen:

Die Aufgabe des Menschen ist, uns zu füttern, mit uns zu spielen und unsere Kiste sauber zu machen. Es ist wichtig, dass sie nicht vergessen, wer der Chef im Haus ist.

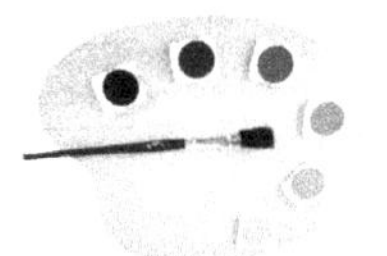

第二十四章
Kapitel 24

团队工作
Gruppenarbeit

A

单词
Vokabeln

1. 爱 ài - lieben
2. 参加 cān jiā; 参与 cān yù - teilnehmen
3. 打开 dǎ kāi - anmachen, aufmachen
4. 地球 dì qiú - die Erde
5. 电视机 diàn shì jī - der Fernseher
6. 跌倒 diē dǎo - fallen
7. 短 duǎn - kurz
8. 队长 duì zhǎng - der Kapitän
9. 反对 fǎnduì; 针对 zhēnduì - gegen
10. 飞走 fēi zǒu - wegfliegen
11. 工作 gōng zuò - arbeiten, arbeitend, die Arbeit
12. 花 huā - die Blume
13. 花园 huā yuán - der Garten
14. 即将 jí jiāng - bald
15. 记得 jì de - sich erinnern
16. 继续 jì xù - fortführen;继续 观看 jìxù guānkàn - weiter schauen
17. 教导 jiào dǎo - beibringen
18. 结束 jié shù - fertig
19. 开始 kāi shǐ - beginnen
20. 看 kàn - sehen
21. 来到 lái dào - kam, gekommen
22. 雷达 léi dá - der Radar
23. 镭射 léi shè - der Laser
24. 离开 lí kāi - verlassen, weggehen
25. 美丽 měi lì; 漂亮 piào liang - wunderschön
26. 你们 其中 一 个 nǐ men qí zhōng yī gè - einer von euch

27. 千 qiān - tausend
28. 杀 shā - töten
29. 十亿 shí yì - Milliarde
30. 收音机 shōu yīn jī - das Radio
31. 说 shuō - sagen
32. 死 sǐ - sterben
33. 太空 tài kōng - das Weltall
34. 太空船 tài kōng chuán - das Raumschiff
35. 跳舞 tiào wǔ - tanzen
36. 听 tīng - hören
37. 停止 tíng zhǐ - beenden
38. 通知 tōng zhī - informieren
39. 同事 tóng shì - der Kollege
40. 外星人 wài xīng rén - der Außerirdische
41. 微笑 wēi xiào - lächeln
42. 系列 xì liè - die Serie
43. 消灭 xiāo miè; 毁灭 huǐmiè; 销毁 xiāohuǐ - zerstören
44. 移动 yí dòng - sich bewegen
45. 有 yǒu - haben
46. 战争 zhàn zhēng - der Krieg
47. 震动 zhèn dòng - wackeln
48. 知道 zhī dào - wissen
49. 指 zhǐ - richten
50. 至 zhì - bis
51. 中央 zhōng yāng - Haupt-, zentral

B

团队工作

明 想要 成为 一 个 记者。 他 在 一 所 学院 学习。 他 今天 有 一 堂 写作 的 课程。 吴 先生 教学 生 写作 文。
míng xiǎngyào chéngwéi yī gè jìzhě。 tā zài yī suǒ xuéyuàn xuéxí。 tā jīntiān yǒu yī táng xiězuò de kèchéng。 wú xiānsheng jiàoxué shēng xiězuò wén。
“ 亲爱 的 朋友，” 他 说，“ 你们 当中 有些人 将会 在 出版社， 报纸 或 杂志， 电台 或 电视台 工作。 这 意味着 你们 将 在 一 个 团队 里 工作。 在 一 个 团队 里 工作 并不 简单。 现在， 我 想要 你们 尝试 在 一 个 团队 里 写 一 篇 新闻 式 的 文章。 我 需要 一 个 男生 和 一 个 女生。”
“ qīn'ài de péngyou，” tā shuō，“ nǐmen dāngzhōng yǒuxiērén jiānghuì zài chūbǎnshè， bàozhǐ huò zázhì， diàntái huò diànshìtái gōngzuò。 zhè yìwèizhe nǐmen jiāng zài yī gè tuánduì lǐ gōngzuò。 zài yī gè tuánduì lǐ gōngzuò bìngbù jiǎndān。 xiànzài， wǒ xiǎngyào nǐmen chángshì zài yī gè tuánduì lǐ xiě yī piān xīnwén shì de wénzhāng。 wǒ xūyào yī gè nánshēng hé yī gè

Gruppenarbeit

Ming will Journalist werden. Er studiert an der Universität. Heute hat er einen Schreibkurs. Herr Wu bringt den Studenten bei, Artikel zu schreiben.
„Liebe Freunde“, sagt er, „ein paar von euch werden für Verlage, Zeitungen oder Zeitschriften, das Radio oder das Fernsehen arbeiten. Das bedeutet, dass ihr in einer Gruppe arbeiten werdet. Es ist nicht einfach, in einer Gruppe zu arbeiten. Ich möchte, dass ihr jetzt versucht, in einer Gruppe einen journalistischen Text zu schreiben. Ich brauche einen Jungen und ein Mädchen.“
Viele Studenten wollen bei der

nǚshēng。”
很 多 学生 想要 参与 团队 工作。 吴 先生 选择 明 和 卡 罗 尔。 卡 罗 尔 是 从 美国 来 的， 但是 她 可以 说 非常 好 的 中文。
hěn duō xuésheng xiǎngyào cānyù tuánduì gōngzuò。 wú xiānsheng xuǎnzé míng hé kǎ luó ěr。 kǎ luó ěr shì cóng Měiguó lái de， dànshì tā kěyǐ shuō fēicháng hǎo de zhōngwén。
“ 请 坐 在 这 张 桌子。 现在 你们 是 同事，” 吴 先生 对 他们 说，“ 你们 将会 写 一 篇 短 文章。 你们 其中 一 个 将会 开始 写 文章， 然后 把 它 给 你 的 同事。 你 的 同事 将会 阅读 那 篇 文章， 并 续 写 它。 接着， 你 的 同事 会 将 它退 回， 而 第一 个 将会 阅读， 并 继续 写。 依 此 做 下去 直至 你们 的 时间 到 了。 我 会 给 你们 二十 分钟。”
“ qǐng zuò zài zhè zhāng zhuōzi。 xiànzài nǐmen shì tóngshì，” wú xiānsheng duì tāmen shuō，“ nǐmen jiānghuì xiě yī piān duǎn wénzhāng。 nǐmen qízhōng yī gè jiānghuì kāishǐ xiě wénzhāng， ránhòu bǎ tā gěi nǐ de tóngshì。 nǐ de tóngshì jiānghuì yuèdú nà piān wénzhāng， bìng xù xiě tā。 jiēzhe， nǐ de tóngshì huìjiāng tātuì huí， ér dìyī gè jiānghuì yuèdú， bìng jìxù xiě。 yī cǐ zuò xiàqù zhízhì nǐmen de shíjiān dào le。 wǒ huì gěi nǐmen èrshí fēnzhōng。”
吴 先生 给 他们 纸， 从 卡 罗 尔 开始。 她 想 了 一会儿 就 开始 写作 了。
Wú xiānsheng gěi tāmen zhǐ，cóng kǎ luó ěr kāishǐ。 tā xiǎng le yīhuìr jiù kāishǐ xiězuò le。

Gruppenarbeit mitmachen. Herr Wu wählt Ming und Carol. Carol kommt aus den USA, aber sie spricht sehr gut Chinesisch.
„Setzt auch bitte an diesen Tisch. Ihr seid jetzt Kollegen“, sagt Herr Wu zu ihnen. „Ihr werdet einen kurzen Text schreiben. Einer von euch beginnt den Text und gibt ihn dann seinem Kollegen. Der Kollege liest den Text und führt ihn fort. Dann gibt euer Kollege ihn zurück, der Erste liest ihn und führt ihn fort. Und so weiter, bis die Zeit vorbei ist. Ihr habt zwanzig Minuten“.
Herr Wu gibt ihnen Papier, und Carol fängt an. Sie denkt kurz nach und schreibt dann.

团队 文章

tuánduì wénzhāng

卡 罗 尔 ： 朱丽亚 从 窗口 看 出去。 她 花园 里 的 花朵 在 风 里 摇动 着， 好像 在 跳舞 一般。 她 记起 了 那个 她 和 比利 跳舞 的 傍晚。 这 是 一 年前 的 事 了， 但是 她 记得 一切 - 他 的 蓝 眼睛， 他 的 微笑 和 他 的 声音。 对 她 来说 那是 一 段 快乐 的 时光， 但是 现在 它 已经 过去 了。 为什么 他 没有 和 她 在一起？

Gruppenarbeit

Carol: Julia sah aus dem Fenster. Die Blumen in ihrem Garten bewegten sich im Wind, als ob sie tanzten. Sie erinnerte sich an den Abend, an dem sie mit Billy getanzt hatte. Das war vor einem Jahr gewesen, aber sie erinnerte sich an alles - seine blauen Augen, sein Lächeln, seine Stimme.

kǎ luó ěr： Zhūlìyà cóng chuāngkǒu kàn chūqù。 tā huāyuán lǐ de huāduǒ zài fēng lǐ yáodòng zhe, hǎoxiàng zài tiàowǔ yībān。 tā jìqǐ le nàge tā hé Bǐlì tiàowǔ de bàngwǎn。 zhè shì yī niánqián de shì le, dànshì tā jìde yīqiè - tā de lán yǎnjing, tā de wēixiào hé tā de shēngyīn。 duì tā láishuō nàshi yī duàn kuàilè de shíguāng, dànshì xiànzài tā yǐjīng guòqu le。 wèishénme tā méiyǒu hé tā zàiyīqǐ？

明： 在 这个 时候， 太空 队长 比利 布 里 斯 克 在 白 星 太空船 上。 他 有 一 个 重要 的 任务， 而 他 没有 多余 的 时间 去 想 那个 一 年前 和 他 一起 跳舞 并 傻乎乎 的 女生。 他 立刻 把 白 星 的 镭射 指向 外星人 的 太空船。 然后， 他 打开 无线电广播 和 外星人 讲话 ：" 我 给 你们 一 个 小时 投降。 如果 你们 不在 一 个 小时 之内投降， 我 将会 歼灭 你们。

míng： zài zhège shíhou, tàikōng duìzhǎng Bǐlì bù lǐ sī kè zài bái xīng tàikōngchuán shàng。 tā yǒu yī gè zhòngyào de rènwu, ér tā méiyǒu duōyú de shíjiān qù xiǎng nàge yī niánqián hé tā yīqǐ tiàowǔ bìng shǎhūhū de nǚshēng。 tā lìkè bǎ bái xīng de léishè zhǐxiàng wàixīngrén de tàikōngchuán。 ránhòu, tā dǎkāi wúxiàndiànguǎngbō hé wàixīngrén jiǎnghuà：" wǒ gěi nǐmen yī gè xiǎoshí tóuxiáng。 rúguǒ nǐmen bú zài yī gè xiǎoshí zhīnèi bù tóuxiáng, wǒ jiānghuì jiānmiè nǐmen。

" 但是， 在 他 还 没有 说 完 前， 一 束 外星人 的 镭射 已经 打 到 白 星 的 左 引擎。 比利 的 镭射 开始 打 向 外星人 的 太空船， 与此同时， 他 打开 中间的 和 右 侧 引擎。 外星人 的 镭射 摧毁 了 正在 工作 的 右 引擎， 使 白 星 震动 得很 严重。 比利 跌 在 地上， 并 在 跌 下 时 想 着 他 应该 先 销毁 哪 一 艘 外星人 的 太空船。

" dànshì, zài tā hái méiyǒu shuō wán qián, yī shù wàixīngrén de léishè yǐjīng dǎ dào bái xīng de zuǒ yǐnqíng。 Bǐlì de léishè kāishǐ dǎ xiàng wàixīngrén de tàikōngchuán, yǔcǐtóngshí, tā dǎkāi zhōngjjānde hé yòu cè yǐnqíng。 wàixīngrén de léishè cuīhuǐ le zhèngzài gōngzuò de yòu yǐnqíng, shǐ bái xīng

Es war eine glückliche Zeit für sie gewesen, aber sie war nun vorbei. Warum war er nicht bei ihr?Ming: Zu dieser Zeit war Raumschiffkapitän Billy Brisk in seinem Raumschiff White Star. Er hatte eine wichtige Mission und keine Zeit, über dieses dumme Mädchen, mit dem er vor einem Jahr getanzt hatte, nachzudenken. Schnell richtete er den Laser der White Star auf die Raumschiffe Außerirdischer. Dann stellte er das Funkgerät an und sprach zu den Außerirdischen: „Ihr habt eine Stunde, um aufzugeben. Wenn ihr in einer Stunde nicht aufgebt, werde ich euch zerstören." Kurz bevor er seine Rede beendet hatte, traf jedoch ein Laser der Außerirdischen den linken Motor der White Star. Billys Laser begann, auf die Raumschiffe der Außerirdischen zu schießen, und gleichzeitig schaltete Billy den Hauptmotor und den rechten Motor an. Der Laser der Außerirdischen zerstörte den funktionierenden rechten Motor, und die White Star wackelte stark. Billy fiel auf den Boden und überlegte währenddessen, welches der Raumschiffe der Außerirdischen er zuerst zerstören musste.

zhèndòng dehěn yánzhòng。 Bǐlì diē zài dìshang, bìng zài diē xià shí xiǎng zhe tā yīnggāi xiān xiāohuǐ nǎ yī sōu wàixīngrén de tàikōngchuán。

卡 罗 尔 ： 但是， 他 的 头 敲 到 金属 地板， 并 在 同一 时间 死去 了。 可是， 在 他 死 之前， 他 记起 了 那个 爱 他 的 可怜 的 漂亮 女生， 而 他 觉得 非常 抱歉 离开 了 她。 很 快 的， 人类 停止 了 这 场 对 可怜 的 外星人 的 愚蠢 战争。 他们 销毁 了 所有 他们 自己 的 太空船 和 镭射， 并 通知 外星人 说 人类 不会 再 对 他们 发起 一 场 战争。 人类 说 他们 想要 和 外星人 做 朋友。 当 朱丽亚 听到 这， 她 感到 非常 高兴。 然后， 她 打开 电视机， 并 继续 看 一 部 精彩 的 中文 连续剧。

kǎ luó ěr： dànshì, tā de tóu qiāo dào jīnshǔ dìbǎn, bìng zài tóngyī shíjiān sǐqù le。 kěshì, zài tā sǐ zhīqián, tā jìqǐ le nàge ài tā de kělián de piàoliang nǚshēng, ér tā juéde fēicháng bàoqiàn líkāi le tā。 hěn kuài de, rénlèi tíngzhǐ le zhè chǎng duì kělián de wàixīngrén de yúchǔn zhànzhēng。 tāmen xiāohuǐ le suǒyǒu tāmen zìjǐ de tàikōngchuán hé léishè, bìng tōngzhī wàixīngrén shuō rénlèi bùhuì zài duì tāmen fāqǐ yī chǎng zhànzhēng。 rénlèi shuō tāmen xiǎngyào hé wàixīngrén zuò péngyou。 dāng zhūlìyà tīngdào zhè, tā gǎndào fēicháng gāoxìng。 ránhòu, tā dǎkāi diànshìjī, bìng jìxù kàn yī bù jīngcǎi de zhōngwén lián xùjù。

明： 因为 人类 销毁 了 他们 自己 的 雷达 和 镭射， 没有 人 知道 外星人 的 太空船 来了， 非常 靠近 地球。 上 千 束 外星人 的 镭射 打 向 地球， 并 在 一 秒钟 之内， 杀 了 可怜 的 朱丽亚 和 五十 亿 的 人类。 地球 被 毁灭 了， 而 它 的 碎片 飞 进 太空 里。

míng： yīnwèi rénlèi xiāohuǐ le tāmen zìjǐ de léidá hé léishè, méiyǒu rén zhīdào wàixīngrén de tàikōngchuán láile, fēicháng kàojìn dìqiú。 shàng qiān shù wàixīngrén de léishè dǎ xiàng dìqiú, bìng zài yī miǎozhōng zhīnèi, shā le kělián de Zhūlìyà hé wǔshí yì de rénlèi。 dìqiú bèi huǐmiè le, ér tā de suìpiàn fēi

Carol: Aber er schlug mit seinem Kopf auf dem metallenen Boden auf und war sofort tot. Bevor er starb, dachte er noch an das arme schöne Mädchen, das ihn liebte, und es tat ihm sehr leid, dass er es verlassen hatte. Kurz darauf beendeten die Menschen den dummen Krieg gegen die armen Außerirdischen. Sie zerstörten all ihre eigenen Raumschiffe und Laser und teilten den Außerirdischen mit, dass die Menschen nie wieder einen Krieg gegen sie beginnen würden. Die Menschen sagten, sie wollten Freunde der Außerirdischen sein. Julia war sehr froh, als sie davon hörte. Dann machte sie den Fernseher an und schaute eine tolle chinesische Serie weiter. Ming: Da die Menschen ihre eigenen Radare und Laser zerstört hatten, wusste niemand, dass Raumschiffe der Außerirdischen der Erde sehr nahe kamen. Tausende Laser der Außerirdischen trafen die Erde und töten die arme, dumme Julia und fünf Milliarden Menschen in einer Sekunde. Die Erde war zerstört, und ihre Teile flogen in den Weltraum hinaus.

„Wie ich sehe, habt ihr euren Text

jìn tàikōng lǐ。
“ 我 看 到 你们 在 你们 的 时间 还 没 结束 时 就 已经 完成 了，” 吴 先生 微笑，“ 好 吧， 课程 结束 了。 让 我们 在下 一 堂 课 阅读 和 谈谈 这 篇 团队 文章。”
“ wǒ kàn dào nǐmen zài nǐmen de shíjiān hái méi jiéshù shí jiu yǐjīng wánchéng le，” wú xiānsheng wēixiào，“ hǎo ba， kèchéng jiéshù le。 ràng wǒmen zàixià yī táng kè yuèdú hé tántán zhè piān tuánduì wénzhāng。”

fertig, bevor die Zeit um ist”, sagte Herr Wu lächelnd. „Gut, der Unterricht ist vorbei. Lasst uns das nächste Mal diese Gruppenarbeit lesen und darüber sprechen.”

第二十五章
Kapitel 25

迈克和里在寻找一份新工作
Mike und Ming suchen einen neuen Job

A

单词
Vokabeln

1. 肮脏 āng zāng - dreckig
2. 遨游 áo yóu; 旅行 lǚxíng - reisen
3. 程序设计 员 chéng xù shè jì yuán - der Programmierer
4. 宠物 chǒng wù - das Haustier
5. 大声 dà shēng; 高声 gāo shēng - laut
6. 大自然 dà zì rán - die Natur
7. 单调 dān diào; 平板 píng bǎn - monoton
8. 翻译者 fān yì zhě - der Übersetzer
9. 方法 fāng fǎ; 作法 zuò fǎ - die Methode
10. 服务 fú wù - bedienen
11. 个人 gè rén - persönlich
12. 工程师 gōng chéng shī - der Ingenieur
13. 估计 gū jì; 预计 yù jì - beurteilen
14. 广告 guǎng gào - das Inserat, die Anzeige, die Werbung
15. 西班牙猎犬 xī bān yá liè quǎn - der Spaniel
16. 建议 jiàn yì; 介绍 jièshào - empfehlen, die Empfehlung
17. 狡猾 jiǎo huá - schlau
18. 老鼠 lǎo shǔ - die Ratte

19. 天赋 tiān fù - die Begabung
20. 邻居 lín jū - der Nachbar
21. 领袖 lǐng xiù - der Führer
22. 梦 mèng - der Traum; 做梦 zuòmèng - träumen
23. 年龄 nián líng; 年纪 nián jì - das Alter
24. 农夫 nóng fū - der Bauer
25. 食物 shí wù - das Essen
26. 兽医 shòu yī - der Tierarzt
27. 同时 tóng shí - während, gleichzeitig
28. 问卷 wèn juàn - der Fragebogen
29. 西班牙文 xībān yá wén - Spanisch
30. 小狗 xiǎo gǒu - der Welpe
31. 小猫 xiǎo māo - das Kätzchen
32. 医生 yī shēng - der Arzt
33. 艺人 yì rén; 艺术家 yì shùjiā - der Künstler
34. 艺术 yì shù - die Kunst
35. 找到 zhǎo dào - gefunden
36. 主意 zhǔ yi; 点子 diǎn zi - die Idee
37. 专栏 zhuān lán - die Rubrik
38. 咨询 所 zī xún suǒ - die Beratungsinstitut
39. 作家 zuò jiā - der Schriftsteller

B

迈克和明在寻找一份新工作

迈 克 和 明 在 明 的 家。 明 在 吃完 早餐 后 清理 桌子， 而 迈 克 正在 阅读 一 份 报纸 里 的 广告。 他 正在 阅读 “ 动物 ” 专栏。 明 的 妹妹， 李 也 在 房间 里。 她 正在 尝试 抓住 躲 在 床 底下 的 猫。

mài kè hé míng zài míng de jiā。 míng zài chīwán zǎocān hòu qīnglǐ zhuōzi， ér mài kè zhèngzài yuèdú yī fèn bàozhǐ lǐ de guǎnggào。 tā zhèngzài yuèdú “ dòngwù ” zhuānlán。 lǐ de mèimei， lǐ yě zài fángjiān lǐ。 tā zhèngzài chángshì zhuāzhù duǒ zài chuáng dǐxia de māo。

“ 报纸 里 有 许多 免费 的 宠物。 我 想 我 会 选择 一 只 猫 或 一 只 狗。 明， 你 觉得 呢？ ” 迈 克 问 明。

“ bàozhǐ lǐ yǒu xǔduō miǎnfèi de chǒngwù。 wǒ xiǎng wǒ huì xuǎnzé yī zhǐ māo huò yī zhǐ gǒu。 míng， nǐ juéde ne？” mài kè wèn lǐ。

“ 李， 不要 打扰 猫！ ” 明 生气 地 说， “ 好 吧， 迈 克， 这 不是 一 个 坏 主意。 你 的 宠物 会 常常 在 家 等 你， 并且 当 你 回到 家 和 给 一些 食物 的 时候， 它 会 很 高兴。 还有， 不要

Mike und Ming suchen einen neuen Job

Mike und Ming sind bei Ming zu Hause. Ming macht den Tisch nach dem Frühstück sauber, und Mike liest Anzeigen und Inserate in der Zeitung. Er liest die Rubrik ‚Tiere'. Mings Schwester Lee ist auch im Zimmer. Sie versucht die Katze, die sich unterm Bett versteckt, zu fangen.

„Es gibt so viele kostenlose Tiere in der Zeitung. Ich denke, ich werde mir eine Katze oder einen Hund aussuchen. Was meinst du, Ming?", fragt Mike.

„Lee, hör auf, die Katze zu ärgern", sagt Ming wütend. „Na

忘记， 你 必须 与 你 的 宠物 在 早晨 和 傍晚 去 走 一 走， 或 清洗 它 的 盒子。 有时候， 你 需要 清洗 地板， 或 带 你 的 宠物 去 看 兽医。 所以， 在 你 得到 一 只 动物 前， 仔细 地 想 清楚。”

“ lǐ, bùyào dǎrǎo māo ! ” míng shēngqì de shuō, “ hǎo ba, mài kè, zhè bùshì yī gè huài zhǔyì。 nǐ de chǒngwù huì chángcháng zài jiā děng nǐ, bìngqiě dāng nǐ huídào jiā hé gěi yīxiē shíwù de shíhou, tā huì hěn gāoxìng。 háiyǒu, bùyào wàngjì, nǐ bìxū yǔ nǐ de chǒngwù zài zǎochén hé bàngwǎn qù zǒu yī zǒu, huò qīngxǐ tā de hézi。 yǒushíhou, nǐ xūyào qīngxǐ dìbǎn, huò dài nǐ de chǒngwù qù kàn shòuyī。 suǒyǐ, zài nǐ dédào yī zhǐ dòngwù qián, zǐxì dì xiǎng qīngchu。 ”

“ 好 吧， 这里 有一些 广告。 听 着，” 迈 克 说， 并 开始 大声 地 读 ：

“ 找到 肮脏 白色 的 狗， 看起来 好像 一 只 老鼠。 它 可能 在 外面 生活 了 一 段 时间。 我 会 接受 你 把 它 买走。”

“ hǎo ba, zhèlǐ yǒuyīxiē guǎnggào。 tīng zhe, ” mài kè shuō, bìng kāishǐ dàshēng de dú :

“ zhǎodào āngzāng báisè de gǒu, kànqǐlái hǎoxiàng yī zhǐ lǎoshǔ。 tā kěnéng zài wàimiàn shēnghuó le yī duàn shíjiān。 wǒ huì jiēshòu nǐ bǎ tā mǎizǒu。 ”

这里 还有 一 个 ：

“ 西班牙 狗， 说 西班牙文。 免费 赠送。 还有 免费 的 西班牙猎犬 和狡猾 的 邻居 的 狗的 混 血 小狗。”

迈 克 看 着 明， “ 一 只 狗 怎么 会 说 西班牙文 呢？ ”

zhèlǐ háiyǒu yī gè :

“ xībānyá gǒu, shuō xībānyáwén。 miǎnfèi zèngsòng。 háiyǒu miǎnfèi de xībānyálièquǎn héjiǎohuá de línjū de gǒu hùn xuě xiǎogǒu。 ”

mài kè kàn zhe míng, “ yī zhǐ gǒu zěnme huì shuō xībānyáwén ne ? ”

“ 一 只 狗 可能 会 明白 西班牙文。 你 明白 西班牙文 吗？ ” 明 笑 着 问。

“ 我 不

ja, Mike, das ist keine schlechte Idee. Dein Haustier wartet immer zu Hause auf dich und ist so glücklich, wenn du nach Hause kommst und ihm Futter gibst. Und vergiss nicht, dass du morgens und abends mit deinem Tier Gassi gehen oder seine Kiste sauber machen musst. Manchmal musst du den Boden putzen oder mit dem Tier zum Tierarzt gehen. Also, denk gut darüber nach, bevor du dir ein Haustier anschaffst.”

„Also, hier sind ein paar Anzeigen. Hör zu”, sagt Mike und beginnt, laut vorzulesen:

„Habe einen dreckigen, weißen Hund gefunden, sieht aus wie eine Ratte. Hat vielleicht lange auf der Straße gelebt. Ich gebe ihn für Geld her.

Und hier noch eine:

Spanischer Hund, spricht Spanisch. Gebe ihn kostenlos ab. Und kostenlose Welpen, halb Spaniel, halb schlauer kleiner Nachbarshund.”Mike sieht Ming an: „Wie kann ein Hund Spanisch sprechen?”

„Ein Hund kann Spanisch verstehen. Verstehst du

明白 西班牙文。 听 着， 这里 还有 一 个 广告
:
“ 免费 赠送 农场 小猫。 随时可以 吃。 它们
什么 都会 吃。”
“ yī zhǐ gǒu kěnéng huì míngbai xībānyáwén。 nǐ míngbái xībānyáwén ma？” míng xiào zhe wèn。
“ wǒ bù míngbái xībānyáwén。 tīng zhe， zhèlǐ háiyǒu yī gè guǎnggào：
“ miǎnfèi zèngsòng nóngchǎng xiǎomāo。 suíshíkěyǐ chī。 tāmen shénme dūhuì chī。”
迈 克 翻 动 报纸，“ 好 吧， 我 想 宠物 可以
等。 我 是 先 找 一 份 工作，” 他
到 关于 工作 的 专栏， 并 大声 地 读 着，
mài kè fān dòng bàozhǐ，“ hǎo ba， wǒ xiǎng chǒngwù kěyǐ děng。 wǒ háishì iān zhǎo yī fèn gōngzuò，” tā zhǎo dào uānyú gōngzuò de zhuānlán， bìng dàshēng de dú zhe,
“ 你 正在 寻找 一 份 适合 的 工作 吗？“ 适合
人事 ” 职业 咨询 所 可以 帮助 你。 我们 的
顾问 将会 评估 你 个人 天赋， 并 对 最 适合你
的 职业 给出 建议。”
迈 克 向上看， 并 说 ：“ 明， 你 觉得 如何
呢？”
“ nǐ zhèngzài xúnzhǎo yī fèn shìhé de gōngzuò ma？“ shìhé rénshì ” zhíyè zīxún suǒ kěyǐ bāngzhù nǐ。 wǒmen de gùwèn jiānghuì pínggū nǐ de èrén tiānfù， bìng duì zuì shìhé nǐ de zhí yè gěi chū jiànyì。”
mài kè iàngshàngkàn bìng shuō：“ míng， nǐ juéde rúhé ne？”
“ 最 适合 你 的 工作 是 在 海里 清洗 货车，
并 让 它 漂 走，” 李 说 了 就 赶快 跑出 房间。
“ 这 不是 一 个 坏 主意。 现在 就 走 吧，” 明
回答， 并 小心地 把 猫 从 热水 壶 里 拿出 来，
这 就是 李 一 分钟 前 放 动物 的 地方。
“ zuì shìhé nǐ de gōngzuò shì zài hǎilǐ qīngxǐ huòchē, bìng ràng tā piāo zǒu, ” lǐ shuō le jiù gǎnkuài pǎochū fángjiān。
“ zhè bùshì yī gè huài zhǔyi。 xiànzài jiù zǒu ba， ” míng huídá， bìng xiǎoxīn de bǎ māo cóng rèshuǐ hú lǐ náchū

Spanisch?”, fragt Ming grinsend. „Ich verstehe kein Spanisch. Hör zu, hier ist noch eine Anzeige: Gebe kostenlos Kätzchen vom Bauernhof her. Fertig zum Essen. Sie essen alles.”Mike blättert die Zeitung um. „Na gut, ich denke, Tiere können warten. Ich suche besser einen Job.” Er findet die Stellenanzeigen und liest laut: „Suchen Sie nach einem passenden Job? Die Arbeitsvermittlung ‚Passende Mitarbeiter’ kann Ihnen helfen. Unsere Berater beurteilen Ihre persönliche Begabung und erstellen Ihnen eine Empfehlung für den passendsten Beruf.”Mike sieht auf und sagt: „Was meinst du, Ming?”

„Der beste Job für euch ist, einen Laster im Meer zu waschen und ihn wegschwimmen zu lassen”, sagt Lee und rennt dann schnell aus dem Zimmer.

„Keine schlechte Idee. Lass uns gleich gehen”, antwortet Ming und holt vorsichtig die Katze aus dem Kessel, in den Lee sie eine Minute zuvor gelegt hatte.Mike und Ming fahren mit dem Fahrrad zur Arbeitsvermittlung

lái， zhè jiùshì lǐ yī fēnzhōng qián fàng dòngwù de dìfang。

迈 克 和 明 骑着 他们 的 自行车 到达 “ 适合 人事” 职业 咨询 所。 那里 没有 排队， 所以 他们 进去 了。 那里 有 两 个 女子。 她们 其中 一 个 正在 用 电话 聊天。 另外 一 个 女子 正在 写 些 东西。 她 叫 迈 克 和 明 找 位置 坐下。 她 的 名字 是 马 太太。 她 问 他们 名字 和 年龄。

mài kè hé míng qízhe tāmen de zìxíngchē dàodá “ shìhé rénshì ”zhíyè zīxún suǒ。 nàli méiyǒu páiduì， suǒyǐ tāmen jìnqù le。 nàli yǒu liǎng gè nǚzǐ。 tāmen qízhōng yī gè zhèngzài yòng diànhuà liáotiān。 lìngwài yī gè nǚzǐ zhèngzài xiě xiē dōngxi。 tā jiào mài kè hé míng zhǎo wèizhi zuòxia。 tā de míngzi shì mǎ tàitai。 tā wèn tāmen míngzi hé niánlíng。

“ 好 吧， 让 我 解释 我们 所 用 的 方法。 你们 看， 这里 有 五 种 专业的 工作。

1． 第一 种 是 人类 – 大自然。 职业 ： 农夫 、 动物园 员工 等等。

2． 第二 种 是 人类 – 机器。 职业 ： 飞行员、 计程车 司机 、 货车 司机 等等。

“ hǎo ba， ràng wǒ jiěshì wǒmen suǒ yòng de fāngfǎ。 nǐmen kàn， zhèlǐ yǒu wǔ zhǒng zhuānyè de gōngzuò。

1． dìyī zhǒng shì rénlèi - dàzìrán。zhí yè ： nóngfū 、 dòngwùyuán yuángōng děngděng。

2． dì'èr zhǒng shì rénlèi - jīqì。 zhí yè ： fēixíng yuán 、 jìchéngchē sījī 、 huòchē sījī děngděng。

3． 第 三 种 是 人类 – 人类。 职业： 医生 、 教师 、 记者 等等。

4． 第 四 种 是 人类 – 电脑。 职业： 翻译 员 、 工程师 、 程式 设计 员 等等。

5． 第五 种 是 人类 – 艺术。 职业： 作家 、 艺人 、 歌手 等等。

3． dì sān zhǒng shì rénlèi - rénlèi。 zhí yè ： yīshēng 、 jiàoshī 、 jìzhě děngděng。

4． dì sì zhǒng shì rénlèi - diànnǎo。zhí yè ： fānyì yuán 、 gōngchéngshī 、 chéngshì shèjì yuán děngděng。

5． dìwǔ zhǒng shì rénlèi - yìshù。zhí yè ： zuòjiā 、

‚Passende Mitarbeiter'. Es gibt keine Schlange und sie gehen hinein. Zwei Frauen sind da. Eine von ihnen telefoniert. Die andere schreibt etwas. Sie bittet Mike und Ming, Platz zu nehmen. Sie heißt Frau Ma. Sie fragt sie nach ihren Namen und ihrem Alter.

„Gut, lasst mich euch die Methode, nach der wir arbeiten, erklären. Seht, es gibt fünf Berufskategorien:

1. Die Erste ist Mensch - Natur. Berufe: Bauer, Tierpfleger usw.

2. Die Zweite ist Mensch - Maschine. Berufe: Pilot, Taxifahrer, Lastwagenfahrer usw.

3. Die Dritte ist Mensch - Mensch. Berufe: Arzt, Lehrer, Journalist usw.

4. Die Vierte ist Mensch - Computer. Berufe: Übersetzer, Ingenieur, Programmierer usw.

5. Die Fünfte ist Mensch - Kunst. Berufe: Schriftsteller, Künstler, Sänger usw.

Wir erstellen Empfehlungen für passende Berufe erst, wenn wir euch besser kennengelernt haben. Lasst mich zuerst eure persönlichen Begabungen

yìrén 、 gēshǒu děngděng。
我们 只 会 在 更加了解 你们 后， 才 会 给 些 关于 一 份 合适 的 职业 的 建议。 首先， 让 我 评估 你们 的 个人 天赋。 我 必须 知道 你们 喜欢 什么 和 不
喜欢 什么。 然后， 我们 将会 知道 什么 职业 是 最 适合 你们 的。 现在 请 填 这 份 问卷，” 马 太太 说 着， 并 给 他们 问卷。 明 和 迈 克 填 写 问卷。
wǒmen zhǐ huì zài gèngjiāliáojiě nǐmen hòu， cái huì gěi xiē guānyú yī fèn héshì de zhí yè de jiànyì。 shǒuxiān, ràng wǒ pínggū nǐmen de gèrén tiānfù。 wǒ bìxū zhīdào nǐmen xǐhuan shénme hé bù xǐhuan shénme。 ránhòu, wǒmen jiānghuì zhīdào shénme zhí yè shì zuì shìhé nǐmen de。 xiànzài qǐng tián zhè fèn wènjuàn， ” mǎ tàitai shuō zhe， bìng gěi tāmen wènjuàn。 míng hé mài kè tián xiě wènjuàn。

beurteilen. Ich muss wissen, was ihr mögt und was ihr nicht mögt. Dann wissen wir, welcher Beruf am besten zu euch passt. Füllt jetzt bitte den Fragebogen aus“, sagt Frau Ma und gibt ihnen die Fragebögen. Ming und Mike füllen die Fragebögen aus.

问卷

wènjuàn

姓名：王 明

xìngmíng: wáng míng

看机器 – 我不介意
与人聊天 – 我 喜欢
服务顾客 – 我不介意
驾驶汽车， 货车 – 我喜欢
在室内工作 – 我喜欢
在室外工作 – 我喜欢
记很多 – 我不介意
旅行 – 我 喜欢

kàn jīqì - wǒ bù jièyì
yǔ rén liáotiān - wǒ xǐhuan
fúwù gùkè - wǒ bù jièyì
jià shǐ qìchē， huòchē - wǒ xǐhuan
zàishìnèi gōngzuò - wǒ xǐhuan
zài shìwài gōngzuò - wǒ xǐhuan
jì hěn duō - wǒ bù jièyì
lǚxíng - wǒ xǐhuan

评估，
检查 – 我讨厌
肮脏的工作 – 我不介意

Fragebogen

Name: Wang Ming
Maschinen beobachten - Habe ich nichts dagegen
Mit Menschen sprechen - Mag ich
Kunden bedienen - Habe ich nichts dagegen
Autos, Lastwagen fahren - Mag ich
Im Büro arbeiten - Mag ich
Draußen arbeiten - Mag ich
Mir viel merken - Habe ich nichts dagegen
Reisen - Mag ich
Bewerten, kontrollieren - Hasse ich
Dreckige Arbeit - Habe ich nichts

单调的工作 － 我讨厌
苦工 － 我不介意
当领导 － 我不介意
Pínggū,
jiǎnchá - wǒ tǎoyàn
āngzāng de gōngzuò - wǒ bù jièyì
dāndiào de gōngzuò - wǒ tǎoyàn
kǔgōng - wǒ bù jièyì
dāng lǐngddǎo - wǒ bù jièyì
在团队里工作 － 我不介意
工作时做梦 － 我喜欢
培训 － 我不介意
做创意的工作 － 我喜欢
与文章有关系的工作 － 喜欢
zài tuánduì lǐ gōngzuò - wǒ bù jièyì
gōngzuò shí zuòmèng - wǒ xǐhuan
péi xùn - wǒ bù jièyì
zuò chuàngyì de gōngzuò - wǒ xǐhuan
yǔ wénzhāng yǒuguān xì de gōngzuò - wǒ xǐhuan

问卷

wènjuàn

姓名：迈 克 苏 力 安

xìngmíng: mài kè sū lì ān

看机器 － 我不介意
与人聊天－ 我喜欢
服务顾客 － 我不介意
驾驶 汽车，货车 － 我不介意
在室内工作 － 我喜欢
在室外工作 － 我喜欢
记很多－ 我不介意
旅行 － 我喜欢
kàn jīqì - wǒ bù jièyì
yǔ rén liáotiān - wǒ xǐhuan
fúwù gùkè - wǒ bù jièyì
jià shǐ qìchē huòchē - wǒ bù jièyì
zàishìnèi gōngzuò - wǒ xǐhuan
zài shìwài gōngzuò - wǒ xǐhuan
jì hěn duō - wǒ bù jièyì
lǚxíng - wǒ xǐhuan
评估，
检查 － 我不介意
肮脏的工作 － 我不介意

dagegen

Monotone Arbeit - Hasse ich

Schwere Arbeit - Habe ich nichts dagegen

Führer sein - Habe ich nichts dagegen

In der Gruppe arbeiten - Habe ich nichts dagegen

Während der Arbeit träumen - Mag ich

Trainieren - Habe ich nichts dagegen

Kreative Arbeit - Mag ich

Mit Texten arbeiten - Mag ich

Fragebogen

Name: Mike Sullivan

Maschinen beobachten - Habe ich nichts dagegen

Mit Menschen sprechen - Mag ich

Kunden bedienen - Habe ich nichts dagegen

Autos, Lastwagen fahren - Habe ich nichts dagegen

Im Büro arbeiten - Mag ich

Draußen arbeiten - Mag ich

Mir viel merken - Habe ich nichts dagegen

Reisen - Mag ich

Bewerten, kontrollieren - Habe ich nichts dagegen

Dreckige Arbeit - Habe ich nichts

单调的工作 – 我讨厌
苦工 – 我不介意
当领导- 我讨厌
pínggū,
jiǎnchá - wǒ bù jièyì
āngzāng de gōngzuò - wǒ bù jièyì
dāndiào de gōngzuò - wǒ tǎoyàn
kǔgōng - wǒ bù jièyì
dāng lǐngddǎo - wǒ tǎoyàn
在团队里工作 – 我喜欢
工作时做梦 – 我喜欢
培训 – 我不介意
做创意的工作 – 我喜欢
与文章有关系的工作 – 我喜欢
zài tuánduì lǐ gōngzuò - wǒ xǐhuan
gōngzuò shí zuòmèng - wǒ xǐhuan
péi xùn - wǒ bù jièyì
zuò chuàngyì de gōngzuò - wǒ xǐhuan
yǔ wénzhāng yǒuguān xì de gōngzuò - wǒ xǐhuan

dagegen
Monotone Arbeit - Hasse ich
Schwere Arbeit - Habe ich nichts dagegen
Führer sein - Hasse ich
In der Gruppe arbeiten - Mag ich
Während der Arbeit träumen - Mag ich
Trainieren - Habe ich nichts dagegen
Kreative Arbeit - Mag ich
Mit Texten arbeiten - Mag ich.

第二十六章
Kapitel 26

向"上海时报"申请
Bewerbung bei den , Shanghai News'

A

单词
Vokabeln

1. 报告 bào gào - berichten
2. 记者 jì zhě - der Reporter
3. 编辑 biān jí - der Herausgeber
4. 表格 biǎo gé - das Formular
5. 到达 dào dá; 抵达 dǐ dá - angekommen
6. 二十 一 èr shí yī - einundzwanzig
7. 给 gěi - geben
8. 评估 píng gū j - ausgewerten, bewertet
9. 国籍 guó jí - die Nationalität
10. 划线 huà xiàn - unterstreichen; 建议 jiàn yì - empfehlen
11. 金融学 jīn róng xúe - die Finanzwissenschaft
12. 警方 jǐng fāng; 警察 jǐng chá - die Polizei
13. 可以 kě yǐ - können, kann
14. 空 kòng - leer
15. 空格 kòng gé - das Feld
16. 离开 lí kāi - verlassen, weggehen
17. 流利 liú lì - fließend
18. 拿 ná - nehmen
19. 男性 nán xìng - männlich
20. 女性 nǚ xìng - weiblich
21. 陪同 péi tóng; 陪伴 péibàn - begleiten
22. 申请 shēn qǐng - sich bewerben
23. 未婚 wèi hūn - ledig
24. 问 wèn - fragen

25. 下午 五 点 xiàwǔ wǔ diǎn (点钟 diǎnzhōng) - fünf Uhr nachmittags
26. 小姐 xiǎo jie - Fräulein
27. 星号 xīng hào - das Sternchen
28. 星期 xīng qī - die Woche
29. 刑事 xíng shì - der Verbrecher
30. 性别 xìng bié - das Geschlecht
31. 教育 jiào yù - die Ausbildung
32. 巡逻 xún luó - die Patrouille, die Streife
33. 再见 zài jiàn - auf Wiedersehen
34. 中间 的 名字 zhōng jiān de míng zì - der zweite Name
35. 状况 zhuàng kuàng - der Stand; 家庭 状况 jiā tíng zhuàng kuàng - der Familienstand
36. 资料 zīl iào - die Information, die Angabe
37. 做工 zuò gōng - arbeiten

B

向“上海时报”申请

马 太太 评估了 明 和 迈 克 在 问卷 里 的 答案。 当 她 知道了 他们 各自 的 天赋 之后， 她 可以 针对 最 适合 他们 的职业 提出 建议。 她 说 第 三 种 职业 是 最 适合 他们 的。 他们 可以 做 一 个 医生 、 老师 或 记者 等等。
mǎ tàitai pínggūle míng hé mài kè zài wènjuàn lǐ de dá'àn。 dāng tā zhīdàole tāmen gèzì de tiānfù zhīhòu, tā kěyǐ zhēnduì zuì shìhé tāmen de zhí yè tíchū jiànyì。 tā shuō dì sān zhǒng zhí yè shì zuì shìhé tāmen de。 tāmen kěyǐ zuò yī gè yīshēng 、 lǎoshī huò jìzhě děngděng。
马 太太 建议 他们 向 “ 上海 时报 ” 报社 申请 一 份 工作。 他们 会 为 能够 为 刑事 专栏 撰写 警方报告 的 学生 提供 一 份 兼职 工作。 所以， 迈 克 和 明 来到“ 上海 时报 ” 报社 的 人事部门， 并 申请 这 份 工作。
mǎ tàitai jiànyì tāmen xiàng “ shàng hǎi shí bào ” bàoshè shēnqǐng yī fèn gōngzuò。 tāmen huìwèi nénggòu wèi xíngshì zhuānlán zhuànxiě jǐngfāngbàogào de xuéshēng tígòng yī fèn jiānzhí gōngzuò。 suǒyǐ, mài kè hé míng láidào “ shàng hǎi shí bào ” bàoshè de rénshìbùmén, bìng shēnqǐng zhè fèn gōngzuò。
“ 今天， 我们 已经 去 了 “ 适合 人事” 职业 咨询 所，” 明 对 人事部门 的 负责人， 胡 小姐 说，“ 他们 介绍 我们 来 申请 你们 报社

Bewerbung bei den ‚Shanghai News’

Frau Ma wertete Mings und Mikes Antworten im Fragebogen aus. Indem sie ihre persönlichen Begabungen kennenlernte, konnte sie ihnen Empfehlungen für passende Berufe geben. Sie sagte, dass die dritte Berufskategorie am besten zu ihnen passte. Sie könnten als Arzt, Lehrer oder Journalist arbeiten. Frau Ma empfahl ihnen, sich um einen Job bei der Zeitung ‚Shanghai News’ zu bewerben. Die hatte einen Nebenjob für Studenten zu vergeben, die Polizeiberichte in der Rubrik über Verbrechen verfassen konnten. Also gingen Mike und Ming in die Personalabteilung der Zeitung ‚Shanghai News’ und bewarben sich

的 工作。”
“ 好 吧， 你们 曾经 做 过 记者 吗？” 胡 小姐 问。
“ jīntiān， wǒmen yǐjīng qù le “ shìhé rénshì ” zhíyè zīxún suǒ，” míng duì rénshìbùmén de fùzérén， hú xiǎojie shuō，“ tāmen jièshào wǒmen lái shēnqǐng nǐmen bàoshè de gōngzuò。”
“ hǎo ba， nǐmen céngjīng zuò guò jìzhě ma？” hú xiǎojie wèn。
“ 没有” 明 回答。
“ 请 填 这些 个人 资料的 表格，” 胡 小姐 说， 并 给 他们 两 份 表格。 迈 克 和 明 填 上 了 个人 资料 表格。
“ méiyǒu” míng huídá。
“ qǐng tián zhèxiē gèrén zīliào de biǎogé， ” hú xiǎojie shuō， bìng gěi tāmen liǎng fèn biǎogé。 mài kè hé míng tián shàng le gèrén zīliào biǎogé。

个人 资料 表格

gèrén zīliào biǎogé

你 一定要 填 上 有 星号 * 的 空格。 你 可 不 填 其他 的 空格。
nǐ yīdìngyào tián shàng yǒu xīnghào * de kònggé。 nǐ kě bù tián qítā de kònggé。

名字 * - 明
中间 的 名字
姓 * - 王
性别 * -（ 划线 ）男性 女性
年龄 * - 二十 岁
国籍 * - 中国人
家庭 状况 -（ 划线 ）单身 已婚
míngzi * - míng
zhōngjiān de míngzì
xìng * - wáng
xìngbié * - (huàxiàn) nánxìng nǚxìng
niánlíng * - èrshí suì
guójí * - zhōngguó
jiātíng zhuàngkuàng - (huàxiàn) dānshēn yǐhūn
地址 * - 中国 上海 飞机场 街 • 十一 号
教育- 我 正在 一 间 学院 学习 第 三 年 的 新闻学

um den Job.
„Wir waren heute bei der Arbeitsvermittlung‚Passende Mitarbeiter'“, sagte Ming zu Fräulein Hu, der Leiterin der Personalabteilung. „Sie haben uns empfohlen uns bei Ihrer Zeitung zu bewerben.“
„Ok, habt ihr schon als Reporter gearbeitet?“, fragte Fräulein Hu.
„Nein“, antwortete Ming.
„Füllt bitte diese Formulare mit euren persönlichen Angaben aus“, sagte Fräulein Hu und gab ihnen zwei Formulare. Mike und Ming füllten die Formulare über persönliche Angaben aus.

Persönliche Angaben

Alle mit einem Sternchen * markierten Felder müssen ausgefüllt werden. Die anderen Felder können leer gelassen werden.

Vorname * - Ming
Zweiter Name
Nachname * - Wang
Geschlecht * (unterstreiche) - männlich weiblich
Alter * - Zwanzig
Nationalität * - chinesisch
Familienstand (unterstreiche) - ledig verheiratet
Addresse * - Flughafenstraße 11, Shanghai, China
Ausbildung - Ich studiere Journalismus im dritten Jahr an der

您 曾经 在 哪里 工作 过? – 我 曾经 做 了 两 个 月 的 农场 工人
dìzhǐ * - zhōngguó shàng hǎi fēijīchǎng jiē shí·yī hào
jiàoyù - wǒ zhèngzài yī jiān xuéyuàn xuéxí dì sān nián de xīnwénxué
nín céngjīng zài nǎlǐ gōngzuò guò? - wǒ céngjīng zuò le liǎng gè yuè de nóngchǎng gōngrén
您 有 什么 经验 和 技能? – 我 可以 开汽车, 货车 和 我 可以 用 电脑
语言 * 0 – 不会, 10 – 流利 – 中文 – 10, 英文 – 8
驾驶执照 * – (划线) 没有 有 类型: BC 我 可以 驾 货车
你 需要 的 工作 * – (划线) 全职 兼职: 一 个 星期 十五 个 小时
你 想要 赚 – 每 小时 十五 元
nín yǒu shénme jīngyàn hé jìnéng? - wǒ kěyǐ kāiqìchē, huòchē hé wǒ kěyǐ yòng diànnǎo
yǔyán * 0 - bùhuì, 10 - liúlì - zhōngwén - 10, yīngwén - 8
jiàshǐzhízhào * - (huàxiàn) méiyǒu yǒu lèixíng: BC wǒ kěyǐ jià huòchē
nǐ xūyào de gōngzuò * - (huàxiàn) quánzhí jiānzhí: yī gè xīngqī shíwǔ gè xiǎoshí
nǐ xiǎngyào zhuàn - měi xiǎoshí shíwǔ yuán

Universität
Wo haben Sie zuvor gearbeitet? - Ich habe zwei Monate als Arbeiter auf einem Bauernhof gearbeitet
Welche Erfahrung und Fähigkeiten haben Sie? - Ich kann Auto und Lastwagen fahren und mit dem Computer arbeiten.
Sprachen * 0 - nein, 10 - fließend - Chinesisch - 10, Englisch - 8
Führerschein * (unterstreiche) - Nein Ja Typ: BC ich kann Lastwagen fahren.
Sie brauchen einen Job * (unterstreiche) - Vollzeit Teilzeit: 15 Stunden die Woche
Sie wollen verdienen - 15 Yuan die Stunde

个人 资料 表格

gèrén zīliào biǎogé

你 一定要 填 上 有 星号 * 的 空格。 你 可 不 填 其他 的 空格。
nǐ yīdìngyào tián shàng yǒu xīnghào * de kònggé。 nǐ kě bù tián qítā de kònggé。
名字* – 迈 克
中间 的 名字
姓 * – 苏 力 帆
性别 * – (划线) 男性 女性
年龄 * – 二十 一 岁
国籍 * – 美国人
家庭 状况 – (划线) 单身 已婚
míngzi * - mài kè
zhōngjiān de míng zì
xìng * - sū lì fān

Persönliche Angaben

Alle mit einem Sternchen * markierten Felder müssen ausgefüllt werden. Die anderen Felder können leer gelassen werden.
Vorname * - Mike
Zweiter Name
Nachname * - Sullivan
Geschlecht * (unterstreiche) - männlich weiblich
Alter * - einundzwanzig
Nationalität* - Amerikaner
Familienstand (unterstreiche) - ledig

xìngbié * - (huàxiàn) nánxìng nǚxìng
niánlíng * - èrshí yī suì
guójí * - měiguórén
jiātíng zhuàngkuàng - (huàxiàn) dānshēn yǐhūn
地址 * - 中国 上海 花朵 巷36 号 学生 宿舍218 房。
教育- 我 正在 一 间 学院 学习 第二 年 的 电脑 设计
您 曾经 在 哪里 工作 过？ - 我 曾经 做 了 两 个 月 的 农场 工人
您 有 什么 经验 和 技能？ - 我 会 用 电脑
dìzhǐ * - zhōngguó shàng hǎi huāduǒ xiàng 36 hào xuésheng sùshè 218 fáng。
jiàoyù - wǒ zhèngzài yī jiān xuéyuàn xuéxí dì'èr nián de diànnǎo shèjì
nín céngjīng zài nǎlǐ gōngzuò guò？ - wǒ céngjīng zuò le liǎng gè yuè de nóngchǎng gōngrén
nín yǒu shénme jīngyàn hé jìnéng？ - wǒ huì yòng diànnǎo
语言 * 0 - 不会, 10 - 流利 - 中文 - 8, 英文 - 10
驾驶执照 * - (划线) <u>没有</u> 有 类型:
你 需要 的 工作 * - (划线) 全职 <u>兼职</u>: 一 个 星期 十五 个 小时
你 想要 赚 - 每 小时 十五 元
yǔyán * 0 - bùhuì, 10 - liúlì - zhōngwén - 8, yīngwén - 10
jiàshǐzhízhào * - (huàxiàn) méiyǒu yǒu lèixíng:
nǐ xūyào de gōngzuò * - (huàxiàn) quánzhí jiānzhí: yī gè xīngqī shíwǔ gè xiǎoshí
nǐ xiǎngyào zhuàn - měi xiǎoshí shíwǔ yuán
胡 小姐 把 他们 的 个人 资料 表格 给 “ 上海 时报 ” 的 编辑。
“ 编辑 已经 答应 了, ” 胡 小姐 回来 时 说, “ 你们 将会 陪伴 一 个 警察 巡逻, 然后 为 刑事 专栏 撰写 报告。 一 辆 警 车 将会 在 明天 下午 五 点 来 接 你们。 你们 可以 准时 来到 这里 吗？ ”
“ 一定, ” 迈 克 回答。
“ 是的, 我们 会, ” 明 说, “ 再见。 ”
“ 再见, ” 胡 小姐 回答。

verheiratet
Adresse * - Zimmer 218, Studentenwohnheim, Blumenstraße 36, Shanghai, China
Ausbildung - Ich studiere Computerdesign im zweiten Jahr an der Universität
Wo haben Sie zuvor gearbeitet? - Ich habe zwei Monate als Arbeiter auf einem Bauernhof gearbeitet
Welche Erfahrung und Fähigkeiten haben Sie? - Ich kann mit dem Computer umgehen
Sprachen * 0 - nein, 10 - fließend - Chinesisch - 8, Englisch - 10
Führerschein * (unterstreiche) - <u>Nein</u> Ja Typ:
Sie brauchen einen Job (unterstreiche) - Vollzeit <u>Teilzeit</u>: 15 Stunden die Woche
Sie wollen verdienen - 15 Yuan die Stunde
Fräulein Hu brachte die Formulare mit ihren persönlichen Angaben zum Herausgeber der ‚Shanghai News'.
„Der Herausgeber ist bereits einverstanden“, sagte Fräulein Hu, als sie zurückkam. „Ihr begleitet eine Polizeistreife und schreibt dann Berichte für die Kriminalrubrik. Morgen um fünf Uhr Nachmittag

hú xiǎojie bǎ tāmen de gèrén zīliào biǎogé gěi " shàng hǎi shí bào " de biānjí。
" biānjí yǐjīng dāying le, " hú xiǎojie huílai shí shuō, " nǐmen jiānghuì péibàn yī gè jǐngchá xúnluó, ránhòu wèi xíngshì zhuānlán zhuànxiě bàogào。 yī liàng jǐng chē jiānghuì zài míngtiān xiàwǔ wǔ diǎn lái jiē nǐmen。 nǐmen kěyǐ zhǔnshí láidào zhèlǐ ma? "
" yīdìng, " mài kè huídá。
" shìde, wǒmen huì, " míng shuō, " zàijiàn。 "
" zàijiàn, " hú xiǎojie huídá。

werdet ihr von einem Polizeiauto abgeholt. Könnt ihr pünktlich hier sein?"
„Bestimmt", antwortete Mike.
„Ja, werden wir", sagte Ming. „Auf Wiedersehen".
„Auf Wiedersehen", antwortete Fräulein Hu.

第二十七章
Kapitel 27

警察巡逻（第一部）
Die Polizeistreife (Teil 1)

A

单词
Vokabeln

1. 安全带 ān quán dài - der Sicherheitsgurt
2. 百 bǎi - hundert
3. 尝试 cháng shì - versuchen
4. 出示 chū shì; 显示 xiǎnshì - zeigte
5. 打开 dǎ kāi - öffnen
6. 等 děng; 等待 děngdài - warten
7. 躲藏 duǒ cáng - verstecken
8. 吠 fèi - bellte
9. 该死 的 gāi sǐ de - verdammt
10. 赶 去 gǎn qù - rasen
11. 高 gāo - hoch
12. 关上 guān shàng - geschlossen
13. 害怕 hài pà - ängstlich
14. 加速 jiā sù - beschleunigen, schnell losfahren
15. 超速 者 chāo sù zhě - der Raser
16. 价钱 jià qian - der Preis
17. 驾 jià - fahren
18. 警笛 jǐng dí; 警报器 jǐng bào qì - die Sirene

19. 警官 jǐng guān - der Polizeihauptmeister
20. 警铃 jǐng líng - der Alarm
21. 开始 kāi shǐ (驾驶 jiàshǐ) - (fuhr) los
22. 看 四周 kàn sì zhōu - sich umsehen
23. 哭泣 kū qì - weinen
24. 狂 响 kuáng xiǎng - heulend
25. 麦克风 mài kè fēng - das Mikrofon
26. 明白 míng bai - verstehen, verstanden
27. 弄 干 nòng gān; 烘干 hōnggān - trocknen; 干 gān - trocken
28. 陪同 péi tóng - begleiten
29. 枪 qiāng - die Waffe
30. 什么 问题？ shén me wèn tí - Was ist los? Was ist das Problem?
31. 十二 shí èr - zwölf
32. 手铐 shǒu kào - die Handschellen
33. 速度 sù dù - die Geschwindigkeit
34. 所有 人 suǒ yǒu rén; 每个人 měigerén - alle
35. 踏 tà - treten
36. 偷窃 tōu qiè - der Diebstahl
37. 系上 jì shàng; 扣上 kòu shàng - anschnallen
38. 限制 xiàn zhì - die Begrenzung
39. 巡警 xún jǐng; 警察 jǐng chá - der Polizist
40. 钥匙 yào shǐ - der Schlüssel
41. 遇见 yù jiàn - treffen
42. 贼 zéi - der Dieb
43. 追 zhuī - verfolgen
44. 做 zuò - tuen

B

警察巡逻（第一部分）

迈 克 和 明 在 隔天 下午 五 点 抵达 “ 上海 时报 ” 报社 大楼。 警车 已经 在 等 他们 了。 一 个 警察 从 车 里 出来。
“ 你好。 我 是 周 明 荣 警官，” 当 明 和 迈 克 来到 车 前时 他 说 道。
mài kè hé míng zài gétiān xiàwǔ wǔ diǎn dǐdá “ shàng hǎi shí bào ” bàoshè dàlóu。 jǐngchē yǐjīng zài děng tāmen le。 yī gè jǐngchá cóng chē lǐ chūlái。
“ nǐhǎo。 wǒ shì zhōu míng róng jǐngguān，”dāng míng hé mài kè láidào chē qiánshí tā shuō dào。
“ 您好。 很 高兴 遇见 您。 我 的 名字 是 迈 克。 我们 必须 要 跟随 您，” 迈 克 回答。
“ 您好。 我 是 明。 您 等 我们 很 久 了 吗？ ” 明 问。
“ nínhǎo。 hěn gāoxìng yùjiàn nín。 wǒ de míngzi shì mài kè。 wǒmen bìxū yào gēnsuí nín， ” mài kè huídá。
“ nínhǎo。 wǒ shì míng。 nín děng wǒmen hěn jiǔ le

Die Polizeistreife (Teil 1)

Am nächsten Tag kamen Mike und Ming um fünf Uhr Nachmittag zum Gebäude der Zeitung ‚Shanghai News’. Das Polizeiauto wartete schon auf sie. Ein Polizist stieg aus dem Auto.
„Hallo. Ich bin Polizeihauptmeister Zhou Ming Rong“, sagte er, als Ming und Mike zum Auto kamen.
“Hallo, schön Sie kennenzulernen. Ich heiße Mike. Wir sollen Sie heute begleiten”, antwortete Mike.
„Hallo, ich bin Ming. Haben Sie schon lange auf uns gewartet?“,

ma？” míng wèn。
“ 不。 我 刚 到达 这里。 我们 进去 车 里 吧。 我们 现在 就 开始 城市 巡逻，” 警察 说。 他们 全部 进去 警车 里。
“ 你们 是 第一次 跟随 警察 巡逻 吗？” 周 警官 在 启动 引擎 时 问。
“ 我们 从来没有 跟随 警察 巡逻 过，” 明 回答。
“ bù。 wǒ gāng dàodá zhèlǐ。 wǒmen jìnqù chē lǐ ba。 wǒmen xiànzài jiù kāishǐ chéngshì xúnluó，” jǐngchá shuō。 tāmen quánbù jìnqù jǐngchē lǐ。
“ nǐmen shì dìyīcì gēnsuí jǐngchá xúnluó ma？” zhōu jǐngguān zài qǐdòng yǐnqíng shí wèn。
“ wǒmen cóngláiméiyǒu gēnsuí jǐngchá xúnluó guò，” míng huídá。
在 这个 时候， 警察 无线电广播 开始 讲话 ：“ 注意 P11 和 P07！ 一 辆 蓝色 的 车子 在 学院 街 超速 行驶。”
“P07 收 到了，” 周 警官 在 麦克风 里 说。 然后， 他 对 男生 们 说 ：“ 我们 车子 的 号码 是 P07。” 一 辆 蓝色 大 车 以 很 快 的 速度 经过 他们。 周 明 荣 再 用 麦克风 说 ：“P07 在 说话。
zài zhège shíhou， jǐngchá wúxiàndiànguǎngbō kāishǐ jiǎnghuà ：“ zhùyì P11 hé P07！ yī liàng lánsè de chēzi zài xuéyuàn jiē chāosù xíngshǐ。”
“P07 shōu dàoliǎo，” zhōu jǐngguān zài màikèfēng lǐ shuō。 ránhòu， tā duì nánshēng men shuō ：“ wǒmen chēzi de hàomǎ shì P07。” yī liàng lánsè dà chē yǐ hěn kuài de sùdù jīngguò tāmen。 zhōu míng róng zài yòng màikèfēng shuō ：“P07 zài shuōhuà。
我 看见 快速 行驶 的 蓝色 车。 开始 追 它，” 然后， 他 对 男生 们 说，“ 系上 你们 的 安全带。” 警车 开始 加速。 警官 把 油门 踩 死， 并 打开 警笛。 他们 在 狂 响 的 警笛 声中 追赶 着，经过 大楼、 车子 和 巴士。 周 明 荣 让 蓝色 的 车子 停下。 警官 从 车 里 出来， 并 走向 超速 者。 明 和 迈 克 跟随 他。
wǒ kànjiàn kuàisù xíngshǐ de lánsè chē。 kāishǐ zhuī

fragte Ming.
„Nein, ich bin gerade erst gekommen. Lasst uns einsteigen. Wir fangen jetzt mit der Streife in der Stadt an“, sagte der Polizist. Sie stiegen alle ins Polizeiauto.
„Begleitet ihr zum ersten Mal eine Polizeistreife?“, fragte Polizeihauptmeister Zhou als er den Motor anmachte.
„Wir haben noch nie eine Polizeistreife begleitet“, antwortete Ming.
In diesem Moment meldete sich der Polizeifunk: „Achtung P11 und P07! Ein blaues Auto fährt zu schnell auf der Universitätsstraße.“
„P07 ist dran”, sagte Polizeihauptmeister Zhou ins Mikrofon. Dann sagte er zu den Jungs: „Die Nummer unseres Autos ist P07.“ Ein großes blaues Auto raste mit hoher Geschwindigkeit an ihnen vorbei. Zhou Ming Rong Strict nahm das Mikrofon und sagte: „Hier spricht P07. Ich sehe das rasende blaue Auto. Nehme die Verfolgung auf“. Dann sagte er zu den Jungs: „Bitte anschnallen!“ Das Polizeiauto begann zu beschleunigen. Der Polizeihauptmeister trat das

tā, ” ránhòu, tā duì nánshēng men shuō, “ jìshàng nǐmen de ānquándài。” jǐngchē kāishǐ jiāsù。 jǐngguān bǎ yóumén cǎi sǐ, bìng dǎkāi jǐngdí。 tāmen zài kuáng xiǎng de jǐngdí shēngzhōng zhuīgǎn zhe, jīngguò dàlóu 、 chēzi hé bāshì。 zhōu míng róng ràng lánsè de chēzi tíngxià。 jǐngguān cóng chē lǐ chūlái, bìng zǒuxiàng chāosù zhě。 míng hé mài kè gēnsuí tā。

“ 我 是 周 明 荣 警官。 请 出示 你 的 驾驶执照，” 警察 对 超速 者 说。

“ 这 是 我 的 驾驶执照，” 司机 出示 他 的 驾驶执照，“ 有 什么 问题 吗？” 他 生气 地 说。

“ wǒ shì zhōu míng róng jǐngguān。 qǐng chūshì nǐ de jiàshǐzhízhào, ” jǐngchá duì chāosù zhě shuō。

“ zhè shì wǒ de jiàshǐzhízhào, ” sījī chūshì tā de jiàshǐzhízhào, “ yǒu shénme wèntí ma？” tā shēngqì de shuō。

“ 你 在 城市 里 用 一 小时 一 百 二十 公里 的 速度 行驶。 这里 的 时速 限制 是 五十，” 警官 说。

“ 啊， 这个 嘛。 你 看， 我 才 洗 好 我 的 车子。 所以 我 开 快 一些 来 弄 干 它，” 那个人 说，狡猾 地 笑 着。

“ 需要 花费 很 多 钱 来 洗 车子 吗？” 警察 问。

“ nǐ zài chéngshì lǐ yòng yī xiǎoshí yī bǎi èrshí gōnglǐ de sùdù xíngshǐ。 zhèlǐ de shísù xiànzhì shì wǔshí, ” jǐngguān shuō。

“ ā, zhège ma。 nǐ kàn, wǒ cái xǐ hǎo wǒ de chēzi。 suǒyǐ wǒ kāi kuài yīxiē lái nòng gàn tā, ” nàgèrén shuō, jiǎohuá de xiào zhe。

“ xūyào huāfèi hěn duō qián lái xǐ chēzi ma？” jǐngchá wèn。

“
不 多。 要 花费 十二 元，” 超速 者 说。

“ 你 并不 知道 价钱，” 周 警官 说，“ 这 可 真 的 花 了 你 两 百 一 十 二元， 因为 你 将会 付 两 百 元 来 弄 干 车子。 这 是 罚单。 祝 你 有 个 美好 的 一 天，” 警察 说。 他 给 了 他 一 张 两 百 元 的 超速 罚单 和 驾驶执照， 并

Gaspedal voll durch und machte die Sirene an. Mit heulender Sirene rasten sie an Gebäuden, Autos und Bussen vorbei. Zhou Ming Rong brachte das blaue Auto zum Anhalten. Der Polizeihauptmeister stieg aus dem Auto aus und ging zu dem Raser. Ming und Mike gingen ihm nach.

„Ich bin Polizeihauptmeister Zhou Ming Rong. Zeigen Sie mir bitte Ihren Führerschein", sagte der Polizist zu dem Raser.

„Hier ist mein Führerschein." Der Fahrer zeigte seinen Führerschein. „Was ist los?", fragte er wütend.

„Sie sind mit hundertzwanzig km/h durch die Stadt gefahren. Die Geschwindigkeitsbegrenzung ist fünfzig", sagte der Polizeihauptmeister.

„Ach so, das. Wissen Sie, ich habe gerade mein Auto gewaschen. Ich bin ein bisschen schneller gefahren, um es zu trocknen", sagte der Mann mit einem schlauen Grinsen.

„Ist es teuer, Ihr Auto zu waschen?", fragte der Polizist.

„Nein. Es kostet zwölf Yuan", sagte der Raser.

„Sie kennen die Preise nicht", sagte Polizeihauptmeister Zhou. „In

回到 警车 里。
“ bù duō。 yào huāfèi shí'èr yuán， ” chāosù zhě shuō。
“ nǐ bìngbù zhīdào jiàqian， ” zhōu jǐngguān shuō，“ zhè kě zhēn de huā le nǐ liǎng bǎishí yī shí èryuán， yīnwèi nǐ jiānghuì fù liǎng bǎi yuán lái nòng gàn chēzi。 zhè shì fádān。 zhù nǐ yǒu gè měihǎo de yī tiān， ” jǐngchá shuō。 tā gěi le tā yī zhāng liǎng bǎi yuán de chāosù fádān hé jiàshǐzhízhào， bìng huídào jǐngchē lǐ。
“ 明 荣， 我 想 你 有 很 多 对 超速 者 的 经验， 不是吗？ ” 明 问 警察。
“ 我 遇见过 很 多，” 明 荣 启动 引擎，“ 开始 时， 他们 看起来 像 生气 的 老虎 或 狡猾 的 狐狸。 但是， 当 我 与 他们 说话 时， 他们 看起来 像 害怕 的 小猫 或 愚蠢 的 猴子。 就 像 那个 在 蓝色 车子 里 的。”
“ míng róng， wǒ xiǎng nǐ yǒu hěn duō duì chāosù zhě de jīngyàn， bùshìma？” míng wèn jǐngchá。
“ wǒ yùjiànguò hěn duō， ” míng róng qǐdòng yǐnqíng，“ kāishǐ shí， tāmen kànqǐlái xiàng shēngqì de lǎohǔ huò jiǎohuá de húli。 dànshì， dāng wǒ yǔ tāmen shuōhuà shí， tāmen kànqǐlái xiàng hàipà de xiǎomāo huò yúchǔn de hóuzi。 jiù xiàng nàge zài lánsè chēzi lǐ de。 ”
与此同时， 一 辆 白色 小车 在 城市 公园 不远 的 一 条 街 缓慢 地 行驶 着。 这 辆 车 在 一 间 商店 附近 停下。 一 个 男人 和 一 个 女人 从 车 里 出来， 并 走向 商店。 它 是 关 着 的。 男人 看看 四周。 然后， 他 赶快 拿出 一些 钥匙， 并 尝试 打开 门。 最后， 他 打开了 它， 他们 进去 了。
yǔcǐtóngshí， yī liàng báisè xiǎochē zài chéngshì gōngyuán bù yuǎn de yī tiáo jiē huǎnmàn de xíngshǐ zhe。 zhè liàng chē zài yī jiān shāngdiàn fùjìn tíngxià。 yī gè nánrén hé yī gè nǚrén cóng chē lǐ chūlái， bìng zǒuxiàng shāngdiàn。 tā shì guān zhe de。 nánrén kànkan sìzhōu。 ránhòu， tā gǎnkuài náchū yīxiē yàoshi， bìng chángshì dǎkāi mén。 zuìhòu， tā dǎkāi le tā， tāmen jìnqù le。
“ 看！ 这里 有 许多 裙子！ ” 女人 说。 她

Wirklichkeit kostet es Sie zweihundertzwölf Yuan, denn Sie werden zweihundert Dollar fürs Trocknen zahlen. Hier ist der Strafzettel. Einen schönen Tag noch“, sagte der Polizist. Er gab dem Raser einen Strafzettel für Geschwindigkeitsüberschreitung über zweihundert Yuan und seinen Führerschein und ging zurück zum Polizeiauto.
„Ming Rong, du hast viel Erfahrung mit Rasern, nicht wahr?“, fragte Ming den Polizisten.
„Ich habe schon viele kennengelernt“, sagte Ming Rong und machte den Motor an. „Zu erst sehen sie wie wütende Tiger oder schlaue Füchse aus. Aber nachdem ich mit ihnen gesprochen habe, sehen sie wie ängstliche Kätzchen oder dumme Affen aus. Wie der im blauen Auto.“
In der Zwischenzeit fuhr ein kleines, weißes Auto nicht weit vom Stadtpark langsam die Straße entlang. Das Auto hielt in der Nähe eines Ladens. Ein Mann und eine Frau stiegen aus und gingen zu dem Laden. Er war geschlossen. Der Mann sah sich um. Dann holte er schnell einige Schlüssel hervor

拿出 一 个 大袋子， 并 开始 把 所有 东西 放 进去。 当 袋子 满 了， 她 把 它 拿去 车 里， 然后 回来。

“ kàn ！ zhèlǐ yǒu xǔduō qúnzi ！” nǚrén shuō。 tā náchū yī gè dàdàizi， bìng kāishǐ bǎ suǒyǒu dōngxi fàng jìnqù。 dāng dàizi mǎn le 了， tā bǎ tā ná qù chē lǐ， ránhòu huílai。

“ 赶快 拿 所有 东西！ 哦！ 好奇 妙 的 帽子！” 男人 说。 他 从 商店 的 窗口 拿下 一 顶 帽子， 并 放 在 他 的 头上。

“ 看 这条 红色 的 裙子！ 我 好 喜欢 它！” 女人 说 着， 并 赶快 穿上 红色 的 裙子。 她 没有 多余 的 袋子 了。 所以 她 在 手 上 拿 了 更 多 的 东西， 跑 出去， 并把 他们 放 在 车子 里。 然后， 她 跑 进去 拿 更 多 东西。

“ gǎnkuài ná suǒyǒu dōngxi ！ o ！ hàoqí miào de màozi ！” nánrén shuō。 tā cóng shāngdiàn de chuāngkǒu náxià yī dǐng màozi， bìng fàng zài tā de tóushàng。

“ kàn zhètiáo hóngsè de qúnzi ！ wǒ hǎo xǐhuan tā ！” nǚrén shuō zhe， bìng gǎnkuài chuānshang hóngsè de qúnzi。 tā méiyǒu duōyú de dàizi le。 suǒyǐ tā zài shǒu shàng ná le gèng duō de dōngxi， pǎo chūqù， bìngbǎ tāmen fàng zài chēzi lǐ。 ránhòu， tā pǎo jìnqù ná gèng duō dōngxi。

当 警车 P07 沿着 城市 公园 缓慢 地 行驶 时， 收音机 开始 讲话 ：“ 所有 的 巡逻 员 们， 请 注意。 我们 收到 从 一 间 在 城市 公园 附近 的 商店 发出 的 偷窃 警报。 商店 的 地址 是 公园 街72号。”

dāng jǐngchē P07 yánzhe chéngshì gōngyuán huǎnmàn de xíngshǐ shí， shōuyīnjī kāishǐ jiǎnghuà ：“ suǒyǒu de xúnluó yuán men， qǐng zhùyì。 wǒmen shōudào cóng yī jiān zài chéngshì gōngyuán fùjìn de shāngdiàn fāchū de tōuqiè jǐngbào。 shāngdiàn de dìzhǐ shì gōngyuán jiē 72hào。”

“P07 收 到了，” 明 荣 在 麦克风 里 说，“ 我 非常 靠近 这个 地方。 正在 开往 那里。” 他们 很 快 就 找到 那 间 商店， 并

开向 白色 车子 那里。 然后， 他们 从 车子 里

und versuchte, die Tür zu öffnen. Schließlich öffnete er sie, und sie gingen hinein.

„Sieh, so viele Kleider“, sagte die Frau. Sie holte eine große Tasche hervor und begann, alles hineinzupacken. Als die Tasche voll war, brachte sie sie zum Auto und kam zurück.

„Nimm schnell alles! Oh! Was für ein schöner Hut!“, sagte der Mann. Er nahm einen Hut aus dem Schaufenster und setzte ihn auf seinen Kopf auf.

„Sieh dir dieses rote Kleid an! Das finde ich toll!“, sagte die Frau und zog schnell das rote Kleid an. Sie hatte keine Taschen mehr. Deswegen nahm sie mehr Sachen in die Hände, rannte nach draußen und packte sie ins Auto. Dann rannte sie nach drinnen, um noch mehr Dinge zu holen.

Das Polizeiauto P07 fuhr gerade langsam den Stadtpark entlang, als sich der Funk meldete: „Achtung, alle Einheiten. Wir haben einen Einbruchsalarm aus einem Laden in der Nähe des Stadtparks. Die Adresse des Ladens ist Parkstraße 72.“

„P07 ist dran“, sagte Ming Rong

出来， 并 躲 在 它 后面。 穿着 新 的 红色 裙子 的 女子 从 商店 里 跑 出来。 她 把 一些 裙子 放 在 警车 上， 并 跑 回 店 里。 那个 女子 做 得很 快。 她 没有 看 清楚 那是 一 辆 警车！
“P07 shōu dàoliǎo，” míng róng zài màikèfēng lǐ shuō，“ wǒ fēicháng kàojìn zhège dìfang。 zhèngzài kāiwǎngnàli。” tāmen hěn kuài jiù zhǎodào nà jiān shāngdiàn， bìng kāi
xiàng báisè chēzi nàli。 ránhòu， tāmen cóng chēzi lǐ chūlái， bìng duǒ zài tā hòumian。 chuānzhuó xīn de hóngsè qúnzi de nǚzǐ cóng shāngdiàn lǐ pǎo chūlái。 tā bǎ yīxiē qúnzi fàng zài jǐngchē shàng， bìng pǎo huí diàn lǐ。 nàge nǚzǐ zuò dehěn kuài。 tā méiyǒu kàn qīngchu nàshi yī liàng jǐngchē！
“ 该死 的！ 我 把 我 的 枪 忘 在 警局 里 了！” 明 荣 说。 迈 克 和 明 看 着 周 警官， 然后 惊讶 地 看 着 彼此。 警察 非常 迷茫， 所以 明 和 迈 克 知道 他们 必须 帮助 他。 女子 又 再 从 店 里 跑 出来， 放 了 些 裙子 在 警车 上， 并 跑 回去。 接着， 明 对 明 荣 说：“ 我们 可以 假装 我们 有 枪。”
“ gāisǐ de！ wǒ bǎ wǒ de qiāng wàng zài jǐngjú lǐ le！” míng róng shuō。 mài kè hé míng kàn zhe zhōu jǐngguān， ránhòu jīngyà de kàn zhe bǐcǐ。 jǐngchá fēicháng mímáng， suǒyǐ míng hé mài kè zhīdào tāmen bìxū bāngzhù tā。 nǚzǐ yòu zài cóng diàn lǐ pǎo chūlái， fàng le xiē qúnzi zài jǐngchē shàng， bìng pǎo huíqu。 jiēzhe， míng duì míng róng shuō：“ wǒmen kěyǐ jiǎzhuāng wǒmen yǒu qiāng。”
“ 就 这么 做 吧，” 明 荣 回答，“ 但是， 你 不要 起来。 这些 贼 可能 有 枪，” 他 说 着， 然后 大声 喊道，“ 这 是 警察 在 讲话！ 所有 在 商店 里 的 人， 把 你们 的 手举 起来， 并 慢慢 地 一个接一个 从 店 里 出来！”
“ jiù zhème zuò ba，” míng róng huídá，“ dànshì， nǐ bùyào qǐlái。 zhèxiē zéi kěnéng yǒu qiāng，” tā shuō zhe， ránhòu dàshēng hǎndào，“ zhè shì jǐngchá zài jiǎnghuà！ suǒyǒu zài shāngdiàn lǐ de rén， bǎ nǐmen de shǒujǔ qilai， bìng mànmàn de yīgejiēyīge cóng diàn lǐ

ins Mikro. „Ich bin ganz in der Nähe. Fahre dorthin.“ Sie hatten den Laden schnell gefunden und fuhren zu dem weißen Auto. Dann stiegen sie aus dem Auto aus und versteckten sich dahinter. Die Frau im neuen roten Kleid kam aus dem Laden gerannt. Sie legte einige Kleider auf das Polizeiauto und rannte zurück in den Laden. Die Frau tat das sehr schnell. Sie sah nicht, dass es ein Polizeiauto war.
„Verdammt! Ich habe meine Waffe auf der Polizeiwache vergessen!", sagte Ming Rong. Mike und Ming sahen Polizeihauptmeister Zhou und dann einander überrascht an. Der Polizist war so verwirrt, so dass Ming und Mike verstanden, dass er Hilfe brauchte. Die Frau rannte wieder aus dem Laden, legte Kleider auf das Polizeiauto und rannte zurück. Dann sagte Ming zu Minig Rong: „Wir können so tun, als ob wir Waffen haben.“
„Lasst uns das machen“, antwortete Ming Rong. „Aber ihr steht nicht auf. Die Diebe haben vielleicht Waffen“, sagte er und rief dann: „Hier spricht die Polizei! Alle, die im Laden sind, heben ihre Hände und kommen langsam einer nach

chūlái！”

他们 等 了 一 分钟。 没有 人 出来。 然后， 迈克 有 一 个 主意。

tāmen děng le yī fēnzhōng。 méiyǒu rén chūlái。 ránhòu， mài kè yǒu yī gè zhǔyi。

“ 如果 你 现在 不出来， 我们 会 把 警犬 放 进去！” 他 喊道， 接着 像 一 只 生气 的 大 狗吠 着。 那些 贼 立刻 把 手举 起跑 出来。 明荣 赶快 用 手铐 锁上 他们， 并把 他们 抓 入 警车。 然后， 他 对 迈 克 说：“ 假装 我们 有 一 只 狗 真 是 一 个 很 棒 的 主意！ 你 看， 我 已经 忘记 我 的 枪 两 次 了。 如果 他们 知道 我 又 忘记 第 三次， 他们 可能 会 辞退 我 或 让 我 做 办公室 的 工作。 你们 不会 向 任何 人 说 这些 的， 是 吗？”

“ rúguǒ nǐ xiànzài bù chūlái， wǒmen huì bǎ jǐngquǎn fàng jìnqù！” tā hǎndào， jiēzhe xiàng yī zhǐ shēngqì de dà gǒu fèi zhe。 nàxiē zéi lìkè bǎ shǒu jǔqǐ pǎo chūlái。 míng róng gǎnkuài yòng shǒukào suǒshàng tāmen， bìngbǎ tāmen zhuā rù jǐngchē。 ránhòu， tā duì mài kè shuō：“ jiǎzhuāng wǒmen yǒu yī zhǐ gǒu zhēn shì yī gè hěn bàng de zhǔyi！ nǐ kàn， wǒ yǐjīng wàngjì wǒ de qiāng liǎng cì le。 rúguǒ tāmen zhīdào wǒ yòu wàngjì dì sāncì， tāmen kěnéng huì cítuì wǒ huò ràng wǒ zuò bàngōngshì de gōngzuò。 nǐmen bùhuì xiàng rènhé rén shuō zhèxiē de， shì ma？”

“ 一定 不会！” 迈 克 说。

“ 决不，” 明 说。

“ 非常 谢谢 你们 的 帮忙， 男生 们！” 明 荣 很 大力 地 与 他们 握手。

“ yīdìng bùhuì！” mài kè shuō。

“ juébù，” míng shuō。

“ fēicháng xièxie nǐmen de bāngmáng， nánshēng men！” míng róng hěn dàlì de yú tāmen wòshǒu。

dem anderen aus raus!“

Sie warteten eine Minute. Niemand kam. Dann hatte Mike eine Idee.

“Wenn ihr nicht rauskommt, hetzen wir den Polizeihund auf euch!”, rief er und bellte wie ein großer, wütender Hund. Die Diebe kamen sofort mit erhobenen Händen heraus gerannt. Ming Rong legte ihnen schnell Handschellen an und brachte sie ins Polizeiauto. Dann sagte er zu Mike: „Das war eine gute Idee, so zu tun, als ob wir einen Hund hätten. Weißt du, ich habe meine Waffe schon zweimal vergessen. Wenn sie herausfinden, dass ich sie zum dritten Mal vergessen habe, feuern sie mich vielleicht oder lassen mich Büroarbeit machen. Ihr erzählt es doch niemandem, oder?“

„Natürlich nicht!“, sagte Mike.

„Nie“, sagte Ming.

„Vielen Dank für eure Hilfe, Jungs!“ Ming Rong schüttelte ihnen kräftig die Hand.

第二十八章
Kapitel 28

警察巡逻（第二部）
Die Polizeistreife (Teil 2)

A

单词
Vokabeln

1. 按 àn; 压 yā - drücken
2. 按钮 àn niǔ - der Knopf
3. 包涵 bāo hán; 原谅 yuán liàng - sich entschuldigen; 对不起 duì bu qǐ - Entschuldigen Sie.
4. 保护 bǎo hù - beschützen
5. 保险箱 bǎo xiǎn xiāng - der Tresor
6. 玻璃 bō lí - das Glas
7. 不见 了 bú jiàn le - weg, verschwunden
8. 不省人事 bù xǐng rén shì; 无意识 wú yì shí; 失去 知觉 shī qù zhī jué - bewusstlos
9. 诚挚 此致 chéng zhì cǐ zhì - hochachtungsvoll
10. 聪明 cōng míng - schlau
11. 打开 dǎ kāi - öffnen
12. 电话 diàn huà - das Telefon; 打电话 dǎ diàn huà - anrufen
13. 购物中心 gòu wù zhōng xīn - das Einkaufszentrum

14. 很 少 hěn shǎo; 难得 nándé - selten
15. 回答 huí dá - antworten
16. 看见 kàn jiàn - sahen, gesehen
17. 口袋 kǒu dài - die Tasche
18. 某人 mǒu rén - jemand
19. 带 dài - gebracht
20. 男子 nánzǐ; 男人 nánrén - die Männer
21. 昨天 zuó tiān - gestern
22. 小偷 xiǎotōu - der Dieb
23. 普通 pǔ tōng; 平时 píng shí - gewöhnlich
24. 强 匪 qiáng fěi; 强盗 qiángdào - der Räuber
25. 抢劫 qiǎng jié - der Überfall
26. 尚未 shàngwèi - noch nicht
27. 射 shè - schiessen, schoss
28. 收银 处 shōu yín chù - die Kasse; 出纳员 chū nà yuán - der Kassierer
29. 手机 shǒu jī - das Handy
30. 谁 的 shéi de - wessen
31. 弹跳 tán tiào dàn - abprallen
32. 偷 tōu - stehlen
33. 偷偷 地 tōu tōu dì; 暗地里 àn dì li - heimlich
34. 我的 wǒ de - mein
35. 现金 xiàn jīn - das Bargeld
36. 响 xiǎng - klingeln
37. 也 yě - auch
38. 转 zhuàn - drehen

B

警察巡逻 （第二部分）

隔天， 迈 克 和 明 又 再 次 陪伴 明 荣。 当 一 个 女子 来到 他们 面前 时， 他们 正在 站 在 一 间 大 购物中心 附近。

“ 请问 你们 可以 帮助 我 吗？ ” 她 问。

gétiān, mài kè hé míng yòu zài cì péibàn míng róng。 dāng yī gè nǚzǐ láidào tāmen miànqián shí, tāmen zhèngzài zhàn zài yī jiān dà gòuwùzhōngxīn fùjìn。

“ qǐngwèn nǐmen kěyǐ bāngzhù wǒ ma？” tā wèn。

“ 当然。 发生 了 什么事？ ” 明 荣 问。

“ 我 的 手机 不见 了。 我 想 它 被 偷 走 了。”

“ 它 今天 有 被 用 过 吗？ ” 警察 问。

“ 在 我 还 没有 从 购物中心 出来 前， 我 用 过， ” 她 回答。

“ dāngrán。 fāshēng le shénmeshì？” míng róng wèn。

“ wǒ de shǒujī bùjiàn le。 wǒ xiǎng tā bèi tōu zǒu le。 ”

“ tā jīntiān yǒu bèi yòng guò ma？” jǐngchá wèn。

“ zài wǒ hái méiyǒu cóng gòuwùzhōngxīn chūlái qián, wǒ yòng guò, ” tā huídá。

Die Polizeistreife (Teil 2)

Am nächsten Tag begleiteten Mike und Ming Ming Rong wieder. Sie standen neben einem großen Einkaufszentrum, als eine Frau zu ihnen kam.

„Können Sie mir bitte helfen?“, fragte sie.

„Natürlich. Was ist passiert?“, fragte Ming Rong.

“Mein Handy ist weg. Ich glaube, es wurde gestohlen.”

“Haben Sie es heute schon benutzt?”, fragte der Polizist.

„Ich habe es benutzt, bevor ich das Einkaufszentrum verlassen habe“, antwortete die Frau.

“ 我们 一起 进去 吧，” 明 荣 说。 他们 进去 购物中心， 并 四处 看看。 那里 有 许多 人。
“ wǒmen yīqǐ jìnqù ba, ” míng róng shuō。 tāmen jìnqù gòuwùzhōngxīn, bìng sìchù kànkan。 nàli yǒu xǔduō rén。
“ 我们 尝试 一 个 老 把戏 吧，” 明 荣 说 着 并 拿出 他 自己 的 手机，“ 你 的 电话 号码 是 多少？” 他 问 那个 女子。 她 说 了， 他 打 她 的 电话 号码。 一 部 手机 在 他们 远 的 地方 响 着。 他们 去 到手 机 响 的 地方。 那里 有 一排 队列。 一 个 在 队列 里 的 男子 看 到 警察， 然后 他 立刻 把 他 的 头 转 开。 警察 走 得 更 近， 并 仔细 地 听。 手机 在 他 的 口袋 里 响 着。
“ wǒmen chángshì yī gè lǎo bǎxì ba, ” míng róng shuō zhe bìng náchū tā zìjǐ de shǒujī, “ nǐ de diànhuà hàomǎ shì duōshao？” tā wèn nàge nǚzǐ。 tā shuō le, tā dǎ tā de diànhuà hàomǎ。 yī bù shǒujī zài tāmen bù yuǎn de dìfang xiǎng zhe。 tāmen qù dàoshǒu jī xiǎng de dìfang。 nàli yǒu yīpái duìliè。 yī gè zài duìliè lǐ de nánzǐ kàn dào jǐngchá, ránhòu tā lìkè bǎ tā de tóu zhuàn kāi。 jǐngchá zǒu dé gèng jìn, bìng zǐxì de tīng。 shǒujī zài tā de kǒudài lǐ xiǎng zhe。
“ 对不起，” 明 荣 说。 那个 男子 看 着 他。
“ 对不起， 你 的 手机 在 响，” 明 荣 说。
“ 哪里？” 男子 说。
“ 这里， 在 你 的 口袋 里，” 明 荣 说。
“ 不， 它 没有，” 男子 说。
“ 是， 它 是，” 明 荣 说。
“ duìbuqǐ, ” míng róng shuō。 nàge nánzǐ kàn zhe tā。
“ duìbuqǐ, nǐ de shǒujī zài xiǎng, ” míng róng shuō。
“ nǎlǐ？” nánzǐ shuō。
“ zhèlǐ, zài nǐ de kǒudài lǐ, ” míng róng shuō。
“ bù, tā méiyǒu, ” nánzǐ shuō。
“ shì, tā shì, ” míng róng shuō。
“ 不是 我 的，” 男子 说。
“ 那么， 谁 的 手机 在 你 的 口袋 里 响 着呢？” 明 荣 问。
“ 我 不知道，” 男子 回答。

„Lasst uns gemeinsam reingehen“, sagte Ming Rong. Sie gingen ins Einkaufszentrum und sahen sich um. Viele Leute waren da.
„Lasst uns einen alten Trick versuchen”, sagte Ming Rong und holte sein eigenes Handy hervor. „Wie ist Ihre Nummer?“, fragte er die Frau. Sie sagte sie ihm, und er wählte. Nicht weit von ihnen klingelte ein Handy. Sie gingen zu der Stelle, an der es klingelte. Dort war eine Schlange. Ein Mann in der Schlange sah den Polizisten an und schaute dann schnell weg. Der Polizist ging näher hin und horchte aufmerksam. Das Handy klingelte in der Tasche des Mannes.
„Entschuldigen Sie“, sagte Ming Rong. Der Mann sah ihn an.
„Entschuldigen Sie, Ihr Handy klingelt”, sagte Ming Rong.
„Wo?”, sagte der Mann.
„Hier, in ihrer Tasche“, sagte Ming Rong.
„Nein, es klingelt nicht“, sagte der Mann.
„Doch, es klingelt“, sagte Ming Rong.
„Das ist nicht meins“, sagte der Mann.

“请让我看看，” 明荣说着， 并把手机从男子的口袋里拿出来。
“哦， 它是我的！” 女子喊道。
“bùshì wǒ de，” nánzǐ shuō。
“nàme， shéi de shǒujī zài nǐ de kǒudài lǐ xiǎng zhene？” míng róng wèn。
“wǒ bù zhīdào，” nánzǐ huídá。
“qǐng ràng wǒ kànkan，” míng róng shuō zhe， bìngbǎ shǒujī cóng nánzǐ de kǒudài lǐ ná chūlái。
“o， tā shì wǒ de！” nǚzǐ hǎndào。
“把你的手机拿去，” 明荣把它给她时说。
“请问我可以吗？” 明荣问， 并再把他的手放入男子的口袋里。 他拿出另一部手机， 接着又一部。
“它们是不是都不是你的呢？” 明荣问那个男子。
“bǎ nǐ de shǒujī ná qù，” míng róng bǎ tā gěi tā shí shuō。
“qǐngwèn wǒ kěyǐ ma？” míng róng wèn， bìng zài bǎ tā de shǒu fàng rù nánzǐ de kǒudài lǐ。 tā náchū lìngyī bù shǒujī， jiēzhe yòu yī bù。
“tāmen shìbùshì dōu bùshì nǐ de ne？” míng róng wèn nàge nánzǐ。
男子摇摇他的头， 并看向别的地方。
“好奇怪的电话！” 明荣喊道，“它们会从它们的主人那里跑走， 并跳进这个男子的口袋里！ 而现在它们在他的口袋里响着， 不是吗？”
“是的， 他们是，” 男子说。
nánzǐ yáo yáo tā de tóu， bìng kàn xiàng biéde dìfang。
“hǎo qíguài de diànhuà！” míng róng hǎndào，“tāmen huì cóng tāmen de zhǔrén nàli pǎozǒu， bìng tiàojìn zhège nánzǐ de kǒudài lǐ！ ér xiànzài tāmen zài tā de kǒudài lǐ xiǎng zhe， bùshìma？”
“shìde， tāmen shì，” nánzǐ shuō。
“你知道吗， 我的工作是保护人们。 而我会保护你远离他们。 进去我的车， 而我将会带你到一个没有电话会跳进你的

„Wessen Telefon klingelt dann in Ihrer Tasche?“, fragte Ming Rong.
„Ich weiß es nicht“, antwortete der Mann.
„Zeigen Sie es mir bitte“, sagte Ming Rong und holte das Handy aus der Tasche des Mannes.
„Oh, das ist meins!“, rief die Frau.
„Hier, nehmen Sie Ihr Telefon“, sagte Ming Rong und gab es ihr.
„Darf ich?“, fragte Ming Rong und steckte seine Hand wieder in die Tasche des Mannes. Er holte ein anderes Handy hervor und dann noch eins.
„Gehören die auch nicht Ihnen?“, fragte Ming Rong den Mann.
Der Mann schüttelte den Kopf und sah weg.
„Was für seltsame Handys!“, rief Ming Rong. „Sie sind ihren Besitzern davongelaufen und in die Tasche dieses Mannes gesprungen! Und jetzt klingeln sie in seiner Tasche oder nicht?“
„Ja, das tun sie“, sagte der Mann.
„Wie Sie wissen, ist es mein Job Menschen zu beschützen. Und ich werde Sie vor ihnen beschützen. Steigen Sie in mein Auto und ich bringe Sie an einen Ort, wo kein Telefon in Ihre Tasche springen

口袋 的 地方。 我们 去 警察局 吧，” 警察 说。 然后， 他 把 那个 男子 的 手臂 捉 起来， 并 带 他 去 警 车。
“ nǐ zhīdào ma， wǒ de gōngzuò shì bǎohù rénmen。 ér wǒ huì bǎohù nǐ yuǎnlí tāmen。 jìnqù wǒ de chē， ér wǒ jiānghuì dài nǐ dào yī gè méiyǒu diànhuà huì tiàojìn nǐ de kǒudài de dìfang。 wǒmen qù jǐngchájú ba，” jǐngchá shuō。 ránhòu， tā bǎ nàge nánzǐ de shǒubì zhuō qilai， bìng dài tā qù jǐng chē。
“ 我 喜欢 愚蠢 的 罪犯，” 当 他们 把 小偷 捉 去 警局 之后， 周 明 荣 笑 着 说。
“ 你 有 遇见 聪明 的 吗？” 明 问。
“ 有， 我 有。 但是， 非常 少，” 警察 回答，“ 因为 非常 难 捉 到 一 个 聪明 的 罪犯。”
“ wǒ xǐhuan yúchǔn de zuìfàn，” dāng tāmen bǎ xiǎotōu zhuō qù jǐngjú zhīhòu， zhōu míng róng xiào zhe shuō。
“ nǐ yǒu yùjiàn cōngming de ma？” míng wèn。
“ yǒu， wǒ yǒu。 dànshì， fēicháng shǎo，” jǐngchá huídá，“ yīnwèi fēicháng nán zhuō dào yī gè cōngming de zuìfàn。”
与此同时， 两 个 男子 进 了 银行。 他们 其中 一 个 在 队列 里 排队。 另一 个 来到 收银 处， 并 拿 一 张 纸 给 出纳员。 出纳员 拿 着 纸， 并 读 道：
“ 亲爱 的 先生，
这 是 一 个 银行 的 抢劫案。 把 所有 的 现金 给 我。 如果 你不， 那么 我 将会 用 我 的 枪。
谢谢 你。
此致 敬礼 伟
yǔcǐtóngshí， liǎng gè nánzǐ jìn le yínháng。 tāmen qízhōng yī gè zài duìliè lǐ páiduì。 lìngyī gè láidào shōuyín chù， bìng ná yī zhāng zhǐ gěi chūnàyuán。 chūnàyuán ná zhe zhǐ， bìng dú dào：
“ qīn'ài de xiānsheng，
zhè shì yī gè yínháng de qiǎngjié'àn。 bǎ suǒyǒu de xiànjīn gěi wǒ。 rúguǒ nǐ bù， nàme wǒ jiānghuì yòng wǒ de qiāng。 xièxie nǐ。
cǐzhì jìnglǐ
wěi

kann. Wir fahren aufs Revier“, sagte der Polizist. Dann nahm er den Mann am Arm und brachte ihn zum Polizeiauto.
„Ich mag dumme Verbrecher“, sagte Zhou Ming Rong grinsend, nachdem sie den Dieb aufs Revier gebracht hatten.
„Hast du schon schlaue getroffen?“, fragte Ming.
„Ja, das habe ich. Aber es passiert selten“; antwortete der Polizist. „Denn es ist sehr schwer einen schlauen Verbrecher zu fangen.“
In der Zwischenzeit betraten zwei Männer die Bank. Einer von ihnen stellte sich in der Schlange an. Ein anderer ging zur Kasse und gab dem Kassierer einen Zettel. Der Kassierer nahm den Zettel und las.
„Sehr geehrter Herr,
das ist ein Überfall auf die Bank. Geben Sie mir alles Bargeld. Wenn Sie es nicht tun, werde ich meine Waffe benutzen. Danke.
Hochachtungsvoll,Wei“
„Ich denke, ich kann Ihnen helfen“, sagte der Kassierer, während er heimlich den Alarmknopf drückte. „Aber das Geld wurde gestern von mir im Tresor eingeschlossen. Der Tresor

“ 我 想 我 可以 帮助 你，” 出纳员 说， 并 暗地里 按下 警铃 按钮，“ 但是， 昨天， 钱 已经 被 我 锁 在 保险箱 里 了。 保险箱 还 没有 被 打开。 我 将会 叫 某 个人 打开 保险箱 并把 钱 拿 出来。 可以 吗？”
“ wǒ xiǎng wǒ kěyǐ bāngzhù nǐ，” chūnàyuán shuō， bìng àndìlǐ ànxià jǐnglíng ànniǔ，“ dànshì， zuótiān， qián yǐjīng bèi wǒ suǒ zài bǎoxiǎnxiāng lǐ le。 bǎoxiǎnxiāng hái méiyǒu bèi dǎkāi。 wǒ jiānghuì jiào mǒu gèrén dǎkāi bǎoxiǎnxiāng bìngbǎ qián ná chūlái。 kěyǐ ma？”
“ 好 吧！ 但是， 立刻 去 做！” 强 匪 回答。
“ 在 等待 钱 被 装入 袋子 里 时， 要 我 为 你 泡 一 杯 咖啡 吗？” 出纳员 问。
“ 不用， 谢谢 你。 只要 钱 就 可以 了，” 强 匪 回答。
“ hǎo ba！ dànshì， lìkè qù zuò！” qiáng fěi huídá。
“zài děngdài qián bèi zhuāngrù dàizi lǐ shí， yào wǒ wèi nǐ pào yī bēi kāfēi ma？” chūnàyuán wèn。
“ bùyòng， xièxie nǐ。 zhǐyào qián jiù kěyǐ le，” qiáng fěi huídá。
P07 警车 里 的 收音机 开始 讲话：“ 所有 的 巡警， 请 注意。 我们 收到 一 个 从 银行 发出 的 抢劫 警报。”
“P07 收到，” 周 警官 回答。 他 踩 尽 油门， 而 车子 开始 加速。 当 他们 开 到 银行 时， 那里 还 未有 其他 的 警车。
P07 jǐngchē lǐ de shōuyīnjī kāishǐ jiǎnghuà：“ suǒyǒu de xúnjǐng， qǐng zhùyì。 wǒmen shōudào yī gè cóng yínháng fāchū de qiǎngjié jǐngbào。”
“P07 shōudào，” zhōu jǐngguān huídá。 tā cǎi jìn yóumén， ér chēzi kāishǐ jiāsù。 dāng tāmen kāi dào yínháng shí， nàli hái wèiyǒu qítā de jǐngchē。
“ 如果 我们 进去， 我们 将会 有 一 个 精彩 的 报告，” 明 说。
“ 你们 做 你们 需要 做 的 事。 而 我 会 从 后门 进去，” 周 警官 说。 他 拿出 他 的 枪， 并 立刻 去 到 银行 的 后门。 明 和 迈 克 从 中间 的 门 进入 银行。 他们 看 到 一 个 男子 站

wurde noch nicht geöffnet. Ich werde jemanden bitten den Tresor zu öffnen und das Geld zu bringen. Okay?“
„Okay. Aber schnell!“, antwortete der Dieb.
„Sollen ich Ihnen eine Tasse Kaffee machen, während das Geld in Taschen gepackt wird?”, fragte der Kassierer.
„Nein, danke. Nur Geld, das reicht schon“, antwortete der Dieb.
Der Funk im Polizeiauto P07 meldete sich: „Achtung, alle Einheiten. Überfallalarm in der Bank.“
„P07 ist dran”, antwortete Polizeihauptmeister Zhou. Er trat aufs Gas und das Auto beschleunigte. Als sie an der Bank ankamen, war noch kein anderes Polizeiauto da.
„Das wird ein interessanter Bericht, wenn wir reingehen“, sagte Ming.
„Ihr Jungs macht, was ihr braucht. Ich gehe durch die Hintertür rein”, sagte Polizeihauptmeister Zhou. Er holte seine Waffe raus und ging schnell zur Hintertür der Bank. Ming und Mike betraten die Bank durch die Eingangstür. Sie sahen

在 收银 处 附近。 他 把 一 只 手 放 在 口袋 里， 并 看 着 四周。 那个 和 他 一起 来 的 男子， 从 队列 里 离开， 并 来到 他 那里。
“ rúguǒ wǒmen jìnqù， wǒmen jiānghuì yǒu yī gè jīngcǎi de bàogào， ” míng shuō。
“ nǐmen zuò nǐmen xūyào zuò de shì。 ér wǒ huì cóng hòumén jìnqù， ” zhōu jǐngguān shuō。 tā náchū tā de qiāng， bìng lìkè qù dào yínháng de hòumén。 míng hé mài kè cóng zhōngjiān de mén jìnrù yínháng。 tāmen kàn dào yī gè nánzǐ zhàn zài shōuyín chù fùjìn。 tā bǎ yī zhǐ shǒu fàng zài kǒudài lǐ， bìng kàn zhe sìzhōu。 nàge hé tā yīqǐ lái de nánzǐ， cóng duìliè lǐ líkāi， bìng láidào tā nàli。
“ 钱 在 哪里？ ” 他 问 伟。
“ 董， 出纳员 说 它 正在 被 放 入 袋子 里， ” 另一 个 强 匪 回答。
“ 我 已经 厌倦 了 等待！ ” 董 说。 他 拿出 一 把 枪， 并把 它 指向 出纳员， “ 现在 就 把 所有 的 钱 拿来！ ” 那个 强 匪 向 出纳员 喊道。
“ qián zài nǎlǐ？” tā wèn wěi。
“ dǒng， chūnàyuán shuō tā zhèngzài bèi fàng rù dàizi lǐ， ” lìngyī gè qiáng fěi huídá。
“ wǒ yǐjīng yànjuàn le děngdài！” dǒng shuō。 tā náchū yī bǎ qiāng， bìngbǎ tā zhǐxiàng chūnàyuán， “ xiànzài jiù bǎ suǒyǒu de qián nálái！” nàge qiáng fěi xiàng chūnàyuán hǎndào。
然后， 他 走 到 房间 的 中间， 喊 说 ： “ 所有 人 听 着！ 这 是 一 宗 抢劫案！ 没有 人 可以 移动！ ” 在 这个 时候， 某 个 在 收银 处 的 人 移动 了。 那个 有 枪 的 强 匪 看 也 没 看 地 射 向 他。 另一 个 强 匪 跌 在 地上， 并 喊道 ： “ 董！ 你 这个 愚蠢 的 猴子！ 他妈的！ 你 射 到 我 了！ ”
ránhòu， tā zǒu dào fángjiān de zhōngjiān， hǎn shuō ：“ suǒyǒu rén tīng zhe！ zhè shì yī zōng qiǎngjié'àn！ méiyǒu rén kěyǐ yídòng！” zài zhège shíhou， mǒu gè zài shōuyín chǔ de rén yídòng le。 nàge yǒu qiāng de qiáng fěi kàn yě méi kàn de shè xiàng tā。 lìngyī gè qiáng fěi diē zài dìshang， bìng hǎndào ：“ dǒng！ nǐ zhège

einen Mann in der Nähe der Kasse stehen. Er hatte eine Hand in seiner Tasche und sah sich um. Der Mann, der mit ihm gekommen war, ging aus der Schlange zu ihm.
„Wo ist das Geld?“, fragte er Wei.
„Dong, der Kassierer hat gesagt, dass es in Taschen gepackt wird“, antwortete der andere Dieb.
„Ich habe es satt, zu warten“, sagte Dong. Er holte seine Waffe hervor und richtete sie auf den Kassierer. „Bringen Sie jetzt alles Geld!“, schrie er. Dann ging er in die Mitte des Raums und rief: „Alle herhören! Das ist ein Überfall! Niemand bewegt sich!“ In diesem Moment bewegte sich jemand in der Nähe der Kasse. Der Dieb mit der Waffe schoss auf ihn, ohne hinzuschauen. Der andere Dieb fiel auf den Boden und rief: „Dong! Du dummer Affe! Verdammt! Du hast mich angeschossen!”
„Oh, Wei! Ich habe nicht gesehen, dass du das bist!”, sagte Dong. In diesem Moment rannte der Kassierer schnell nach draußen.
„Der Kassierer ist weggerannt und das Geld ist noch nicht hierher

yúchǔn de hóuzi！ tāmāde！ nǐ shè dào wǒ le！”
“ 噢， 伟！ 我 没有 看 到 那是 你！” 董 说。
在 这个 时候， 出纳员 立刻 跑 出去。
“ 出纳员 跑走 了， 而 钱 还 没有 被 拿来！”
董 向 伟 喊道，“ 警察 可能 很 快 就 到了！
我们 应该 怎么 做？”
“ ō， wěi！ wǒ méiyǒu kàn dào nàshi nǐ！” dǒng shuō。
zài zhège shíhou， chūnàyuán lìkè pǎo chūqù。
“ chūnàyuán pǎozǒu le， ér qián hái méiyǒu bèi nálái！”
dǒng xiàng wěi hǎndào，“ jǐngchá kěnéng hěn kuài jiù
dàoliǎo！ wǒmen yīnggāi zěnme zuò？”
“ 拿 一 个 很 大 的 东西， 打破 玻璃 来 拿 到
钱。 赶快！” 伟 喊道。 董 拿 了 一 张 铁
椅子， 并 打 向 收银 处 的 玻璃。 这 当然 不是
普通 的 玻璃， 而 它 并 没有 破。 但是， 椅子
弹 跳 回去， 打 到 强 匪 的 头！ 他 跌 到 地上
不省人事。 在 这个 时候， 周 警官 跑 进去， 并
立刻 把 用 手铐 把 强 匪 铐 上。 他 转向 明 和
迈 克。
“ 我 就 说 了！ 大多数 的 罪犯 都 是 愚蠢
的！” 他 说。
“ ná yī gè hěn dà de dōngxi， dǎpò bōli lái ná dào qián。
gǎnkuài！” wěi hǎndào。 dǒng ná le yī zhāng tiě yǐzi，
bìng dǎ xiàng shōuyín chǔ de bōli。 zhè dāngrán bùshì
pǔtōng de bōli， ér tā bìng méiyǒu pò。 dànshì， yǐzi tán
tiào huíqù， dǎ dào qiáng fěi de tóu！ tā diē dào dìshang
bùxǐngrénshì。 zài zhège shíhou， zhōu jǐngguān pǎo
jìnqù， bìng lìkè bǎ yòng shǒukào bǎ qiáng fěi kào
shàng。 tā zhuànxiàng míng hé mài kè。
“ wǒ jiù shuō le！ dàduōshù de zuìfàn dōu shì yúchǔn
de！” tā shuō。

gebracht worden!”, rief Dong Wei zu. „Die Polizei kann jeden Moment kommen! Was sollen wir machen?“

„Nimm etwas Großes, zerschlag das Glas und nimm das Geld! Schnell!“, rief Wei. Dong nahm einen metallenen Stuhl und schlug auf das Glas der Kasse. Natürlich war es kein gewöhnliches Glas und es zerbrach nicht. Doch der Stuhl prallte zurück und traf den Dieb am Kopf! Er fiel bewusstlos zu Boden. In diesem Moment kam Polizeihauptmeister Zhou herein gerannt und legte den Dieben schnell Handschellen an. Er drehte sich zu Ming und Mike um.

„Hab ich es doch gesagt! Die meisten Verbrecher sind einfach nur dumm!“, sagte er.

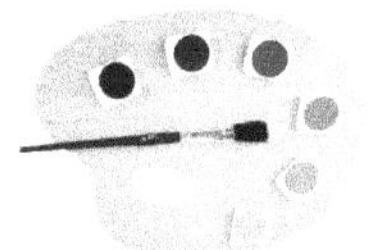

第二十九章
Kapitel 29

给外国留学生(SAS)和互惠生的学校
Schule für Austauschschüler (SAS) und Au-pair

A

单词
Vokabeln

1. 拜访 bài fǎng - besuchen
2. 北美 和 欧亚大陆 běi měi hé ōu yà dàlù - Nordamerika und Eurasien
3. 比赛 bǐ sài - der Wettbewerb, die Ausschreibung
4. 标准 biāo zhǔn - der Standard
5. 公平 bù gōng píng - ungerecht
6. 参与 cān yù - teilnehmen
7. 参与者 cān yù zhě - der Teilnehmer
8. 电子邮件 diàn zǐ yóu jiàn - die E-Mail
9. 付 还 fù hái - bezahlen, zahlen
10. 已 付 还 yǐ fù hái - bezahlte, gezahlt
11. 更换 gēng huàn - ändern, die Änderung
12. 国家 guó jiā - das Land
13. 过去 了 guò qù le - abgelaufen
14. 合约 hé yuē - die Vereinbarung
15. 寄 jì; 发送 fāsòng - schicken
16. 可能性 kěn éng xìng - die Möglichkeit
17. 课程 kè chéng - der Kurs
18. 两 次 liǎng cì - zweimal

19. 美国 měiguó - die Vereinigten Staaten, die USA
20. 年长 nián zhǎng - älter sein
21. 女儿 nǚ ér - die Tochter
22. 仆人 pú rén; 佣人 yōng rén - der Bedienstete
23. 人 rén - die Person, der Mensch
24. 日期 rì qī - das Datum
25. 生活在 shēng huó zaì; 住 zhù - leben
26. 网站 wǎng zhàn - die Website
27. 问题 wèn tí - das Problem
28. 希望 xī wàng - die Hoffnung, hoffen
29. 乡村 xiāng cūn - das Dorf
30. 写 xiě - schreiben
31. 信 xìn - der Brief
32. 选择 xuǎn zé - auswählen, sich entscheiden für
33. 学习 xué xí - lernen
34. 也 yě - auch
35. 一次 yīcì - einmal
36. 至 从 zhì cóng - seit
37. 既然 jì rán - da, weil
38. 致电 zhì diàn - jemanden anrufen
39. 主人 zhǔ rén - der Gastgeber
40. 寄宿 家庭 jì sù jiā tíng - die Gastfamilie
41. 最近 zuì jìn - nächste

B

给外国留学生(SAS)和互惠生的学校

迈 克 的 妹妹 、 弟弟 和 父母 住 在 美国。 他们 住 在 芝加哥。 妹妹 的 名字 是 苏菲 亚。 她 二十 岁 了。 她 从 • 十一 岁时 开始 学习 中文。 当 苏菲 亚 十五 岁时， 她 想要 参与 SAS 的 计划。

mài kè de mèimei 、 dìdi hé fùmǔ zhù zài měiguó。 tāmen zhù zài zhījiāgē。 mèimei de míngzi shì sūfēi yà。 tā èrshí suì le。 tā cóng shí·yī suìshí kāishǐ xuéxí zhōngwén。 dāng Sūfēi yà shíwǔ suìshí， tā xiǎngyào cānyù SAS de jìhuà。

让 一些 北美 和 欧亚大陆 的 高中生 可以 去 中国 与 一 个 住宿 家庭 居住 生活， 并 在 一 间 中文 学校 学习 一 年。 这个 课程 是 免费 的。 飞机票， 与 住宿 家庭 一起 生活， 食物， 在 中文 学校 学习 的 费用 都 是 由 SAS支付。 当 她 从 网站 得到 有关 比赛 日期 的 资料 时， 比赛 的 日子 已经 过去 le 了。

SAS ràng yīxiē běi měi hé ōu yà dàlù de gāozhōngshēng kěyǐ qù zhōngguó yǔ yī gè zhùsù jiātíng jūzhù shēnghuó， bìng zài yī jiān zhōngwén

Schule für Austauschschüler (SAS) und Au-pair

Mikes Schwester, Bruder und Eltern lebten in den USA. Sie wohnten in Chicago. Seine Schwester hieß Sofia. Sie war zwanzig Jahre alt. Sie lernte Chinesisch seit sie elf war. Als Sofia fünfzehn war, wollte sie an dem Programm SAS teilnehmen. SAS gibt Highschool-Schülern aus Eurasien die Möglichkeit, ein Jahr in den China zu verbringen, in einer Gastfamilie zu leben und eine chinesischen Schule zu besuchen. Das Programm ist kostenlos. Das Flugticket, die Unterkunft in der Familie, Essen und das chinesischen Schulegebühren werden von SAS

xuéxiào xuéxí yī nián。 zhège kèchéng shì miǎnfèi de。 fēijīpiào， yǔ zhùsù jiātíng yīqǐ shēnghuó， shíwù， zài zhōngwén xuéxiào xuéxí de fèiyòng dōu shì yóu SAS zhīfù。 dāng tā cóng wǎngzhàn dédào yǒuguān bǐsài rìqī de zīliào shí， bǐsài de rìzi yǐjīng guòqu le。

然后， 她 得知 互惠 生 的 计划。 这 项 计划 让 它 的 参与者 可以 在 另一 个 亚洲 国家 与 住宿 家庭 生活 一 年 或 两 年， 照顾 小孩 和 学习 一 个 语言 课程。 既然 迈 克 在 上海 学习， 苏菲 亚 就 写 了 一 封 电子邮件 给 他。 她 要求 他 在 中国 为 她 找 一 个 住宿 家庭。

ránhòu， tā dézhī hùhuì shēng de jìhuà。 zhè xiàng jìhuà ràng tā de cānyùzhě kěyǐ zài lìngyī gè yàzhōu guójiā yǔ zhùsù jiātíng shēnghuó yī nián huò liǎng nián， zhàogu xiǎohái hé xuéxí yī gè yǔyán kèchéng。 jìrán mài kè zài shàng hǎi xuéxí， sūfēi yà jiù xiě le yī fēng diànzǐyóujiàn gěi tā。 tā yāoqiú tā zài zhōngguó wéi tā zhǎo yī gè zhùsù jiātíng。

迈 克 浏览了 一些 有 广告 的 报纸 和 网站。 他 在 http: / / www.aupair-world.net / hé 和 http: / / www.placementaupair.com / 发现了 一些 中 国 的 住宿 家庭。 然后， 迈 克 拜访了 一 间 在 上海 的 互惠 生 介绍 所。 他 咨询了 一 个 女人。 她 的 名字 是 黄 惠。

mài kè líulǎnle yīxiē yǒu guǎnggào de bàozhǐ hé wǎngzhàn。 tā zài http: / / www.aupair-world.net / hé http: / / www.placementaupair.com / fāxiànle yīxiē zhōng guó de zhùsù jiātíng。 ránhòu， mài kè bàifǎngle yī jiān zài shàng hǎi de hùhuì shēng jièshào suǒ。 tā zīxúnle yī gè nǚrén。 tā de míngzi shì huáng huì。

“ 我 的 妹妹 是 从 美国 来 的。 她 想要 与 一 个中 国家 庭 当 互惠 生。 你 可以 在 这 件 事 上 帮忙 吗？ ” 迈 克 问 惠。

“ wǒ de mèimei shì cóng měiguó lái de。 tā xiǎngyào yǔ yī gèzhōng guójiā tíng dāng hùhuì shēng。 nǐ kěyǐ zài zhè jiàn shì shàng bāngmáng ma？” mài kè wèn huì。

gezahlt. Aber als sie sich auf der Website über die Ausschreibung informierte, war die Frist schon abgelaufen.

Dann erfuhr sie von dem Au-pair-Programm. Dieses Programm ermöglicht es den Teilnehmern, ein oder zwei Jahre in einem anderen asiatischen Land zu verbringen, bei einer Gastfamilie zu leben, sich um die Kinder zu kümmern und einen Sprachkurs zu besuchen. Da Mike gerade in Shanghai studierte, schrieb Sofia ihm eine E-Mail. Sie bat ihn darum, eine Gastfamilie für sie in China zu finden. Mike sah Zeitungen und Websites mit Anzeigen durch. Er fand amerikanische Gastfamilien auf http://www.aupair-world.net/ und auf http://www.placementaupair.com/. Dann ging Mike zu einer Au-pair-Vermittlung in Shanghai. Er wurde von einer Frau beraten. Sie hieß Huang Hui.

„Meine Schwester kommt aus den USA. Sie würde gerne als Au-pair bei einer chinesischen Familie arbeiten. Können Sie mir helfen?“, fragte Mike Hui.

„Natürlich, sehr gerne. Wir vermitteln Au-pairs an Familien überall in China. Ein Au-pair kommt

“我 很 荣幸 可以 帮助 您。 我们 在 中国 各地 的 家庭 安置 互惠 生。 一 个 互惠 生 是 一 个 参与 住宿 家庭 并 在 家里 帮忙， 看顾 小孩 的 人。 住宿 家庭 提供 互惠 生 食物， 一 间 房间 和 零用钱。 零用钱 可以 是 从 2000 至 6000 元。 住宿 家庭 也 必须 为 互惠 生 支付 一 个 语言 课程 的 费用，” 惠 说。
“ wǒ hěn róngxìng kěyǐ bāngzhù nín。 wǒmen zài zhōngguó gèdì de jiātíng ānzhì hùhuì shēng。 yī gè hùhuì shēng shì yī gè cānyù zhùsù jiātíng bìng zài jiālǐ bāngmáng， kàngù xiǎohái de rén。 zhùsù jiātíng tígōng hùhuì shēng shíwù， yī jiān fángjiān hé língyòngqián。 língyòngqián kěyǐ shì cóng 2000 zhì 6000 yuán。 zhùsù jiātíng yě bìxū wéi hùhuì shēng zhīfù yī gè yǔyán kèchéng de fèiyòng，” huì shuō。
“那么 有 好 和 坏 的 家庭 吗？” 迈 克 问。
“有 两 个 关于 选择 一 个 家庭 的 问题。 第一， 一些 家庭 认为 一 个 互惠 生 是 一 个 必须 做 家里 任何 事情 的 佣人， 包括 为 所有 家庭成员 烹煮 、 打扫 、 清洗 、 在 花园 里 工作 等等。 但是 一 个 互惠 生 不是 一 个 佣人。 一 个 互惠 生就 好像 是 一 个 在 家庭 里 年长 的 女儿 或 儿子 来 为 父母 照顾 年 小的 孩子。
“ nàme yǒu hǎo hé huài de jiātíng ma？” mài kè wèn。
“ yǒu liǎng gè guānyú xuǎnzé yī gè jiātíng de wèntí。 dìyī， yīxiē jiātíng rènwéi yī gè hùhuì shēng shì yī gè bìxū zuò jiālǐ rènhé shìqing de yōngrén， bāokuò wèi suǒyǒu jiātíngchéngyuán pēngzhǔ 、 dǎsǎo 、 qīngxǐ 、 zài huāyuán lǐ gōngzuò děngděng。 dànshì yī gè hùhuì shēng bùshì yī gè yōngrén。 yī gè hùhuì shēngjiù hǎoxiàng shì yī gè zài jiātíng lǐ niánzhǎng de nǚ'ér huò érzi lái wèi fùmǔ zhàogù nián xiǎode háizi。
为了 保护 他们 的 权利， 互惠 生 一定要 与 住宿 家庭 商讨 一 个 协议。 当 一些 互惠 生 介绍 所 或 住宿 家庭 说 他们 用 一 个 “标准” 的 合约 时， 千万 不要 相信。 这里 并 没有 标准 的 合约。 如果 那是 不公平 的， 互惠 生 可以 更换 合约 里 的 任何 东西。

in eine Gastfamilie, um im Haus zu helfen und sich um die Kinder zu kümmern. Die Gastfamilie gibt dem Au-pair Essen, ein Zimmer und Taschengeld. Das Taschengeld liegt zwischen zweitausend und sechstausend Yuan. Die Gastfamilie muss auch die Gebühren für den Sprachkurs für das Au-pair bezahlen”, sagte Hui.
„Gibt es gute und schlechte Familien?“, fragte Mike.
„Es gibt zwei Probleme bei der Wahl einer Familie. Zum einen denken manche Familien, dass ein Au-pair ein Bediensteter sei, der alles im Haus machen muss, einschließlich für die ganze Familie kochen, putzen, waschen, Gartenarbeit usw. Aber ein Au-pair ist kein Bediensteter. Ein Au-pair ist wie eine ältere Tochter oder ein älterer Sohn der Familie, der den Eltern mit den jüngeren Kindern hilft. Um ihre Rechte zu schützen, müssen die Au-pairs eine Vereinbarung mit der Gastfamilie ausarbeiten. Glaub bloß nicht, wenn Au-pair-Vermittlungen oder Gastfamilien sagen, dass sie eine Standardvereinbarung verwenden. Es gibt keine Standardvereinbarung. Das Au-pair kann jeden Teil der

所有 互惠 生 和 住宿 家庭 将会 做 的 事情 都 必须 写 在 一 份 合约 里。
wèile bǎohù tāmen de quánlì， hùhuì shēng yīdìngyào yǔ zhùsù jiātíng shāngtǎo yī gè xiéyì。 dāng yīxiē hùhuì shēng jièshào suǒ huò zhùsù jiātíng shuō tāmen yòng yī gè “ biāozhǔn ” de héyuē shí, qiānwàn bùyào xiāngxìn。 zhèlǐ bìng méiyǒu biāozhǔn de héyuē。 rúguǒ nàshi bù gōngpíng de, hùhuì shēng kěyǐ gēnghuàn héyuē lǐ de rènhé dōngxi。 suǒyǒu hùhuì shēng hé zhùsù jiātíng jiānghuì zuò de shìqing dōu bìxū xiě zài yī fèn héyuē lǐ。
第二 个 问题 是 这个 ： 一些 家庭 生活 在 小 乡村， 那里 并 没有 语言 课程， 并且 只有 几个 互惠 生 可以 在 空闲 时间 去 的 地方。 在 这种 情况 下， 在 合约 里 必须 包括 住宿 家庭 一定要 支付 互惠 生 去 最近 的 大城市 的 来回 车票。 这 可以 是 一 个 星期 一次 或 两 次。
dì'èr gè wèntí shì zhège ： yīxiē jiātíng shēnghuó zài xiǎo xiāngcūn， nàli bìng méiyǒu yǔyán kèchéng, bìngqiě zhǐyǒu jǐge hùhuì shēng kěyǐ zài kòngxián shíjiān qù de dìfang。 zài zhèzhǒng qíngkuàng xià, zài héyuē lǐ bìxū bāokuò zhùsù jiātíng yīdìngyào zhīfù hùhuì shēng qù zuìjìn de dàchéngshì de láihuí chēpiào。 zhè kěyǐ shì yī gè xīngqī yīcì huò liǎng cì。
“ 原来 如此。 我 的 妹妹 想要 一 个 从 上海 来 的 家庭。 你 可以 在 这个 城市 找 一 个 好 的 家庭 吗？” 迈 克 问。
“ 你 看， 现在 大约 有 二十 个 家庭 是 来自 上海 的，” 惠 回答。 她 打电话 给 其中 一些 家庭。 住宿 家庭 很 开心 有 一 个 从 美国 来 的 互惠 生。 大多数 的 家庭 想要 得到 苏菲 亚 一 封 有 照片 的 信。 也 有 其中 一些 家庭 想要 致电 给 她 来 确定 她 会 说 一些 中文。 所以 迈 克 给了 他们 她 的 电话 号码。
“ yuánlái rúcǐ。 wǒ de mèimei xiǎngyào yī gè cóng shàng hǎi lái de jiātíng。 nǐ kěyǐ zài zhège chéngshì zhǎo yī gè hǎo de jiātíng ma？” mài kè wèn。
“ nǐ kàn， xiànzài dàyuē yǒu èrshí gè jiātíng shì lái zì

Vereinbarung ändern, wenn sie ungerecht ist. Alles, was ein Au-pair und die Gastfamilie machen, muss schriftlich in der Vereinbarung festgehalten werden.
Das zweite Problem ist: Manche Familien leben in kleinen Dörfern, in denen es keine Sprachkurse und wenige Orte gibt, wo das Au-pair in seiner Freizeit hingehen kann. In diesem Fall muss die Vereinbarung enthalten, dass die Gastfamilie für Hin- und Rückfahrkarten in die nächste größere Stadt zahlen muss, wenn das Au-pair dorthin fährt. Das kann ein- oder zweimal die Woche sein.“
„Ah, so ist das. Meine Schwester hätte gerne eine Familie aus Shanghai. Können Sie eine gute Familie in dieser Stadt finden?”, fragte Mike.
„Na ja, im Moment haben wir etwa zwanzig Familien aus Shanghai“, antwortete Hui. Sie rief ein paar von ihnen an. Die Gastfamilien waren froh, ein Au-pair-Mädchen aus den USA zu bekommen. Die meisten Familien wollten einen Brief mit einem Foto von Sofia. Manche von ihnen wollten sie auch anrufen, um sicherzugehen, dass sie ein bisschen

shàng hǎi de，” huì huídá。 tā dǎdiànhuà gěi qízhōng yīxiē jiātíng。 zhùsù jiātíng hěn kāixīn yǒu yī gè cóng Měiguó lái de hùhuì shēng。 dàduōshù de jiātíng xiǎngyào dédào Sūfēi yà yī fēng yǒu zhàopiàn de xìn。 yě yǒu qízhōng yīxiē jiātíng xiǎngyào zhìdiàn gěi tā lái quèdìng tā huì shuō yīxiē zhōngwén。 suǒyǐ mài kè gěi le tāmen tā de diànhuà hàomǎ。

一些 住宿 家庭 致电 给 苏菲 亚。 然后， 她 寄 信 给 他们。 最后， 她 选择 了 一 个 适合 的 家庭， 并 在 惠 的 帮忙 下 与 他们 商讨 一 份 和约。 住宿 家庭 支付了 从 美国 到 中国 的 机票。 最后， 苏菲 亚 充满 着 希望 和 梦想 出发 去了 中国。

yīxiē zhùsù jiātíng zhìdiàn gěi Sūfēi yà。 ránhòu， tā jì xìn gěi tāmen。 zuìhòu， tā xuǎnzé le yī gè shìhé de jiātíng， bìng zài huì de bāngmáng xià yǔ tāmen shāngtǎo yī fèn héyuē。 zhùsù jiātíng zhīfù le cóng měiguó dào zhōngguó de jīpiào。 zuìhòu， sūfēi yà chōngmǎn zhe xīwàng hé mèngxiǎng chū fā qù le zhōngguó。

Chinesisch sprach. Also gab Mike ihnen ihre Telefonnummer.

Ein paar Gastfamilien riefen Sofia an. Dann schickte sie ihnen Briefe. Schließlich entschied sie sich für eine passende Familie und arbeitete mit Huis Hilfe eine Vereinbarung mit ihnen aus. Die Familie bezahlte das Ticket von Deutschland in die USA. Schließlich fuhr Sofia voller Hoffnungen und Träume nach China

* * *

Wörterbuch Chinesisch-Deutsch

一 yī - eins
一 个 接 一 个 yī ge jiē yī ge - einer nach dem anderen
一些 yī xiē - etwas, ein wenig
一些 yīxiē - ein wenig; einige
一半 yī bàn - halb
一定 yī dìng - bestimmt; 不可以 bù kě yǐ - nicht dürfen
一定要 yī dìng yào - müssen;
我一定要去 wǒ yī dìng yào qù - Ich muss hingehen.
一次 yīcì - einmal
一直 yī zhí - immer
一起 yī qǐ - zusammen
七 qī - sieben
三 sān - drei
三十 sān shí - dreißig
三明治 sān míng zhì - das Sandwich
上午 shàng wǔ, 早上 zǎo shàng, 早晨 zǎo chén - der Morgen
下(车) xià (chē) / 离开 lí kāi - aussteigen
下午 五 点 xiàwǔ wǔ diǎn (点钟 diǎnzhōng) - fünf Uhr nachmittags
下雨 xià yǔ - der Regen, regnen
不 bù - nein
不同 bù tóng; 不一样 bùyīyàng - verschieden
不断 bù duàn; 不变 bù biàn - beständig
不正确 bù zhèng què; 不对 bù duì; 错的 cuò de - falsch
不省人事 bù xǐng rén shì; 无意识 wú yì shí; 失去 知觉 shī qù zhī jué - bewusstlos
不能 相信 自己 的 眼睛 bù néng xiāng xìn zì jǐ de yǎn jīng - seinen Augen nicht trauen
不要 担心! bù yào dān xīn - Mach dir keine Sorgen!
不见 了 bú jiàn le - weg, verschwunden
与 yǔ - mit
专业 zhuān yè - der Beruf
专栏 zhuān lán - die Rubrik
世界 shì jiè - die Welt
业主 yè zhǔ; 物主 wùzhǔ - der Besitzer
东西 dōng xi - das Ding, die Sache
两 次 liǎng cì - zweimal
两个 liǎng gè; 二 èr - zwei
个人 gè rén - persönlich
个别 gè bié; 个人 gè rén - einzelne, einzelner
中国 zhōng guó - China
中国人 zhōng guó rén - Chinese; 日本 rì běn - Japan; 日本人 rì běn rén - Japaner
中央 zhōng yāng - Haupt-, zentral
中心 zhōng xīn - das Zentrum; 市中心 shì zhōng xīn - das Stadtzentrum
中间 的 名字 zhōng jiān de míng zì - der zweite Name
为 wèi - für
为了 wèi le - für (zwecks)
主人 zhǔ rén - der Gastgeber
主意 zhǔ yi; 点子 diǎn zi - die Idee
之前 zhī qián - vorher
之后 zhī hòu - nachher
之间 zhī jiān - zwischen
乐趣 lè qù - der Spaß
九 jiǔ - neun
也 yě - auch
乡村 xiāng cūn - das Dorf
书 shū - das Buch
书柜 shū guì - das Bücherregal
二十 èr shí - zwanzig
二十 一 èr shí yī - einundzwanzig
二十 五 èr shí wǔ - fünfundzwanzig

五 wǔ - fünf
享受 xiǎng shòu - Spaß haben, genießen
亲吻 qīn wěn - küssen
亲爱 的 qīn ài de - lieber, liebe
人 rén - die Person, der Mensch
人事部门 rén shì bù mén - die Personalabteilung
人们 rén men - die Menschen
人类 rén lèi - der Mensch, die Menschheit
什么 shén me - was; 这 是 什么? zhè shì shén me - Was ist das?
什么 问题？ shén me wèn tí - Was ist los? Was ist das Problem?
仆人 pú rén; 佣人 yōng rén - der Bedienstete
今天 jīn tiān - heute
介 绍 所 jiè shào suǒ - die Agentur
介绍 jiè shào - empfehlen, vorstellen, zeigen
从 cóng - aus; 从 美 国 来 cóng měi guó lái - aus den USA kommen
从未 cóng wèi; 从不 cóng bù - nie
仔细 地 zǐ xì dì; 小心 地 xiǎo xīn dì - vorsichtig, sorgfältig
仔细 地 听 zǐ xì dì tīng - genau zuhören
他 tā - er
他们 tā men - sie
他们 的 tā men de - ihr, ihre
他的 tā de - sein, seine; 他的 床 tā de chuáng - sein Bett
付 fù - zahlen
付 还 fù hái - bezahlen, zahlen
仪式 yí shì; 典礼 diǎn lǐ - die Feier
价钱 jià qian - der Preis
任何 rèn hé - irgendwelche
任何 东西 rèn hé dōng xi - irgendetwas
休息 xiū xi / 停顿 tíng dùn / 暂停 zàn tíng - die Pause
会员 huì yuán - das Mitglied
伤心 shāng xīn - traurig
估计 gū jì; 预计 yù jì - beurteilen
但是 dàn shì - aber
体力 工作 tǐ lì gong zuò - die Handarbeit
作为 zuò wéi - sein als
作家 zuò jiā - der Schriftsteller
作文 zuò wén - der Entwurf, der Text
你 nǐ - du
你 的 nǐ de - dein
你们 其中 一 个 nǐ men qí zhōng yī gè - einer von euch
你好 nǐ hǎo; (您好 nínhǎo) - hallo; (Höflichkeitsform)
例子 lì zi; 例如 lì rú - das Beispiel
保护 bǎo hù - beschützen
保险箱 bǎo xiǎn xiāng - der Tresor
信 xìn - der Brief
俱乐部 jù lè bù - der Verein
倒 dǎo - schütten, gießen
假人 jiǎ rén - Puppe
假装 jiǎ zhuāng - vorgeben; so tun, als ob
做 zuò - machen, tuen
做工 zuò gōng - arbeiten
停止 tíng zhǐ - anhalten, beenden
健康 jiàn kāng - die Gesundheit
偷 tōu - stehlen, stehlen
偷偷 地 tōu tōu dì; 暗地里 àn dì li - heimlich
偷窃 tōu qiè - der Diebstahl
傻 shǎ / 笨 bèn - dumm
儿子 ér zi - der Sohn
儿童 ér tóng - das Kind
兄弟 xiōng dì; 弟弟 dì di; 哥哥 gē ge - der Bruder
先生 xiān sheng - Herr
光盘 guāng pán - die DVD
光碟 guāng dié - die CD; 光碟 播 放 机 guāng dié bō fàng jī - der CD Spieler
全部 quán bù; 一切 yī qiè - alles

全面 quán miàn - vielseitig
八 bā - acht
公司 gōng sī - die Firma
公园 gōng yuán - der Park
公平 bù gōng píng - ungerecht
公里 gōng lǐ - der Kilometer
六 liù - sechs
六十 liù shí - sechzig
关 guān - schließen
关上 guān shàng - geschlossen
关与 guān yǔ - über
其他 qí tā - anders, sonst
其它 qí tā - andere, andere, andere
兽医 shòu yī - der Tierarzt
再次 zài cì - wieder
再见 zài jiàn - auf Wiedersehen, tschüss
冒险 mào xiǎn - das Abenteuer
写 xiě - schreiben
农场 nóng chǎng - der Bauernhof
农夫 nóng fū - der Bauer
冰淇淋 bīng qí lín - das Eis
冷 lěng - kalt
准备 zhǔn bèi - vorbereiten
准备 好 zhǔn bèi hǎo - fertig
出版 chū bǎn; 发布 fā bù - der Verlag
出示 chū shì; 显示 xiǎnshì - zeigte
分钟 fēn zhōng - die Minute
刑事 xíng shì - der Verbrecher
划线 huà xiàn - unterstreichen; 建议 jiàn yì - empfehlen
列表 liè biǎo - die Liste
创意 chuàng yì - kreativ
到 dào (某处 mǒuchù) - (irgendwo) ankommen
到达 dào dá; 抵达 dǐ dá - angekommen
刹车 器 shā chē qì - die Bremse; 刹车 shā chē - bremsen
前 qián; 之前 zhī qián - vor, vorher; 一年前 yī nián qián - vor einem Jahr
前面 qián miàn - vorn
前面 的 轮胎 qián miàn de lúntāi - das Vorderrad
剩下 shèng xià - (übrig) bleiben
力量 lì liang - die Kraft; 能量 néng liàng - die Energie
办公室 bàn gōng shì - das Büro
功课 gōng kè; 作业 zuòyè - die Hausaufgaben
加速 jiā sù - beschleunigen, schnell losfahren
动物 dòng wù - das Tier
动物园 dòng wù yuán - der Zoo
助理 zhù lǐ; 助手 zhù shǒu - der Helfer
包 bāo / 书包 shūbāo / 袋子 dài zi - die Tasche
包涵 bāo hán; 原谅 yuán liàng - sich entschuldigen; 对不起 duì bu qǐ - Entschuldigen Sie.
化学 huà xué - die Chemie
化学 的 huà xué de - chemische;化学物品 huà xué wù pǐn - die Chemikalien
北美 和 欧亚大陆 běi měi hé ōu yà dàlù - Nordamerika und Eurasien
医生 yī shēng - der Arzt
医疗 yī liáo - medizinisch
十 shí - zehn
十一 shí yī - elf
十二 shí èr - zwölf
十五 shí wǔ - fünfzehn
十亿 shí yì - Milliarde
千 qiān - tausend
半 bàn - halb
单调 dān diào; 平板 píng bǎn - monoton
卖 mài - verkaufen
卡车 kǎ chē - der Lastwagen
即将 jí jiāng - bald
卸下 xiè xià; 卸货 xièhuò - abladen
厕所 cè suǒ; 洗手间 xǐ shǒu jiān - die Toilette
原因 yuán yīn; 理由 lǐ yóu - der Grund

厨房 chú fáng - die Küche
去 qù - gehen
参与 cān yù - teilnehmen
参与者 cān yù zhě - der Teilnehmer
参加 cān jiā; 参与 cān yù - teilnehmen
友善 yǒu shàn - freundlich
反对 fǎnduì; 针对 zhēnduì - gegen
反而 fǎn ér - stattdessen
发抖 fā dǒu - zittern
发生 fā shēng - passieren, passiert
变苍白 biàn cāng bái - blass werden
口袋 kǒu dài - die Tasche
另一 个 lìng yī gè - ein anderer, eine andere, ein anderes
只是 zhǐ shì - einfach nur
可以 kě yǐ - können, kann
可以 kě yǐ; 很好 hěn hǎo - gut, alles klar
可口 kě kǒu; 好吃 hào chī - lecker
可怜 kě lián - arm, bemitleidenswert
可能 kě néng - dürfen, können
可能 kě néng - möglich; 尽可能 常常 jǐn kě néng cháng cháng - so oft wie möglich
可能性 kěn éng xìng - die Möglichkeit
右 yòu - rechts
号码 hào mă - die Nummer
吃 chī - essen
合约 hé yuē - die Vereinbarung
同事 tóng shì - der Kollege
同时 tóng shí - in der Zwischenzeit, während, gleichzeitig
名字 míng zì - der Name; 取名 qǔ míng / 命名 mìng míng - nennen
后 hòu - nach
后面 hòu mian - hinter
向...去 xiàng qù - zu... gehen
向下 xiàng xià; 往下 wǎng xià - nach unten
吞 tūn - (hinunter) schlucken
吠 fèi - bellte
听 tīng - hören; 我 听 音乐。wǒ tīng yīn yuè - Ich höre Musik.
呆住 dāi zhù - erstarren
告诉 gào su，说 shuō - sagen
命令 mìng lìng / 吩咐 fēn fù - befehlen
和 hé / 与 yǔ - und
咖啡 kā fēi - der Kaffee
咖啡机 kā fēi jī - die Kaffeemaschine
咖啡馆 kā fēi guǎn - das Café
咨询 zī xún; 询问 xún wèn - beraten
咨询 所 zī xún suǒ - die Beratungsinstitut
咬 yǎo - beißen
响 xiǎng - klingeln; 铃声 líng shēng - das Klingeln
哔 声 bì shēng - der Piepton
哪里 nǎ lǐ - wo
哭 kū - weinen
哭泣 kū qì - weinen
售货员 shòu huò yuán - der Verkäufer, die Verkäuferin
唱 chàng - singen
喂 wèi - füttern
喜欢 xǐ huān; 喜爱 xǐ ài - mögen, lieben, gefallen; 我 喜欢 wǒ xǐ huan / 喜爱 xǐ'ài - Mir gefällt...
喜爱 xǐ ài / 喜欢 的 xǐ huan de - lieblings-; 喜 欢 的 电影 xǐ huan de diàn yǐng - der Lieblingsfilm
喝 hē - trinken
嗨 hāi - hallo, hi
嘿! hēi - Hey!
噢! ō - Oh!
四 sì - vier
四 十四 sì shísì - vierundvierzig
回来 huí lai - zurück kommen
回答 huí dá - antworten
因为 yīn wèi - weil
团队 tuán duì - die Mannschaft
困惑 kùn huò - verwirrt sein

困难 kùn nan - schwer
国家 guó jiā - das Land
国籍 guó jí - die Nationalität
图画 tú huà; 画面 huà miàn - das Bild
圆形 yuán xíng - rund
在 zài - am, beim, in, an
在 一点 钟 zài yī diǎn zhōng - um ein Uhr
在 同一时间 zài tóng yī shí jiān - gleichzeitig, zur gleichen Zeit
地图 dì tú - die Karte
地址 dì zhǐ; 住址 zhù zhǐ - die Adresse
地板 dì bǎn; 地面 dì miàn - der Boden
地球 dì qiú - die Erde
坐 zuò - setzen
坐下 zuò xia - sich hinsetzen
城市 chéng shì - die Stadt
塑胶 sùj iāo - der Gummi
声音 shēng yīn - die Stimme
外套 wài tào - die Jacke
外星人 wài xīng rén - der Außerirdische
多 一 个 duō yī gè - noch einen
大 dà - groß
大 dà, 更大 gèng dà / 比较大 bǐ jiào dà / 最大 zuì dà - groß / größer / am größten
大力 dà lì; 强壮 qiáng zhuàng, 大力 地 dà lì dì; 强壮 地 qiáng zhuàng dì - stark
大声 dà shēng; 高声 gāo shēng - laut
大学 dà xué; 学院 xué yuàn - die Universität
大笑 dà xiào - lachen
大自然 dà zì rán - die Natur
天 tiān / 日子 rìzi - der Tag
天气 tiān qì - das Wetter
天赋 tiān fù - die Begabung
太空 tài kōng - das Weltall
太空船 tài kōng chuán - das Raumschiff
失去 shī qù - verlieren
失灵 shī líng - außer Betrieb
头 tóu - Kopf
头发 tóu fa - das Haar
奇妙 qí miào / 美妙 měi miào / 美好 měi hǎo - wunderbar
奇怪 qí guài - fremd
奥秘 ào mì - das Rätsel
女人 nǚ ren；女子 nǚ zǐ - die Frau
女儿 nǚ ér - die Tochter
女孩 nǚ hái; 女生 nǚ shēng - das Mädchen
女性 nǚ xìng - weiblich
女朋友 nǚ péng you - die Freundin
她 tā - sie
她的书本 tā de shū běn - ihr Buch
好 hǎo - gut / 漂亮 piào liàng - schön
如何 rú hé - wie
如同 rú tóng - wie
妈妈 mā ma; 母亲 mǔ qīn - Mama, die Mutter
妹妹 mèi mei; 姐姐 jiě jie - die Schwester
字 zì - das Wort, die Vokabel
字条 zì tiáo, 纸条 zhǐ tiáo, 笔记 bǐ jì - die Notiz
季节 jì jié - die Jahreszeit
学习 xué xí - studieren, lernen
学校 xué xiào - die Schule
学生 xué sheng - der Student, Schüler
孩子 hái zi - die Kinder
它 tā - es
它的 tā de - sein
安全带 ān quán dài - der Sicherheitsgurt
安静 ān jìng, 安静 地 ān jìng dì - leise
安静 地 ān jìng dì / 静悄悄 地 jìng qiāo qiāo dì - leise
宠物 chǒng wù - das Haustier
客人 kè rén - der Gast
害怕 hài pà - ängstlich
家 jiā - das Zuhause; 回 家 huí jiā - nach Hause gehen

家具 jiā jù - die Möbel
家庭 jiā tíng - die Familie
宽 kuān, 广阔 的 guǎng kuò de - weit
宿舍 sù shè - das Studentenwohnheim
寄 jì; 发送 fāsòng - schicken
寄宿 家庭 jì sù jiā tíng - die Gastfamilie
寒冷 hán lěng - die Kälte
对了 dùi le - übrigens
寻找 xún zhǎo - suchen
射 shè - schiessen, schoss
将 jiāng - werden (Futur)
小 xiǎo - klein
小偷 xiǎotōu - der Dieb
小吃 xiǎo chī / 零食 língshí - der Imbiss
小姐 xiǎo jie - Fräulein
小时 xiǎo shí - die Stunde
小狗 xiǎo gǒu - der Welpe
小猫 xiǎo māo - das Kätzchen
尚未 shàngwèi - noch nicht
尝试 cháng shì - versuchen
尽管 jǐn guǎn; 虽然 suī rán - obwohl, trotzdem
尾巴 wěi bā - der Schwanz
居住 jū zhù - wohnhaft
屋顶 wū dǐng - das Dach
岸边 àn biān - die Küste
巡警 xún jǐng; 警察 jǐng chá - der Polizist
巡逻 xún luó - die Patrouille, die Streife
工人 gōng rén - der Arbeiter
工作 gōng zuò - arbeiten, arbeitend, die Arbeit
工程师 gōng chéng shī - der Ingenieur
左 zuǒ - links
差 chà; 坏 huài - schlecht
已 付 还 yǐ fù hái - bezahlte, gezahlt
已经 yǐ jīng - schon, bereits
巴士 bā shì - der Bus; 坐 巴士 去 zuò bāshì qù - mit dem Bus fahren
希望 xī wàng - die Hoffnung, hoffen
带 dài - bringen
帮忙 bāng máng - die Hilfe; helfen
帽子 mào zi - der Hut
平时 píng shí - gewöhnlich
年 nián - das Jahr
年轻 nián qīng - jung
年长 nián zhǎng - älter sein
年龄 nián líng; 年纪 nián jì - das Alter
幸福 xìng fú - das Glück, glücklich
幼儿园 yòu ér yuán; 幼稚园 yòu zhì yuán - der Kindergarten
广告 guǎng gào - das Inserat, die Anzeige, die Werbung
广场 guǎng chǎng - der Platz
床 chuáng - das Bett
床垫 chuáng diàn - die Matratze
底下 dǐxià / 下面 xià miàn - unten / unter
店 diàn - der Laden
座位 zuò wèi - der Sitz; 座下 zuò xià - sich hinsetzen
康复 中心 kāng fù zhōng xīn - Rehabilitationszentrum
建立 jiàn lì - entwickeln
建议 jiàn yì; 介绍 jièshào - empfehlen, die Empfehlung
开 kāi - öffnen
开始 kāi shǐ - anfangen, beginnen
开心 kāi xīn / 高兴 gāo xìng - glücklich
弄 干 nòng gān; 烘干 hōnggān - trocknen; 干 gān - trocken
引擎 yǐn qíng - der Motor
张 zhāng（纸 zhǐ）- das Blatt (Papier)
弹跳 tán tiào dàn - abprallen
强 qiáng, 强壮 的 qiáng zhuàng de - stark
强 匪 qiáng fěi; 强盗 qiángdào - der Räuber
当 dāng - wenn
当心 dāng xīn - sich kümmern um
当然 dāng rán - klar, sicher

当然 dāng rán / 一定 yī dìng - natürlich / bestimmt
录像带 lù xiàng dài - die Videokassette
影视 店 yǐng shì diàn - die Videothek
待续 dài xù - Fortsetzung folgt
很 hěn / 非常 fēi cháng - sehr
很 少 hěn shǎo; 难得 nándé - selten
很多 hěn duō - viel
得到 dé dào - bekommen
微笑 wēi xiào - das Lächeln, lächeln
德国 dé guó - Deutschland
心理 工作 xīn lǐ gōng zuò; 脑力劳动 nǎo lì láo dòng - die Kopfarbeit
忘记 wàng jì - vergessen
快 kuài, 赶快 gǎn kuài; 迅速 xùn sù - schnell
快速 kuài sù - schnell
忽然 hū rán; 突然 tū rán - plötzlich
性别 xìng bié - das Geschlecht
恢复 健康 huī fù jiàn kāng - gesund pflegen
情况 qíng kuàng; 状况 zhuàng kuàng - die Situation
惊喜 jīng xǐ - die Überraschung, überraschen
惊讶 jīng yà - überrascht, verwundert
惭愧 cán kuì - sich schämen;他 很 惭愧 tā hěn cán kuì - er schämt sich sehr
想 xiǎng / 思考 sīkǎo - denken
想要 xiǎng yào - wollen
意外 yì wài - der Unfall
感觉 gǎn jué / 感受 gǎn shòu - das Gefühl
感谢 gǎn xiè - danken; 感谢你 gǎn xiè nǐ - danke dir; 谢谢 xièxie - danke
慢慢 地 màn màn dì - langsam
戏法 xì fǎ / 把戏 bǎ xì - der Trick
我 wǒ - ich
我们 wǒ men - wir
我的 wǒ de - mein, meine
战争 zhàn zhēng - der Krieg
户外 hù wài; 室外 shìwài - draußen
房子 fáng zi - das Haus
房间 fáng jiān - das Zimmer
所以 suǒ yǐ - deswegen
所有 suǒ yǒu - alle
所有 人 suǒ yǒu rén; 每个人 měigerén - alle
手机 shǒu jī - das Handy
手臂 shǒu bì; 胳膊 gē bo - der Arm; 比臂 力 bǐ bì lì - armdrücken
手表 shǒu biǎo; 钟 zhōng - die Uhr
手铐 shǒu kào - die Handschellen
打 dǎ / 揍 zòu - schlagen
打开 dǎ kāi - öffnen, anmachen; 关上 guān shang - ausmachen
打扫 dǎ sǎo; 清洁 qīng jié - sauber machen, putzen
打电话 dǎ diàn huà - anrufen, telefonieren; 呼叫 hū jiào - rufen;
呼叫中心 hū jiào zhōng xīn - das Callcenter
扩散 kuò sàn; 漫延 màn yán - übergreifen
找到 zhǎo dào - gefunden
技能 jì néng; 本领 běn lǐng - die Fähigkeit
把舵 bǎ duò - lenken
抢劫 qiǎng jié - der Überfall
报告 bào gào - berichten
报纸 bào zhǐ - die Zeitung
抱歉 bào qiàn - bedauern; 我 很 抱歉 wǒ hěn bào qiàn - Es tut mir leid.
抵达 dǐ dá; 到达 dàodá - ankommen
担心 dān xīn - sich Sorgen machen
拉 lā - ziehen
拒绝 jù jué - ablehnen
拜访 bài fǎng - besuchen
拯救 zhěng jiù - retten
拿 ná - nehmen

持续 chí xù，需要 xū yào - dauern
指 zhǐ - richten
按 àn; 压 yā - drücken
按钮 àn niǔ - der Knopf
捉住 zhuō zhù - fangen
捉迷藏 zhuō mí cáng - das Versteckspiel
捣乱 dǎo luàn / 使…生气 shǐ shēng qì - ärgern
控制 kòng zhì - die Kontrolle, kontrollieren
推 tuī - stoßen, drücken
摄影 shè yǐng; 拍照 pāi zhào - fotografieren; 摄影师 shè yǐng shī - der Fotograf
摩擦 mó cā - reiben
撰写 zhuàn xiě - entwerfen, verfassen
收银 处 shōu yín chù - die Kasse; 出纳员 chū nà yuán - der Kassierer
收音机 shōu yīn jī - das Radio
改正 gǎi zhèng - korrigieren; 更改 gēng gǎi - ändern
放 fàng - (hin)legen
故事 gù shi - die Geschichte
救 jiù - retten
救援 服务 jiù yuán fúwù - der Rettungsdienst
救生 戏 法 jiù shēng xì fǎ - der Rettungstrick
教 科 书 jiāo kē shū; 课本 kè běn - das Fachbuch
教室 jiàoshì - die Klasse
教导 jiào dǎo - beibringen
教育 jiào yù - die Ausbildung
文本 wén běn - der Text
文章 wén zhāng - der Text
斑马 bān mǎ - das Zebra
新的 xīn de - neu
方法 fāng fǎ; 作法 zuò fǎ - die Methode
既然 jì rán; 因为 yīn wèi - da, weil
日期 rì qī - das Datum
早餐 zǎo cān - Frühstück; 吃 早餐 chī zǎo cān - frühstücken
时刻 shí kè; 时候 shí hòu - der Moment
时间 shí jiān - die Zeit
明天 míng tiān - morgen
明白 míng bai - verstehen, verstanden
明的书 míng de shū - Mings Buch
星号 xīng hào - das Sternchen
星期 xīng qī - die Woche
星期一 xīng qīyī - Montag
星期六 xīng qī liù - der Samstag
星球 xīng qiú - der Planet
星级 xīng jí - der Stern
昨天 zuó tiān - gestern
是 shì - ist
是否 shì fǒu - ob
是的 shì de - ja
晚上 wǎn shàng - der Abend; 夜晚 yè wǎn - die Nacht
普通 pǔ tōng - normal
更大 gèng dà - größer
更好 gèng hǎo - besser
更换 gēng huàn - ändern, die Änderung
更近 gèng jìn - näher
更远 gèng yuǎn - weiter
最后 zuì hòu - schließlich, das Ende;
完成 wán chéng - beenden
最近 zuì jìn - nächste
有 yǒu - haben; 他 有 一 本书 tā yǒu yī běn shū - Er hat ein Buch.
有 很 多 工 作 yǒu hěn duō gōng zuò - viel zu tun haben
有意思的 yǒu yì si de - interessant
有时候 yǒu shí hou - manchmal, ab und zu
有趣 yǒu qù; 可笑 kě xiào - lustig
朋友 péng yǒu - der Freund
服务 fú wù - bedienen
未婚 wèi hūn - ledig
未来 wèi lái - zukünftig, die Zukunft

机会 jī huì - die Chance
机器 jī qì - die Maschine
杀 shā - töten
杀手 shā shǒu - der Mörder
杂志 zá zhì - die Zeitschrift
来 lái - kommen
来到 lái dào - kam, gekommen
杯 bēi - die Tasse
枪 qiāng - die Waffe
某人 mǒu rén - jemand
某物 mǒu wù / 东西 dōng xi - etwas
标准 biāo zhǔn - der Standard
桌 zhuō - der Tisch
桌子 zhuō zi - der Schreibtisch
桥 qiáo - die Brücke
梦 mèng - der Traum; 做梦 zuòmèng - träumen
检查 jiǎn chá - kontrollieren
检验 jiǎn yàn - prüfen
椅子 yǐ zi - Stuhl
歌手 gē shǒu - der Sänger
正确 zhèng què; 对的 duì de - richtig
步行 bù xíng / 走路 zǒu lù - zu Fuß
死 sǐ - sterben
母亲 mǔ qīn - die Mutter
母语 mǔ yǔ - die Muttersprache
每 小时 měi xiǎo shí - pro Stunde, stündlich
每一个 měi yī gè - jeder, jede, jedes
每日 měi rì - täglich, jeden Tag
比 bǐ - als; 志彭 比 梅 老 zhì péng bǐ méi lǎo - Zhipeng ist älter als Mei
比赛 bǐ sài - der Wettbewerb, die Ausschreibung
水 shuǐ - das Wasser
水晶 shuǐ jīng - das Kristall
水桶 shuǐ tǒng - der Wassereimer
水龙头 shuǐ lóng tóu - der Wasserhahn
沙 shā - der Sand
没什么 méi shén me - nichts
没有 méi yǒu - kein, ohne
没有 一 个 字 méi yǒu yī gè zì - wortlos
没有 人 méi yǒu rén - niemand
油 yóu - das Öl
油轮 yóu lún - der Tanker
沿着 yán zhe - entlang
注意 zhù yì - achten auf
注意力 zhù yìl ì; 关注 guān zhù - die Aufmerksamkeit
洋娃娃 yáng wá wa - die Puppe
洗 xǐ - waschen, putzen; 洗衣机 xǐ yī jī - die Waschmaschine
流利 liú lì - fließend
流动 liú dòng - der Fluss
测试 cè shì / 测验 cè yàn / 考试 kǎo shì - die Prüfung
浴室 yù shì - das Bad, das Badezimmer;
洗澡 xǐ zǎo, 冲凉 chōng liáng - duschen;
盥洗台 guàn xi tái - der Badezimmertisch
海洋 hǎi yáng - das Meer
海浪 hǎi làng - die Welle
海边 hǎi biān - die Küste
消灭 xiāo miè; 毁灭 huǐmiè; 销毁 xiāohuǐ - zerstören
清洁 qīng jié; 干净 gān jìng - sauber
清洗 qīng xǐ - gesäubert
温暖 wēn nuǎn - warm; 热 rè - aufwärmen
游泳 yóu yǒng - schwimmen
湖 hú - der See
湿 shī - nass
满 mǎn - voll
漂浮 piāo fú - treiben
演讲 yǎn jiǎng - die Rede
火 huǒ - das Feuer
火车 huǒ chē - der Zug
火车站 huǒ chē zhàn - der Bahnhof
灰 头 huī tóu - grauhaarig
灰色 huī sè - grau

炊具 chuī jù - der Herd
点 diǎn - Uhr; 这 是 下午 两 点 zhè shì xiàwǔ liǎng diǎn - Es ist zwei Uhr nachmittags.
热水 壶 rè shuǐ hú - der Kessel
烹调 pēngtiáo - kochend
然后 rán hòu - dann
煤气 méi qì - das Gas
煮 zhǔ - kochen
爱 ài - die Liebe, lieben
父母 fù mǔ - die Eltern
爸爸 bà ba - der Vater, Papa
牛油 niú yóu - die Butter
特别 tè bié; 尤其 yóu qí - vor allem, insbesondere
状况 zhuàng kuàng - der Stand; 家庭 状况 jiā tíng zhuàng kuàng - der Familienstand
狂 响 kuáng xiǎng - heulend
狗 gǒu - der Hund
狡猾 jiǎo huá, 狡猾 地 jiǎo huá dì - schlau
狮子 shī zi - der Löwe
猫 māo - die Katze
猫咪 māo mi - die Miezekatze
猴子 hóu zi - der Affe
玩 wán - spielen
玩具 wán jù - das Spielzeug
玩耍 wán shuǎ - spielen
现在 xiàn zài - jetzt, zur Zeit, gerade
现金 xiàn jīn - das Bargeld
玻璃 bō lí - das Glas
理解 lǐ jiě - verstehen
生产 shēng chǎn; 出产 chū chǎn - herstellen
生命 shēng mìng - das Leben
生气 shēng qì - wütend
生活 shēng huó - leben
生活在 shēng huó zaì; 住 zhù - leben
用 yòng - benutzen
田地 tián dì - das Feld
申请 shēn qǐng - sich bewerben
电 diàn - elektrisch, Strom
电子邮件 diàn zǐ yóu jiàn - die E-Mail
电影 diàn yǐng - der Film
电梯 diàn tī - der Aufzug
电流 diàn liú - der Strom
电线 diàn xiànn - das Kabel
电脑 diàn nǎo - der Computer
电视机 diàn shì jī - der Fernseher
电话 diàn huà - das Telefon; 打电话 dǎ diàn huà - anrufen
电话 听筒 diàn huà tīng tǒng - der Telefonhörer
男人 nán rén; 男子 nán zǐ - der Mann
男子 nánzǐ; 男人 nánrén - die Männer
男性 nán xìng - männlich
男朋友 nán péng you - der Freund
男生 nán shēng; 男孩 nán hái - der Junge
白 bái - weiß
百 bǎi - hundert
盒子 hé zi - die Kiste
相信 xiāng xìn - glauben
相同 xiāng tóng - der/die/das Gleiche
相当 xiāng dāng; 很 hěn - ziemlich
看 kàn - schauen, betrachten, sehen
看 四周 kàn sì zhōu - sich umsehen
看见 kàn jiàn - sahen, gesehen
真正 zhēn zhèng / 真实 zhēn shí - wirklich
真的 zhēn de - wirklich
眼睛 yǎn - das Auge
睡着 shuì zháo / 睡觉 shuì jiào - ein-/schlafen
睡觉 shuì jiào - schlafen
知道 zhī dào - kennen, wissen
知道 彼此 zhī dào bǐ cǐ - sich kennen
短 duǎn - kurz
石头 shí tou - der Stein

碟 dié; 盘 pán - der Teller
离去 lí qù; 离开 lí kāi - abziehen, verlassen
种子 zhǒng zi - das Saatgut
种类 zhǒng lèi; 类型 lèi xíng - die Art
秘书 mì shū - die Sekretärin
秘密 mì mì - das Geheimnis
移动 yí dòng - sich bewegen
程序 chéng xù - das Programm
程序设计 员 chéng xù shè jì yuán - der Programmierer
空 kòng - leer
空中 kōng zhōng - in der Luft
空中 表演 kōng zhōng biǎo yǎn - die Flugschau
空格 kòng gé - das Feld
空降 师 kōng jiàng shī - der Fallschirmspringer
穿上 chuān shàng - sich anziehen
窗口 chuāng kǒu - das Fenster
立刻 lì kè; 马上 mǎ shàng - sofort
站 zhàn - stehen
笔 bǐ - der Stift
笔记本 bǐ jì běn - das Notizbuch
第一 dì yī - erster
第七 dì qī - siebter
第三 dì sān - dritter
第九 dì jiǔ - neunter
第二 dì èr - zweiter
第五 dì wǔ - fünfter
第八 dì bā - achter
第六 dì liù - sechster
第十 dì shí - zehnter
第四 dì sì - vierter
等 děng; 等待 děngdài - warten
等待 děng dài - warten
等等 děng děng - usw.; 协调性 xié tiáo xìng - die Koordination
答应 dā ying - einverstanden sein
答录机 dá lù jī - der Anrufbeantworter
答案 dá àn - die Antwort; 回答 huí dá - antworten, erwidern
简单 jiǎn dān / 容易 róng yì - einfach
箱子 xiāng zi - die Kiste
米 mǐ - der Meter
精彩 jīng cǎi; 美好 měi hǎo - wunderbar
系上 jì shàng; 扣上 kòu shàng - anschnallen
系列 xì liè - die Serie
紧张 jǐn zhāng; 惊慌 jīng huāng - die Panik, in Panik versetzen
累 lèi - müde
红色 hóng sè - rot
纸 zhǐ - das Papier
细心 xì xīn - sorgfältig
经常 jīng cháng / 时常 shí cháng / 常常 cháng cháng - oft
经验 jīng yàn - die Erfahrung
结束 jié shù - fertig
给 gěi - geben
给...看 gěi kàn; 展示 zhǎn shì; 表明 biǎo míng - zeigen
继续 jì xù - fortführen;继续 观看 jìxù guānkàn - weiter schauen
绿 lǜ - grün
编辑 biān jí - der Herausgeber
罐子 guàn zi - der Krug
网站 wǎng zhàn - die Website
美丽 měi lì; 漂亮 piào liang - wunderschön
美国 měiguó - die Vereinigten Staaten, die USA
翻译者 fān yì zhě - der Übersetzer
老师 lǎo shī - der Lehrer
老虎 lǎo hǔ - der Tiger
老鼠 lǎo shǔ - die Ratte
考题 kǎotí - die Aufgabe
而 不是 ér bùshì - anstelle von; 而 不是 你 ér bù shì nǐ - an deiner Stelle
而已 ér yǐ / 只 zhǐ - nur

耗费 hào fèi - ausgeben, verwenden
耳朵 ěr duo - das Ohr
职业 zhí yè; 工作 gōng zuò - die Arbeit;
职业 介绍所 zhíyè jiè shào suǒ - die Arbeitsvermittlung
职位 zhí wèi; 位置 wèi zhi - die Position
聪明 cōng ming / 精明 jīng míng - intelligent
肮脏 āng zāng - dreckig
能 néng; 会 huì - kann; 我 能 读。wǒ néng dú - Ich kann lesen.
脚 jiǎo - der Fuß
脚步 jiǎo bù - der Schritt
脸 liǎn - das Gesicht
腿 tǔi - das Bein; 脚 jiǎo - der Fuß
自己的 zì jǐ de - eigener, eigene, eigenes
自由 zì yóu - frei; 自由 时间 zì yóu shí jiān - die Freizeit, freie Zeit
自行车 zì xíng chē - das Fahrrad
臭 chòu - stinkend
至 zhì - bis
至 从 zhì cóng - seit
至少 zhì shǎo - wenigstens
致命 zhì mìng - tödlich
致电 zhì diàn - jemanden anrufen
船 chuán - das Schiff
艺人 yì rén; 艺术家 yì shùjiā - der Künstler
艺术 yì shù - die Kunst
花 huā - die Blume
花园 huā yuán - der Garten
花费 huā fèi - Kosten
苍白 cāng bái - blass
茶 chá - der Tee
荡漾 dàng yàng; 波荡 bō dàng - schaukeln
药丸 yào wán - die Tablette
药剂 房 yào jì fáng - die Apotheke
蓝 lán - blau
蚊子 wén zi - die Stechmücke
街 jiē - die Straße
衣服 yī fu - die Kleidung
表格 biǎo gé - das Formular
袋鼠 dài shǔ - das Känguru
被 训练 bèi xùn liàn - trainiert sein
装入 zhuāng rù - beladen; 装载 人 zhuāng zài rén - der Verlader
装扮 zhuāng bàn / 穿 chuān - angezogen
装满 zhuāng mǎn - füllen
裤子 kù zi - die Hose
西班牙人 xī bān yá rén - Spanier
西班牙文 xībān yá wén - Spanisch
西班牙猎犬 xī bān yá liè quǎn - der Spaniel
观众 guān zhòng - das Publikum
观看 guān kàn - zuschauen
规则 guī zé - die Regel
解放 自由 jiě fàng zìyóu - freisetzen
解释 jiě shì - erklären
警官 jǐng guān - der Polizeihauptmeister
警方 jǐng fāng; 警察 jǐng chá - die Polizei
警笛 jǐng dí; 警报器 jǐng bào qì - die Sirene
警铃 jǐng líng - der Alarm
计划 jì huà - der Plan, planen
计程车 jì chéng chē - das Taxi; 计程车 司机 jì chén gchē sī jī - der Taxifahrer
认为 rèn wéi; 思考 sī kǎo - denken
认真 地 rèn zhēn dì - ernst
讨厌 tǎo yàn - nicht mögen, hassen
让 ràng - lassen
让 我们 ràng wǒ men - lass uns
训练 xùn liàn - trainieren
记录 jì lù - aufnehmen
记得 jì de - sich erinnern
记者 jì zhě - der Journalist, der Reporter
讲 jiǎng; 说 shuō - sich unterhalten
设计 shè jì - das Design
评估 píng gū j - ausgewerten, bewertet

诚挚 此致 chéng zhì cǐ zhì - hochachtungsvoll
该死 的 gāi sǐ de - verdammt
语言 yǔ yán - die Sprache
说 shuō - sagen, sprechen
请 qǐng - bitte
读 dú; 看 kàn - lesen
课堂 kè táng / 教室 jiào shì - das Klassenzimmer
课程 kè chéng - der Kurs, die Lektion
谁 shéi - wer
谁 的 shéi de - wessen
购买 gòu mǎi - kaufen
购物中心 gòu wù zhōng xīn - das Einkaufszentrum
贼 zéi - der Dieb
资料 zīl iào - die Information, die Angabe
赚 zhuàn - verdienen
走 zǒu / 行走 xíng zǒu - gehen
走路 zǒu lù - laufen
赶 去 gǎn qù - rasen
起初 qǐ chū - erst
起来 qǐ laí - aufstehen; 起来！ qǐ laí - Steh auf!
超级市场 chāo jí shì chǎng - der Supermarkt
超过 chāo guò / 更多 gèng duō - mehr
超速 者 chāo sù zhě - der Raser
跌 diē - abgestürzt, fallend
跌 diē - fallen, der Fall
跌倒 diē dǎo - fallen
跑 pǎo / 跑步 pǎobù - rennen, joggen, laufen
跑走 pǎo zǒu - weglaufen
跳 tiào - springen; 跳 tiào - der Sprung
跳舞 tiào wǔ - tanzen
踏 tà; 踩 cǎi - treten
躲藏 duǒ cáng - (sich) verstecken
车 chē - das Auto
车票 chē piào - die Fahrkarte
转 zhuàn - drehen
轮子 lún zi - das Rad
轻微 地 qīng wēi dì - leicht
较少 jiào shǎo - weniger
辞退 cí tuì - feuern
过 guò; 跨越 kuà yuè - über
过去 guò qù - nach, vorbei; 在 八 点 半 zài bā diǎn bàn - um halb neun
过去 了 guò qù le - abgelaufen
过后 guò hòu - nach
运动 yùn dòng - der Sport; 体育商店 tǐyù shāngdiàn - das Sportgeschäft;
运动自行车 yùndòng zì xíng chē - das Sportfahrrad
运输 yùn shū - der Transport
还是 hái shi - noch, weiterhin
这 zhè - dieser, diese, dieses; 这 本 书 zhè běn shū - dieses Buch
这个 东西 zhè ge dōngxi; 这 件 事情 zhè jiàn shìqing - diese Sache
这些 zhè xiē，那些 nà xiē - diese, jene (pl.)
这里 zhè lǐ - hierher; 这里 是 zhè lǐ shì - hier ist
进入 jìn rù - rein kommen
远 yuǎn - weit
追 zhuī - verfolgen
适合 shì hé - passend
选择 xuǎn zé - auswählen, sich entscheiden für
递交 dì jiāo - einreichen
途径 tú jìng / 道 dào / 路 lù - der Weg
通向 tōng xiàng - führen
通常 tōng cháng - normalerweise
通知 tōng zhī - informieren, mitteilen
通过 tōng guò; 穿过 chuān guò - hindurch

通过 一 个 测试 tōng guò yī gè cè shì / 测验 cè yàn / 考试 kǎo shì - eine Prüfung bestehen
速度 sù dù - die Geschwindigkeit
遇见 yù jiàn; 见面 jiàn miàn; 见到 jiàn dào - treffen
遨游 áo yóu; 旅行 lǚxíng - reisen
那 nà - dass
那个 nà ge - jener, jene, jenes; dass; 我 知道, 那 个 这 本 书 很 有意思 wǒ zhīdào, nà ge zhè běn shū hěn yǒu yì si - Ich weiß, dass dieses Buch interessant ist.
那里 nà li - dort, dorthin
邻居 lín jū - der Nachbar
部分 bù fen / 部位 bù wèi - der Teil
酒店 jiǔ diàn - das Hotel
里面 lǐ miàn - in
重要 zhòng yào - wichtig
金属 jīnshǔ - das Metall
金融学 jīn róng xúe - die Finanzwissenschaft
钥匙 yào shǐ - der Schlüssel
钱 qián; 金钱 jīn qián - das Geld
银行 yín háng - die Bank; 我去银行 wǒ qù yín háng - Ich gehe zu Bank.
键盘 jiàn pán - die Tastatur
镭射 léi shè - der Laser
长 cháng - lang
门 mén - die Tür
问 wèn - fragen
问卷 wèn juàn - der Fragebogen
问题 wèn tí - das Problem
阅读 yuè dú - lesend
队列 duìliè - die Schlange
队长 duì zhǎng - der Kapitän
阶梯 jiē tī - die Treppe
阿司匹林 ā sī pǐ lín - das Aspirin
附近 fù jìn / 邻近 lín jìn / 旁边 pang biān - in der Nähe
降落 jiàng luò - landen
降落伞 jiàng luò sǎn - der Fallschirm
限制 xiàn zhì - die Begrenzung
院子 yuàn zi - der Hof
陪同 péi tóng; 陪伴 péibàn - begleiten
难 nán - schwer
雇主 gù zhǔ - der Arbeitgeber
雷达 léi dá - der Radar
需要 xū yào - brauchen
震动 zhèn dòng - wackeln
非常 好 fēi cháng hǎo - super, toll
靠近 kào jìn - nahe
面包 miàn bāo - das Brot
音乐 yīn yuè - Musik
顾客 gù kè - der Kunde
顾问 gù wèn - der Berater
领袖 lǐng xiù - der Führer
风 fēng - der Wind
飞机 fēi jī - das Flugzeug
飞行员 fēi xíng yuán - der Pilot
飞走 fēi zǒu - wegfliegen
食物 shí wù - das Essen
饿 è - hungrig; 我 饿 了 wǒ è le - Ich bin hungrig.
马路 mǎ lù - die Straße
驾 jià - fahren
驾驶 jià shǐ - fahren
驾驶 者 jià shǐ zhě; 司机 sījī - der Fahrer
驾驶执照 jià shǐ zhí zhào - der Führerschein
骑自行车去 qí zì xíng chē qù - mit dem Fahrrad fahren
高 gāo - hoch
高兴 gāo xìng - froh
鲸鱼 jīng yú - der Wal; 杀人鲸 shā rén jīng - der Schwertwal
鸟 niǎo - der Vogel
麦克风 mài kè fēng - das Mikrofon
黄油面包 huáng yóu miàn bāo - das Butterbrot

黄色 huáng sè - gelb
黑 hēi - schwarz
黑暗 hēi àn - dunkel, die Dunkelheit

鼻子 bí zi - die Nase

Wörterbuch Deutsch-Chinesisch

Abenteuer - mào xiǎn 冒险
aber - dàn shì 但是
abgelaufen - guò qù 过去 le 了
abgestürzt, fallend - diē 跌
abladen - xiè xià 卸下; xièhuò 卸货
ablehnen - jù jué 拒绝
abprallen - tán tiào dàn 弹跳
abziehen, verlassen - lí qù 离去 ; lí kāi 离开
acht - bā 八
achten auf - zhù yì 注意
achter - dì 第 bā 八
Adresse - dì zhǐ 地址; zhù zhǐ 住址
Affe - hóu zi 猴子
Agentur - jiè shào 介绍 suǒ 所
Alarm - jǐng líng 警铃
alle - quán bù 全部; suǒ yǒu 所有; suǒ yǒu 所有 rén 人; měigerén 每个人
alles - quán bù 全部; yī qiè 一切
als - bǐ 比; Zhipeng ist älter als Mei - zhì 志 péng 彭 bǐ 比 méi 梅 lǎo 老
Alter - nián líng 年龄; nián jì 年纪
älter sein - nián zhǎng 年长
am, beim - zài 在
Amerikaner - měi guó rén 美国人
andere, andere, andere - qí tā 其它
ändern, die Änderung - gēng huàn 更换
anders, sonst - qí tā 其他
anfangen - kāi shǐ 开始
angekommen - dào dá 到达; dǐ dá 抵达
angezogen - zhuāng bàn 装扮 / chuān 穿
ängstlich - hài pà 害怕
anhalten - tíng zhǐ 停止
ankommen - dǐ dá 抵达; dàodá 到达
anmachen - dǎ kāi 打开; ausmachen - guān shang 关上
anmachen, aufmachen - dǎ kāi 打开
Anrufbeantworter - dá lù jī 答录机
anrufen - dǎ diàn huà 打电话
anrufen, telefonieren - dǎ diàn huà 打电话; rufen - hū jiào 呼叫; das Callcenter - hū jiào zhōng xīn 呼叫中心
anschnallen - jì shàng 系上; kòu shàng 扣上
anstelle von - ér 而 bùshì 不是; an deiner Stelle - ér 而 bù shì 不是 nǐ 你
Antwort - dá àn 答案; antworten, erwidern - huí dá 回答
antworten, geantwortet (part.) - huí dá 回答
anziehen sich - chuān shàng 穿上
Apotheke - yào jì 药剂 fáng 房
Arbeit - zhí yè 职业; gōng zuò 工作; die Arbeitsvermittlung - zhíyè 职业 jiè shào 介绍 suǒ 所
arbeiten - zuò gōng 做工
arbeiten, arbeitend, die Arbeit - gōng zuò 工作
Arbeiter - gōng rén 工人
Arbeitgeber - gù zhǔ 雇主
ärgern - dǎo luàn 捣乱 / shǐ shēng qì 使…生气
Arm - shǒu bì 手臂; gē bo 胳膊;
armdrücken - bǐ 比 bì 臂 lì 力
arm, bemitleidenswert - kě lián 可怜
Art - zhǒng lèi 种类; lèi xíng 类型
Arzt - yī shēng 医生
Aspirin - ā sī pǐ lín 阿司匹林
auch - yě 也
auf Wiedersehen - zài jiàn 再见
Aufgabe - kǎotí 考题
Aufmerksamkeit - zhù yìl ì 注意力; guān zhù 关注
aufnehmen - jì lù 记录

aufstehen - qǐ laí 起来; Steh auf! - qǐ laí 起来！
aufwärmen - rè 热
Aufzug - diàn tī 电梯
Auge - yǎn 眼睛; die Augen - yǎn jing 眼睛 (pl.)
aus - cóng 从; aus den USA kommend - cóng 从 měi guó 美国 lái 来
Ausbildung - jiào yù 教育
ausgeben, verwenden - huā fèi 花费; hào fèi 耗费
ausgewerten, bewertet - píng gū j 评估
außer Betrieb - shī líng 失灵
Außerirdische - wài xīng rén 外星人
aussteigen - xià (chē)下(车) / lí kāi 离开
auswählen, sich entscheiden für - xuǎn zé 选择
Auto - chē 车
Bad, das Badezimmer - yù shì 浴室; der Badezimmertisch - guàn xi tái盥洗台
Bahnhof - huǒ chē zhàn 火车站
bald - jí jiāng 即将
Bank - yín háng 银行; Ich gehe zu Bank. - wǒ 我 qù 去 yín háng 银行
Bargeld - xiàn jīn 现金
Bauer - nóng fū 农夫
Bauernhof - nóng chǎng 农场
bedauern - bào qiàn 抱歉; Es tut mir leid. - wǒ 我 hěn 很 bào qiàn 抱歉
bedienen - fú wù 服务
Bedienstete - pú rén 仆人; yōng rén 佣人
beenden - tíng zhǐ 停止; wán chéng 完成
befehlen- mìng lìng 命令 / fēn fù吩咐
Begabung - tiān fù 天赋
beginnen,- kāi shǐ 开始
begleiten - péi tóng 陪同; péi tóng 陪同; péibàn 陪伴
Begrenzung - xiàn zhì 限制
beibringen - jiào dǎo 教导
Bein - tǔi 腿; der Fuß - jiǎo脚
Beispiel - lì zi 例子; lì rú 例如
beißen - yǎo 咬
bekommen - dé dào 得到
beladen - zhuāng rù 装入
bellte - fèi 吠
benutzen - yòng 用
beraten - zī xún 咨询; xún wèn 询问
Berater - gù wèn 顾问
Beratungsinstitut - zī xún 咨询 suǒ 所
berichten - bào gào 报告
Beruf - zhuān yè 专业
beschleunigen, schnell losfahren - jiā sù 加速
beschützen - Bǎo hù 保护
Besitzer - yè zhǔ 业主; wùzhǔ 物主
besser - gèng hǎo 更好
beständig - bù duàn 不断; bù biàn 不变
bestimmt - yī dìng 一定
besuchen - bài fǎng 拜访
Bett - chuáng 床; die Betten - chuáng 床 (pl.)
beurteilen - gū jì 估计; yù jì 预计
bewegen sich - yí dòng 移动
bewerben sich - shēn qǐng 申请
bewusstlos - bù xǐng rén shì 不省人事; wú yì shí 无意识; shī qù 失去 zhī jué 知觉
bezahlen, zahlen - fù 付 hái 还
bezahlte, gezahlt - yǐ 已 fù 付 hái 还
Bild - tú huà 图画; huà miàn 画面
bis - zhì 至
bitte - qǐng 请
blass - cāng bái 苍白; blass werden - biàn cāng bái变苍白
Blatt (Papier) - zhāng 张 （ zhǐ 纸 ）
blau - lán 蓝
Blume - huā 花
Boden - dì bǎn 地板; dì miàn 地面
brauchen - xū yào 需要

Bremse - shā chē 刹车 qì 器
bremsen - shā chē 刹车
Brief- xìn 信
bringen - dài 带
Brot - miàn bāo 面包
Brücke - qiáo 桥
Bruder - xiōng dì 兄弟 ; dì di 弟弟 ; gē ge 哥哥
bù 不 - nein
Buch - shū 书; die Bücher - shū 书 (pl.)
Bücherregal - shū guì 书柜
Büro - bàn gōng shì 办公室
Bus - bā shì 巴士; zuò 坐 bāshì 巴士 qù 去 - mit dem Bus fahren
Butter - niú yóu 牛油
Butterbrot - huáng yóu miàn bāo 黄油面包
Café - kā fēi guǎn 咖啡馆
CD - guāng dié 光碟; der CD Spieler - guāng dié bō fàng jī光碟播放机
Chance - jī huì 机会
Chemie - huà xué 化学
chemisch (adj.) - huà xué 化学 de 的; die Chemikalien - huà xué 化学 wù pǐn 物品
China - zhōng guó 中国
Chinese - zhōng guó rén 中国人
Computer - diàn nǎo 电脑
da, weil - jì rán 既然; yīn wèi 因为
Dach- wū dǐng 屋顶
danken - gǎn xiè 感谢; danke dir - gǎn xiè 感谢 nǐ 你; danke - xièxie 谢谢
dann - rán hòu 然后
dass - nà 那; nà ge那个; Ich weiß, dass dieses Buch interessant ist. - wǒ 我 zhīdào 知道, (nà ge那个）zhè 这 běn 本 shū 书 hěn 很 yǒu yì si 有意思
Datum - rì qī 日期
dauern - chí xù 持续, xū yào 需要; Der Film dauert mehr als 3 Stunden. - zhè 这 chǎng 场 diàn yǐng 电影 chāo guò 超过 sān 三 gè 个 xiǎo shí 小时
dein - nǐ 你 de 的
denken - rèn wéi 认为; sī kǎo 思考; xiǎng 想 / sīkǎo 思考
der/die/das Gleiche - xiāng tóng 相同
Design - shè jì 设计
deswegen - suǒ yǐ 所以
Deutschland - dé guó 德国
Dieb - xiǎotōu 小偷
Dieb, (pl.) die Diebe - zéi 贼
Diebstahl - tōu qiè 偷窃
diese, jene (pl.) - zhè xiē 这些，nà xiē 那些
dieser, diese, dieses - zhè 这; dieses Buch - zhè 这 běn 本 shū 书; diese Sache - zhè ge 这个 dōngxi 东西; zhè 这 jiàn 件 shìqing 事情
Ding, die Sache - dōng xi 东西
Dorf - xiāng cūn 乡村
dort, dorthin - nà li 那里
draußen - hù wài 户外; shìwài 室外
dreckig - āng zāng 肮脏
drehen - zhuàn 转
drehen- zhuàn 转
drei - sān 三
dreißig - sān shí 三十
dritter - dì 第 sān 三
drücken - àn 按; yā 压
du - nǐ 你
dumm - shǎ 傻 / bèn 笨
dunkel, die Dunkelheit - hēi àn 黑暗
dürfen, können (nicht als Verben, sondern i.S.v. ist es möglich) - kě yǐ 可以; kě néng 可能
duschen - xǐ zǎo洗澡, chōng liáng 冲凉
DVD - guāng pán 光盘
eigener, eigene, eigenes - zì jǐ de自己的
ein anderer, eine andere, ein anderes - lìng yī 另一 gè 个

ein wenig - yīxiē 一些
ein-/ schlafen - shuì zháo 睡着 / shuì jiào 睡觉
eine Prüfung bestehen - tōng guò 通过 yī 一 gè 个 cè shì 测试 / cè yàn 测验 / kǎo shì 考试
einer nach dem anderen- yī ge jiē yī ge 一个接一个
einer von euch - nǐ men 你们 qí zhōng 其中 yī 一 gè 个
einfach - jiǎn dān 简单 / róng yì 容易
einfach nur - zhǐ shì 只是
einige - yīxiē 一些
Einkaufszentrum - gòu wù zhōng xīn 购物中心
einmal - yīcì 一次
einreichen - dì jiāo 递交
eins - yī 一
einundzwanzig - èr shí 二十 yī 一
einverstanden sein - dā ying 答应
einzelne, einzelner - gè bié 个别; gè rén 个人
Eis - bīng qí lín 冰淇淋
elektrisch, Strom - diàn 电
elf - shí yī 十一
Eltern - fù mǔ 父母
E-Mail - diàn zǐ yóu jiàn 电子邮件
empfehlen - jiàn yì 建议
empfehlen, vorstellen, die Empfehlung - jiàn yì 建议; jièshào 介绍
Ende - zuì hòu 最后
entlang- yán zhe 沿着
entschuldigen sich - bāo hán 包涵; yuán liàng 原谅; Entschuldigen Sie. - duì bu qǐ 对不起
entwerfen, verfassen - zhuàn xiě 撰写
entwickeln - jiàn lì 建立
Entwurf, der Text - zuò wén 作文
er - tā 他
er, ihn, ihm - tā 他
Erde - dì qiú 地球
Erfahrung - jīng yàn 经验
erinnern sich - jì de 记得
erklären - jiě shì 解释
ernst - rèn zhēn 认真 dì 地
erst- qǐ chū 起初
erstarren - dāi zhù 呆住
erster - dì 第 yī 一
es - tā 它
essen - chī 吃
Essen, das - shí wù 食物
etwas - mǒu wù 某物 / dōng xi 东西;
(etwas) erhalten - dé dào得到 (mǒuwù 某物)
etwas, ein wenig- yī xiē 一些
Fachbuch - jiāo 教 kē 科 shū 书; kè běn 课本
Fähigkeit - jì néng 技能; běn lǐng 本领
fahren - jià shǐ 驾驶; jià 驾
Fahrer - jià shǐ 驾驶 zhě 者; sījī 司机
Fahrkarte - chē piào 车票
Fahrrad - zì xíng chē 自行车; die Fahrräder - zì xíng chē 自行车 (pl.); mit dem Fahrrad fahren - qí 骑 zì xíng chē 自行车 qù 去
fallen - diē dǎo 跌倒
fallen, der Fall - diē 跌
Fallschirm - jiàng luò sǎn 降落伞
Fallschirmspringer - kōng jiàng 空降 shī 师
falsch - bù zhèng què 不正确; bù duì 不对; cuò 错 de 的
Familie - jiā tíng 家庭
fangen - zhuō zhù 捉住
Feier - yí shì 仪式; diǎn lǐ 典礼
Feld - kòng gé 空格; tián dì 田地;
Fenster; chuāng kǒu 窗口 (pl.) - die Fenster - chuāng kǒu 窗口
Fernseher - diàn shì jī 电视机

fertig - jié shù 结束; zhǔn bèi 准备 hǎo 好
Feuer - huǒ 火
feuern - cí tuì 辞退
Film - diàn yǐng 电影
Finanzwissenschaft - jīn róng xúe金融学
Firma - gōng sī 公司; die Firmen - gōng sī 公司 (pl.)
fließend - liú lì 流利
Flugschau - kōng zhōng 空中 biǎo yǎn 表演
Flugzeug - fēi jī 飞机
Fluss (abstrakt) - liú dòng 流动;
Formular - biǎo gé 表格
fortführen - jì xù 继续
Fortsetzung folgt - dài xù 待续
fotografieren - shè yǐng 摄影; pāi zhào 拍照; der Fotograf - shè yǐng shī 摄影师
Fragebogen - wèn juàn 问卷
fragen - wèn 问
Frau - nǚ ren 女人； nǚ zǐ 女子
Fräulein - xiǎo jie 小姐
frei - zì yóu 自由; die Freizeit, freie Zeit - zì yóu 自由 shí jiān 时间
freisetzen - jiě fàng 解放 zìyóu 自由
fremd - qí guài 奇怪
Freund - nán péng you 男朋友; péng yǒu朋友
Freundin - nǚ péng you 女朋友
freundlich - yǒu shàn 友善
froh - gāo xìng 高兴
Frühstück - zǎo cān 早餐; frühstücken - chī 吃 zǎo cān 早餐
führen - tōng xiàng 通向
Führer - lǐng xiù 领袖
Führerschein - jià shǐ zhí zhào 驾驶执照
füllen - zhuāng mǎn 装满
fünf - wǔ 五; fünf Uhr nachmittags - xiàwǔ 下午 wǔ 五 diǎn 点 (/diǎnzhōng 点钟)
fünfter - dì 第 wǔ 五
fünfundzwanzig- èr shí 二十 wǔ 五
fünfzehn - shí wǔ 十五
für - wèi 为; für (zwecks) - wèi le 为了
Fuß - jiǎo 脚
füttern- wèi 喂
Garten - huā yuán 花园
Gas - méi qì 煤气
Gast - kè rén 客人
Gastfamilie - jì sù 寄宿 jiā tíng 家庭
Gastgeber- zhǔ rén 主人
geben - gěi 给
gebracht - dài带
gefallen - xǐ huan 喜欢 / xǐ'ài 喜爱; Mir gefällt... - wǒ 我 xǐ huan 喜欢 / xǐ'ài 喜爱
Gefühl - gǎn jué 感觉 / gǎn shòu 感受
gefunden - zhǎo dào 找到
gegen - fǎnduì 反对; zhēnduì 针对
Geheimnis - mì mì 秘密
gehen - qù 去; zǒu 走 / xíng zǒu 行走
gelb - huáng sè 黄色
Geld - qián 钱; jīn qián 金钱
genau zuhören - zǐ xì 仔细 dì 地 tīng 听
gesäubert - qīng xǐ 清洗
Geschichte - gù shi 故事
Geschlecht - xìng bié 性别
geschlossen - guān shàng 关上
Geschwindigkeit - sù dù 速度
Gesicht - liǎn 脸
gestern - zuó tiān 昨天
gesund pflegen - huī fù 恢复 jiàn kāng 健康
Gesundheit - jiàn kāng 健康
getanzt (part.) - tiàowǔ 跳舞
gewöhnlich - pǔ tōng 普通; píng shí 平时
Glas - bō lí 玻璃
glauben - xiāng xìn 相信
gleichzeitig, zur gleichen Zeit - zài 在 tóng yī 同一 shí jiān 时间

Glück, glücklich- xìng fú 幸福
glücklich - kāi xīn 开心 / gāo xìng 高兴
grau - huī sè灰色
grauhaarig- huī 灰 tóu 头
groß / größer / am größten - dà 大, gèng 更 dà 大 / bǐ jiào 比较 dà 大, zuì 最 dà 大
größer - gèng 更 dà 大
grün - lǜ 绿
Grund - yuán yīn 原因; lǐ yóu 理由
Gummi - sùj iāo 塑胶
gut - hǎo 好; gut, alles klar - kě yǐ 可以; hěn hǎo 很好
Haar - tóu fa 头发
haben - yǒu 有; er/sie/es hat - tā 他 / tā 她 / tā 它 yǒu 有; Er hat ein Buch. - tā 他 yǒu 有 yī 一 běn 本 shū 书
halb - bàn 半; yī bàn 一半
hallo (Höflichkeitsform) - nǐ hǎo 你好; (nínhǎo 您好)
hallo, hi - hāi 嗨
Handarbeit - tǐ lì 体力 gong zuò 工作
Handschellen - shǒu kào 手铐
Handy - shǒu jī 手机
hassen, nicht mögen - tǎo yàn 讨厌
Haupt-, zentral - zhōng yāng 中央
Haus - fáng zi 房子
Hausaufgaben - gōng kè 功课; zuòyè 作业
Haustier - chǒng wù 宠物
heimlich - tōu tōu 偷偷 dì 地; àn dì li 暗地里
Helfer - zhù lǐ 助理; zhù shǒu 助手
Herausgeber - biān jí 编辑
Herd - chuī jù 炊具
Herr - xiān sheng 先生
herstellen - shēng chǎn 生产; chū chǎn 出产
heulend - kuáng 狂 xiǎng 响
heute - jīn tiān 今天
Hey! - hēi 嘿!
hierher (Richtung) - zhè lǐ 这里; hier ist - zhè lǐ 这里 shì 是
Hilfe - bāng máng 帮忙; helfen - bāng máng 帮忙
hindurch (Verb und Präposition) - tōng guò 通过; chuān guò 穿过
hinsetzen sich - zuò xia 坐下
hinter - hòu mian 后面
hoch - gāo 高
hochachtungsvoll - chéng zhì 诚挚 cǐ zhì 此致
Hof - yuàn zi 院子
Hoffnung, hoffen - xī wàng 希望
hören - tīng 听; Ich höre Musik. - wǒ 我 tīng 听 yīn yuè 音乐。
hören,- tīng 听
Hose - kù zi 裤子
Hotel - jiǔ diàn 酒店; die Hotels - jiǔ diàn 酒店 (pl.)
Hund - gǒu 狗
hundert - bǎi 百
hungrig - è 饿; Ich bin hungrig. - wǒ 我 è 饿 le 了
Hut - mào zi 帽子
ich - wǒ 我
ich, mich- wǒ 我
Idee - zhǔ yi 主意; diǎn zi 点子
ihr Buch - tā 她 de 的 shū běn 书本
ihr, ihre - tā men 他们 de 的
Imbiss - chī 小吃 / língshí 零食
immer - yī zhí 一直
in - lǐ miàn 里面
in der Luft- kōng zhōng 空中
in der Nähe - fù jìn 附近 / lín jìn 邻近 / pang biān 旁边
in der Zwischenzeit - tóng shí 同时
in, an - zài 在
Information, die Angabe - zīl iào 资料

informieren - tōng zhī 通知
informieren, mitteilen - tōng zhī 通知
Ingenieur - gōng chéng shī 工程师
Inserat, die Anzeige, die Werbung - guǎng gào 广告
intelligent - cōng ming 聪明 / jīng míng 精明
interessant - yǒu yì si de 有意思的
irgendetwas - rèn hé 任何 dōng xi 东西
irgendwelche - rèn hé 任何
ist - shì 是
ist, war, waren- shì 是
ja - shì de 是的
Jacke - wài tào 外套
Jahr - nián 年
Jahreszeit - jì jié 季节
Japan - rì běn 日本; Japaner - rì běn rén 日本人
jeder, jede, jedes - měi yī gè 每一个
jemand - mǒu rén 某人
jemanden anrufen - zhì diàn 致电
jener, jene, jenes - nà ge 那个
jetzt, zur Zeit, gerade - xiàn zài 现在
Journalist- jì zhě 记者
jung - nián qīng 年轻
Junge - nán shēng 男生 / nánhái 男孩
Kabel - diàn xiànn 电线
Kaffee - kā fēi 咖啡
Kaffeemaschine - kā fēi jī 咖啡机
kalt - lěng 冷
Kälte - hán lěng 寒冷
kam, gekommen - lái dào 来到
Känguru - dài shǔ 袋鼠
kann - kě yǐ 可以; néng 能; huì 会; Ich kann lesen. - wǒ 我 néng 能 dú 读。
Kapitän - duì zhǎng 队长
Karte - dì tú 地图
Kasse - shōu yín 收银 chù 处; der Kassierer - chū nà yuán 出纳员
Kätzchen - xiǎo māo 小猫
Katze - māo 猫
kaufen - gòu mǎi 购买
kein - méi yǒu 没有
kennen sich - zhī dào 知道 bǐ cǐ 彼此
kennen, wissen - zhī dào 知道
Kessel - rè shuǐ 热水 hú 壶
Kilometer- gōng lǐ 公里
Kind - hái zi 孩子; ér tóng 儿童
Kinder- hái zi 孩子
Kindergarten - yòu ér yuán 幼儿园 ; yòu zhì yuán 幼稚园
Kiste - hé zi 盒子; xiāng zi 箱子
klar, sicher - dāng rán 当然
Klasse - jiàoshì 教室
Klassenzimmer - kè táng 课堂 / jiào shì 教室
Kleidung- yī fu 衣服
klein - xiǎo 小
klingeln - xiǎng 响, das Klingeln - líng shēng 铃声
Knopf - àn niǔ 按钮
kochen - zhǔ 煮
kochend - zhǔ 煮; pēngtiáo 烹调
Kollege - tóng shì 同事
kommen - lái 来
könnte, kann (modal) - kě yǐ 可以
Kontrolle, kontrollieren - kòng zhì 控制
kontrollieren - jiǎn chá 检查
Kopf - tóu 头
Kopfarbeit - xīn lǐ 心理 gōng zuò 工作; nǎo lì láo dòng 脑力劳动
korrigieren - gǎi zhèng 改正; ändern - gēng gǎi 更改
Kosten - huā fèi 花费
Kraft - lì liang 力量, die Energie - néng liàng 能量
kreativ - chuàng yì 创意
Krieg - zhàn zhēng 战争

Kristall - shuǐ jīng 水晶
Krug - guàn zi 罐子
Küche - chú fáng 厨房
kümmern sich um - dāng xīn 当心
Kunde - gù kè 顾客
Kunst - yì shù 艺术
Künstler - yì rén 艺人; yìshùjiā 艺术家
Kurs, die Lektion - kè chéng 课程
kurz - duǎn 短
küssen - qīn wěn 亲吻
Küste - àn biān 岸边; hǎi biān 海边
lächeln - wēi xiào 微笑
Lächeln, lächeln - wēi xiào 微笑
lachen - dà xiào 大笑
Laden - diàn 店; die Läden - diàn 店 (pl.)
laden - zhuāng rù 装入
Land - guó jiā 国家
landen - jiàng luò 降落
lang - cháng 长
langsam - màn màn 慢慢 dì 地
Laser - léi shè 镭射
lassen- ràng 让; lass uns - ràng 让 wǒ men 我们
Lastwagen - kǎ chē 卡车
laufen - zǒu lù 走路
laut - dà shēng 大声; gāo shēng 高声
leben - shēng huó zai生活在; shēng huó 生活; zhù 住
Leben - shēng mìng 生命
lecker - kě kǒu 可口; hào chī 好吃
leer - kòng 空
leer- kōng 空
Lehrer - lǎo shī 老师
leicht - qīng wēi 轻微 dì 地
leise - - ān jìng 安静, ān jìng 安静 dì 地 / jìng qiāo qiāo 静悄悄 dì 地
lenken - bǎ duò 把舵
lernen - xué xí 学习
lesen - dú 读; kàn 看
lesend - yuè dú 阅读
Liebe, lieben - ài 爱
lieben - ài 爱
lieber, liebe - qīn ài 亲爱 de 的
lieblings- - xǐ ài 喜爱 / xǐ huan 喜欢 de 的; der Lieblingsfilm - xǐ huan 喜欢 de 的 diàn yǐng 电影
links - zuǒ 左
Liste - liè biǎo 列表
Lösung - dá àn 答案
Löwe - shī zi 狮子
lustig - yǒu qù 有趣; kě xiào 可笑
Mach dir keine Sorgen! - bù yào 不要 dān xīn 担心!
machen - zuò 做
machen- zuò 做
Mädchen - nǚ hái 女孩; nǚ shēng 女生
Mama, die Mutter - mā ma 妈妈; mǔ qīn 母亲
manchmal, ab und zu - yǒu shí hou 有时候
Mann - nán rén 男人; nán zǐ 男子
Männer - nánzǐ 男子; nánrén 男人
männlich - nán xìng 男性
Mannschaft - tuán duì 团队
Maschine - jī qì 机器
Matratze - chuáng diàn 床垫
medizinisch - yī liáo 医疗
Meer - hǎi yáng 海洋
mehr - chāo guò 超过 / gèng duō 更多
mein - wǒ de 我的
mein, meine, mein - wǒ 我的
Mensch, die Menschheit - rén lèi 人类
Menschen - rén men 人们
Metall - jīnshǔ 金属
Meter - mǐ 米
Methode - fāng fǎ 方法; zuò fǎ 作法
Miezekatze - māo mi 猫咪
Mikrofon - mài kè fēng 麦克风

Milliarde - shí yì 十亿
Mings Buch - míng 明 de 的 shū 书
Minute - fēn zhōng 分钟
mit - yǔ 与
Mitglied - huì yuán 会员
Möbel - jiā jù 家具
mögen, lieben - xǐ huān 喜欢; xǐ ài 喜爱
möglich - kě néng 可能
Möglichkeit - kěn éng xìng 可能性
Moment - shí kè 时刻 ; shí hòu 时候
monoton - dān diào 单调; píng bǎn 平板
Montag - xīng qīyī 星期一
Mörder - shā shǒu 杀手
morgen - míng tiān 明天
Morgen - shàng wǔ 上午, zǎo shàng早上, zǎo chén 早晨
Motor - yǐn qíng 引擎
müde - lèi 累
Musik - yīn yuè 音乐
müssen - yī dìng yào 一定要; Ich muss hingehen. - wǒ 我 yī dìng yào 一定要 qù 去
Mutter - mǔ qīn 母亲
Muttersprache - mǔ yǔ 母语
nach - guò hòu 过后
nach - guò qù 过去; um halb neun - zài 在 bā 八 diǎn 点 bàn 半
nach - hòu 后
nach unten - xiàng xià 向下; wǎng xià 往下
Nachbar - lín jū 邻居
nachher - zhī hòu 之后
nächste - zuì jìn 最近
Nacht - yè wǎn 夜晚
nahe - kào jìn 靠近
näher - gèng 更 jìn 近
Name - míng zì名字
Nase - bí zi 鼻子; die Nasen - bí zi 鼻子 (pl.)
nass- shī 湿
Nationalität - guó jí 国籍
Natur - dà zì rán 大自然
natürlich / bestimmt - dāng rán 当然 / yī dìng 一定
nehmen - ná 拿
nennen - qǔ míng 取名 / mìng míng 命名
neu - xīn de 新的
neun - jiǔ 九
nicht dürfen - bù kě yǐ 不可以
nichts - méi shén me 没什么
nie - cóng wèi 从未; cóng bù 从不
niemand - méi yǒu 没有 rén 人
noch einen - duō 多 yī 一 gè 个
noch nicht - shàngwèi 尚未
noch, weiterhin - hái shi 还是
Nordamerika und Eurasien - běi měi 北美 hé 和 ōu yà dàlù 欧亚大陆
normal - pǔ tōng 普通
normalerweise - tōng cháng 通常
Notiz - zì tiáo 字条, zhǐ tiáo 纸条, bǐ jì 笔记
Notizbuch - bǐ jì běn 笔记本; die Notizbücher - bǐ jì běn 笔记本 (pl.)
Nummer - hào mǎ 号码
nur - ér yǐ 而已 / zhǐ 只
ob - shì fǒu 是否
obwohl, trotzdem - jǐn guǎn 尽管; suī rán 虽然
öffnen - dǎ kāi 打开; kāi 开
öffnen, geöffnet (part.) - dǎ kāi 打开
oft - jīng cháng 经常 / shí cháng 时常 / cháng cháng 常常
Oh! - o 哦 / ō 噢!
ohne - méi yǒu 没有
Ohr - ěr duo 耳朵
okay, gut - hǎo 好
Öl - yóu 油

Panik, in Panik versetzen - jǐn zhāng 紧张; jīng huāng 惊慌
Papa - bà ba爸爸
Papier - zhǐ 纸
Park - gōng yuán 公园; die Parks - gōng yuán 公园 (pl.)
passend - shì hé 适合
passieren, passiert - fā shēng 发生
Patrouille, die Streife - xún luó 巡逻
Pause - xiū xi 休息 / tíng dùn 停顿 / zàn tíng 暂停
Person, der Mensch- rén 人
Personalabteilung - rén shì bù mén 人事部门
persönlich - gè rén 个人
Piepton - bì 哔 shēng 声
Pilot - fēi xíng yuán 飞行员
Plan, planen- jì huà 计划
Planet - xīng qiú 星球
Platz - guǎng chǎng 广场
plötzlich - hū rán 忽然; tū rán 突然
Polizei - jǐng fāng 警方; jǐng chá 警察
Polizeihauptmeister - jǐng guān 警官
Polizist - xún jǐng 巡警; jǐng chá 警察
Position - zhí wèi 职位; wèi zhi 位置
Preis - jià qian 价钱
pro Stunde - měi 每 xiǎo shí 小时
Problem - wèn tí 问题
Programm - chéng xù 程序
Programmierer - chéng xù shè jì 程序设计 yuán 员
prüfen - jiǎn yàn 检验
Prüfung - cè shì 测试 / cè yàn 测验 / kǎo shì 考试
Publikum - guān zhòng 观众
Puppe - jiǎ rén 假人; yáng wá wa 洋娃娃
Rad - lún zi 轮子
Radar - léi dá 雷达
Radio - shōu yīn jī 收音机
rasen - gǎn 赶 qù 去
Raser - chāo sù 超速 zhě 者
Rätsel - ào mì 奥秘
Ratte - lǎo shǔ 老鼠
Räuber- qiáng 强 fěi 匪 / qiángdào 强盗
Raumschiff - tài kōng chuán 太空船
rechts - yòu 右
Rede - yǎn jiǎng 演讲
Regel - guī zé 规则
Regen, regnen - xià yǔ 下雨
Rehabilitationszentrum - kāng fù 康复 zhōng xīn 中心
reiben - mó cā 摩擦
rein kommen - jìn rù 进入
reisen - áo yóu 遨游; lǚxíng 旅行
rennen, joggen, laufen - pǎo 跑 / pǎobù 跑步
Reporter - jì zhě 记者
retten - zhěng jiù 拯救; jiù 救
Rettungsdienst - jiù yuán 救援 fúwù 服务
Rettungstrick - jiù shēng 救生 xì fǎ 戏法
richten - zhǐ 指
richtig - zhèng què 正确; duì 对 de 的
rot - hóng sè 红色
Rubrik - zhuān lán 专栏
rund - yuán xíng 圆形
Saatgut - zhǒng zi 种子
sagen - gào su 告诉，shuō说
sahen, gesehen - kàn jiàn 看见
Samstag - xīng qī liù 星期六
Sand - shā 沙
Sandwich - sān míng zhì 三明治
Sänger - gē shǒu 歌手
sauber - qīng jié 清洁; gān jìng 干净
sauber machen, putzen - dǎ sǎo 打扫; qīng jié 清洁
schämen sich - cán kuì 惭愧tā 他 hěn 很; er schämt sich sehr - cán kuì 惭愧
schauen, betrachten, sehen - kàn 看

schaukeln - dàng yàng 荡漾; bō dàng 波荡
schicken - jì 寄; fāsòng 发送
schiessen, schoss - shè 射
Schiff - chuán 船
schlafen - shuì jiào 睡觉
schlagen - dǎ 打 / zòu 揍
Schlange - duìliè 队列
schlau - cōng míng 聪明; jiǎo huá 狡猾, jiǎo huá 狡猾 dì 地
schlecht - chà 差; huài 坏
schließen- guān 关
schließlich - zuì hòu 最后
Schlüssel - yào shi 钥匙 ;
schnell - kuài 快, gǎn kuài 赶快; xùn sù 迅速; kuài sù 快速
schön - piào liàng漂亮
schon, bereits - yǐ jīng 已经
schreiben - xiě 写
Schreibtisch - zhuō zi 桌子
Schriftsteller - zuò jiā 作家
Schritt - jiǎo bù 脚步
Schule - xué xiào 学校
schütten, gießen - dǎo 倒
Schwanz - wěi bā 尾巴
schwarz - hēi 黑
schwer - kùn nan 困难; nán 难
Schwester - mèi mei 妹妹; jiě jie 姐姐
schwimmen - yóu yǒng 游泳
sechs - liù 六
sechster - dì 第 liù 六
sechzig- liù shí 六十
See - hú 湖
sehen - kàn 看
sehen,- kàn 看
sehr - hěn 很 / fēi cháng 非常
sein als - zuò wéi 作为
sein, seine - tā 它 de 的; tā 他的; sein Bett - tā 他 de 的 chuáng 床
seinen Augen nicht trauen - bù néng 不能 xiāng xìn 相信 zì jǐ 自己 de 的 yǎn jīng 眼睛
seit - zhì 至 cóng 从
Sekretärin - mì shū 秘书
selten - hěn 很 shǎo 少; nándé 难得
Serie - xì liè 系列
setzen - zuò 坐
Sicherheitsgurt - ān quán dài 安全带
sie - tā men 他们; tā 她
sieben - qī 七
siebter - dì 第 qī 七
singen - chàng 唱
Sirene - jǐng dí 警笛; jǐng bào qì 警报器
Situation - qíng kuàng 情况; zhuàng kuàng 状况
Sitz - zuò wèi 座位
so oft wie möglich - jǐn kě néng 尽可能 cháng cháng 常常
sofort - lì kè 立刻; mǎ shàng 马上
Sohn - ér zi 儿子
Sorgen machen sich - dān xīn 担心
sorgfältig - xì xīn 细心
Spaniel - xī bān yá liè quǎn 西班牙猎犬
Spanier - xī bān yá rén 西班牙人
Spanisch - xībān yá wén 西班牙文
Spaß - lè qù 乐趣
Spaß haben, genießen - xiǎng shòu 享受
spielen - wán shuǎ 玩耍; wán 玩
Spielzeug - wán jù 玩具
Sport - yùn dòng 运动; das Sportgeschäft - tǐyù 体育 shāngdiàn 商店; das Sportfahrrad - yùndòng 运动 zì xíng chē 自行车
Sprache - yǔ yán 语言
sprechen - shuō 说
springen - tiào 跳; der Sprung - tiào 跳
Stadt - chéng shì 城市

Stand - zhuàng kuàng 状况, der Familienstand - jiā tíng 家庭 zhuàng kuàng 状况
Standard - biāo zhǔn 标准
stark - dà lì 大力; qiáng zhuàng 强壮, dà lì 大力 dì 地; qiáng zhuàng 强壮 dì 地; qiáng 强, qiáng zhuàng 强壮 de 的
Stärke - lì liang 力量
stattdessen - fǎn ér 反而
Stechmücke - wén zi 蚊子
stehen - zhàn 站
stehlen - tōu 偷
Stein - shí tou 石头
sterben - sǐ 死
Stern - xīng jí 星级
Sternchen - xīng hào 星号
Stift - bǐ 笔; die Stifte - bǐ 笔 (pl.)
Stimme - shēng yīn 声音
stinkend - chòu 臭
stoßen, drücken - tuī 推
Straße - jiē 街; die Straßen - jiē 街 (pl.)
Straße- mǎ lù 马路
Strom - diàn liú 电流
Student, Schüler - xué sheng 学生; die Studenten, die Schüler - xué sheng 学生 (pl.)
Studentenwohnheim - sù shè 宿舍
studieren, lernen - xué xí 学习
Stuhl - yǐ zi 椅子
Stunde - xiǎo shí 小时
stündlich - měi 每 xiǎoshí 小时
suchen - xún zhǎo 寻找
super, toll - fēi cháng 非常 hǎo 好
Supermarkt - chāo jí shì chǎng 超级市场
Tablette - yào wán 药丸
Tag - tiān 天 / rìzi 日子
täglich, jeden Tag - měi rì 每日
Tanker - yóu lún 油轮
tanzen - tiào wǔ 跳舞
Tasche - bāo 包 / shūbāo 书包 / dài zi 袋子 / kǒu dài 口袋
Tasse - bēi 杯
Tastatur - jiàn pán 键盘
tausend - qiān 千
Taxi - jì chéng chē 计程车; der Taxifahrer - jì chén gchē 计程车 sī jī 司机
Tee - chá 茶
Teil - bù fen 部分 / bù wèi 部位
teilnehmen - cān jiā 参加; cān yù 参与
Teilnehmer - cān yù zhě 参与者
Telefon - diàn huà 电话; telefonieren, anrufen - dǎ diàn huà 打电话
Telefonhörer - diàn huà 电话 tīng tǒng 听筒
Teller - dié 碟; pán 盘
Text - wén běn 文本; wén zhāng 文章; die Texte - wén běn 文本 (pl.)
Tier - dòng wù 动物
Tierarzt - shòu yī 兽医
Tiger - lǎo hǔ 老虎
Tisch - zhuō 桌; die Tische - zhuō 桌 (pl.)
Tochter - nǚ ér 女儿
tödlich- zhì mìng 致命
Toilette - cè suǒ 厕所; xǐ shǒu jiān 洗手间
töten, getötet (part.) - shā 杀
trainieren - xùn liàn 训练
trainiert sein - bèi 被 xùn liàn 训练
Transport - yùn shū 运输
Traum - mèng 梦
träumen - zuòmèng 做梦
traurig - shāng xīn 伤心
treffen - yù jiàn 遇见; jiàn miàn 见面; jiàn dào 见到
treiben - piāo fú 漂浮
Treppe - jiē tī 阶梯
Tresor - bǎo xiǎn xiāng 保险箱
treten - tà 踏; cǎi 踩
Trick - xì fǎ 戏法 / bǎ xì 把戏

trinken - hē 喝
trocken - gān 干
trocknen - nòng 弄 gān 干; hōnggān 烘干
tschüss - zài jiàn 再见
tuen - zuò 做
Tür - mén 门
über - guò 过 ; kuà yuè 跨越; guān yǔ关与
Überfall - qiǎng jié 抢劫
übergreifen - kuò sàn 扩散; màn yán 漫延
überrascht, verwundert - jīng yà 惊讶
Überraschung, überraschen - jīng xǐ 惊喜
Übersetzer - fān yì zhě 翻译者
übrigens - dùi le 对了
Uhr - shǒu biǎo 手表; zhōng 钟; diǎn 点; Es ist zwei Uhr nachmittags. - zhè 这 shì 是 xiàwǔ 下午 liǎng 两 diǎn 点; um ein Uhr - zài 在 yī diǎn 一点 zhōng 钟
umsehen sich - kàn 看 sì zhōu 四周
und - hé 和 / yǔ 与
Unfall- yì wài 意外
ungerecht - bù gōng píng 公平
Universität - dà xué 大学; xué yuàn 学院
unser - wǒ men 我们
unten / unter - dǐxià 底下 / xià miàn下面
unterhalten sich - jiǎng 讲; shuō 说
unterstreichen - huà xiàn 划线
usw.xié tiáo xìng 协调性 - die Koordination - děng děng 等等
Vater - bà ba 爸爸
Verbrecher - xíng shì 刑事
verdammt - gāi sǐ 该死 de 的
verdienen - zhuàn 赚; Ich verdiene zehn Yuan pro Stunde. - wǒ 我 měi 每 xiǎo shí 小时 zhuàn 赚 10 yuán 元
Verein- jù lè bù 俱乐部
Vereinbarung - hé yuē 合约
Vereinigten Staaten, die USA - měiguó 美国
verfolgen - zhuī 追
vergessen - wàng jì 忘记
verkaufen - mài 卖
Verkäufer, die Verkäuferin - shòu huò yuán 售货员
Verlader - zhuāng zài 装载 rén 人
Verlag - chū bǎn 出版; fā bù 发布
verlassen, weggehen - lí kāi 离开
verlieren - shī qù 失去
verschieden - bù tóng 不同; bùyīyàng 不一样
verstecken, verstecken sich - duǒ cáng 躲藏
Versteckspiel - zhuō mí cáng 捉迷藏
verstehen - lǐ jiě 理解
verstehen, verstanden (part.) - míng bai 明白
versuchen - cháng shì 尝试
verwirrt sein - kùn huò 困惑
Videokassette - lù xiàng dài 录像带
Videothek - yǐng shì 影视 diàn 店
viel, viele - hěn 很 duō 多; viel zu tun haben - yǒu 有 hěn 很 duō 多 gōng zuò 工作
vielseitig (engl. all-round) - quán miàn 全面
vier - sì 四
vierter - dì 第 sì 四
vierundvierzig - sì 四 shísì 十四
Vogel - niǎo 鸟
voll - mǎn 满
vor allem, insbesondere - tè bié 特别; yóu qí 尤其
vor, vorher - qián 前; zhī qián 之前; vor einem Jahr - yī 一 nián qián 年前
vorbei - guò qù 过去
vorbereiten - zhǔn bèi 准备
Vorderrad; (pl.) die Vorderräder - qián miàn 前面 de 的 lúntāi 轮胎
vorgeben; so tun, als ob - jiǎ zhuāng 假装

vorher - zhī qián 之前
vorn - qián miàn 前面
vorsichtig, sorgfältig - zǐ xì 仔细 dì 地;
xiǎo xīn 小心 dì 地
wackeln - zhèn dòng 震动
Waffe - qiāng 枪
wählen, aussuchen - xuǎn zé 选择
während, gleichzeitig - tóng shí 同时
Wal - jīng yú 鲸鱼; der Schwertwal - shā rén jīng 杀人鲸
wǎn shàng 晚上 - der Abend
warm - wēn nuǎn 温暖
warten - děng 等; děng dài 等待
was - shén me 什么; Was ist das? - zhè 这 shì 是 shén me 什么? Was ist los?, Was ist das Problem? - shén me 什么 wèn tí 问题?
waschen - xǐ 洗; die Waschmaschine - xǐ yī jī 洗衣机
waschen, putzen- xǐ 洗
Wasser - shuǐ 水
Wassereimer - shuǐ tǒng 水桶
Wasserhahn - shuǐ lóng tóu 水龙头
Website - wǎng zhàn 网站
Weg - tú jìng 途径 / dào 道 / lù 路
weg, verschwunden - bú jiàn 不见 le 了
wegfliegen - fēi 飞 zǒu 走
weglaufen - pǎo zǒu 跑走
wèi hūn 未婚 - ledig
weiblich - nǚ xìng 女性
weil - yīn wèi 因为
weinen - kū 哭
weinen- kū qì 哭泣
weiß - bái 白
weit - kuān 宽, guǎng kuò 广阔 de 的
weit- yuǎn 远
weiter - gèng 更 yuǎn 远; weiter schauen - jìxù 继续 guānkàn 观看
welche - nǎ yī ge哪一个; Welcher Tisch? - 哪一个 zhuō zi 桌子?
Welle - hǎi làng 海浪
Welpe - xiǎo gǒu 小狗
Welt - shì jiè 世界
Weltall - tài kōng 太空
weniger - jiào shǎo 较少
wenigstens - zhì shǎo 至少
wenn - dāng 当
wer - shéi 谁
Werbung - guǎng gào 广告
werden (Futur) - jiāng 将
wessen - shéi 谁 de 的
Wettbewerb, die Ausschreibung - bǐ sài 比赛
Wetter - tiān qì 天气
wichtig - zhòng yào 重要
wie - rú hé 如何; rú tóng 如同
wieder - zài cì 再次
Wind - fēng 风
wir - wǒ men 我们
wir, uns - wǒ men 我们
wirklich - zhēn zhèng 真正 / zhēn shí 真实 / zhēn de 真的
wissen - zhī dào 知道
wo - nǎ lǐ 哪里
Woche - xīng qī 星期
wohnhaft - jū zhù居住
wollen - xiǎng yào 想要
Wort, die Vokabel - zì 字; die Wörter, die Vokabeln - zì 字 (pl.)
wortlos - méi yǒu 没有 yī 一 gè 个 zì 字
wunderbar - qí miào 奇妙 / měi miào 美妙 / měi hǎo 美好 / jīng cǎi 精彩
wunderschön - měi lì 美丽; piào liang 漂亮
wütend - shēng qì 生气
zahlen - fù 付
Zebra - bān mǎ 斑马

zehn - shí 十
zehnter - dì 第 jiǔ 九 - neunterdì 第 shí 十
zeigen - gěi 给... kàn 看; zhǎn shì 展示;
biǎo míng 表明; jièshào 介绍
zeigte - chū shì 出示; xiǎnshì 显示
Zeit - shí jiān 时间
Zeitschrift - zá zhì 杂志
Zeitung - bào zhǐ 报纸
Zentrum - zhōng xīn 中心; das
Stadtzentrum - shì zhōng xīn 市中心
zerstören - xiāo miè 消灭; huǐmiè 毁灭;
xiāohuǐ 销毁
ziehen- lā 拉
ziemlich - xiāng dāng 相当; hěn 很
Zimmer - fáng jiān 房间; die Zimmer -
fáng jiān 房间 (pl.)
zittern - fā dǒu 发抖
Zoo - dòng wù yuán 动物园
zu... gehen - xiàng 向...qù 去
zu Fuß - bù xíng 步行 / zǒu lù 走路
Zug - huǒ chē 火车
Zuhause - jiā 家; nach Hause gehen - huí
jiā 回家
zukünftig, die Zukunft - wèi lái 未来
zurück kommen - huí lai 回来; Rückseite
- bèi miàn 背面, hòu mian 后面
zusammen - yī qǐ 一起
zuschauen - guān kàn 观看
zwanzig - èr shí 二十
zwei - liǎng gè两个; èr 二
zweimal - liǎng 两 cì 次
zweite Name - zhōng jiān 中间 de 的
míng zì 名字
zweiter - dì 第 èr 二
zwischen - zhī jiān 之间
zwölf - shí èr 十二

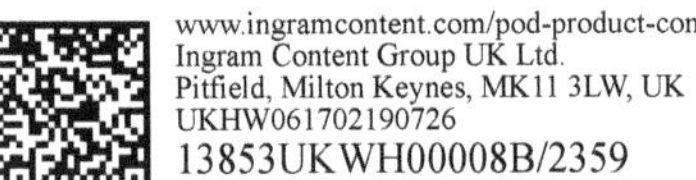
www.ingramcontent.com/pod-product-compliance
Ingram Content Group UK Ltd.
Pitfield, Milton Keynes, MK11 3LW, UK
UKHW061702190726
13853UKWH00008B/2359

9 788395 574597